金属加工史话

金属加工杂志社 编

机械工业出版社
CHINA MACHINE PRESS

本书以《金属加工》（原名《机械工人》）杂志自1950年创刊以来的记载为主线，重温了70年来新中国机械行业的若干重要事件、著名人物以及历史片断，着重叙述了从"一五"到"十三五"的各个历史时期杂志推广和交流的大量新技术、新工艺，回顾了倪志福等一大批全国著名劳模及其生产实践经验，同时，展示了杂志在行业发展中作出的贡献以及杂志发展历程。本书可说是新中国机械制造技术的简史，可供机械制造业的工程技术人员、企业管理人员阅读，也可供机械专业大中专科学校师生参考。

图书在版编目（CIP）数据

金属加工史话 / 金属加工杂志社编. -- 北京：机械工业出版社，2020.9
ISBN 978-7-111-66516-8

Ⅰ. ①金… Ⅱ. ①金… Ⅲ. ①金属加工工业－工业史－中国 Ⅳ. ①F426.41

中国版本图书馆CIP数据核字（2020）第176041号

机械工业出版社（北京市百万庄大街22号　邮政编码　100037）
策　　划：栗延文　责任编辑：栗延文　朱光明
责任校对：邵　蕊　封面设计：韩殿奎
北京博海升彩色印刷有限公司印制
2020年9月第1版　第1次印刷
180mm×250mm·20.5印张·370千字
0001—1500册
ISBN 978-7-111-66516-8
定价：88.00元

电话服务　　　　　　　　　　网络服务
客服电话：010-88361066　　　机工官网：www.cmpbook.com
　　　　　010-88379833　　　机工官博：weibo.com/cmp1952
　　　　　010-68626294　　　金书网：www.golden-book.com
封底无防伪标均为盗版　　　　机工教育服务网：www.cmpedu.com

出版说明

《金属加工》（原名《机械工人》）应新中国建设大发展的需求创刊于1950年，有着深厚的文化底蕴和历史积淀。70年的办刊历程中，不但有很多动人的办刊"故事"，还记载了大量的行业"故事"，有许多推动行业技术进步的典型"案例"，这是一个值得挖掘的宝库，也是《金属加工史话》成书的初衷。10年前，《金属加工史话》出版后，行业反响极大，同时很多读者也提出，全书对金属加工行业的挖掘还不全面，很多优秀的品牌和故事并没有纳入到书中来，特别是在《金属加工》杂志创刊70周年这个节点上，10年机械行业的变化很大，希望杂志社能再重新梳理总结，有必要出版新的《金属加工史话》。

正是基于读者的要求，我们又对近10年机械行业的先进技术的发展进行了增补和修订，比如，海洋工程焊接技术、上海世博会"阳光谷"的复杂异形箱钢结构和港珠澳大桥工程钢结构的自动化焊接技术、五轴数控加工技术、工业机器人、大飞机和高铁制造技术等国家大工程、大项目和新技术都增加了进来。另外，还挖掘出了很多世界级优秀的行业品牌故事，如株洲钻石、瓦尔特、山高、肯纳、大昭和等。这些企业的历史少则十几年多则上百年，他们的发展故事与中国的金属加工行业息息相关，纳入进来一起呈现给读者，从企业故事（发展历程）折射出机械行业的发展，将会使整本《金属加工史话》更丰富、更精彩，也会给行业企业带来更多的借鉴。近10年，在信息传播载体变革下，《金属加工》已经从单一的纸媒裂变成了全媒体服务平台，我们顺应时代发展上线了金属加工微信公众号、直播、金粉讲堂等传播平台，此次，我们也对这些新的平台进行了撰文介绍，让大家了解一个多样化的《金属加工》。

在本书编写过程中，我们重新组建了以朱光明、蒋亚宝、曹雪雷、邵蕊、韩景春、王建宏、张维官、吴晓兰、田文华、李一帆、谢景、王颖、邵玉洁、李亚肖等为主要成员的金属加工史话编写小组。打开这段历史，大家无比兴奋，查阅了大量的资料，走访了很多企业，挖掘出了许多新的故事和技术发展脉络，经过精心的撰写，尽全力呈现出这部机械制造技术的长卷。

中国机械工程学会荣誉理事长、原机械工业部副部长陆燕荪曾说过，机械行业是一个有故事的行业。10年前，当我们把《金属加工史话》的稿件呈给陆部长，并请老部长作序时，陆部长对这件事情给予高度评价，欣然应允为该书作序。陆部长在序中指出，《金属加工史话》记述了杂志发展的历史，重温了金属加工行业点点滴滴，挖掘这部分历史积淀是一件很有意义的事情。陆部长在序的结尾勉励我们："我们正在走向未来，正在创造新的历史——'史话'还在继续书写"。10年后的今天，我们再续史话，既是完成老部长交给的任务，也是对金属加工行业一个时间段内的总结。陆部长的勉励一如昨昔响彻耳畔，他对《金属加工史话》的点评至今读来依然历久弥新，为此，我们决定依然以陆部长之前写的"序"作为本书的《序》，以谨记陆部长对我们的勉励和要求。

另外，我们增加了近10年的《金属加工》大事记，本着对所有"史话"撰写和参与人员的敬意，对2010年版《后记》也作了保留。

金属加工杂志社
《金属加工史话》编写组
2020年9月于北京百万庄

序

陆燕荪

　　《金属加工》杂志原名《机械工人》，是我国机械行业的一份老牌期刊，创刊于1950年10月1日。创刊60年来，杂志为我国机械制造业的发展作出了很大的贡献，交流和推广了大量的基础工艺和先进制造技术。2008年，为更好地服务于金属加工领域，杂志刊名更改为《金属加工》。从2008年2月起，《金属加工》在杂志上开设了"金属加工史话"专栏，至今已经连载了近60期，其内容分为两段，2008年的"史话"主要是记述杂志发展的历史，2009年以来的"史话"则侧重于我国金属加工行业的发展，以史话方式重温我国的金属加工行业的点点滴滴。

　　现在，杂志社的同志们把专栏上的文章汇集成册并编辑出版，书名就叫《金属加工史话》（简称"史话"）。作为我国机械行业的老兵，我读了之后很受感动，有一些感受和想法，愿与机械行业的同志们分享。

　　其一，"史话"让我想起20世纪50年代我参加工作时，祖国工业建设的情形。1954年，我从上海交通大学毕业分配到哈尔滨锅炉厂工作，当时正是我国"一五"计划的第二年，以"156项工程"为核心的大规模的工业建设正如火如荼地开展。"史话"中《"一五"（1953－1957）回眸》简明扼要地叙述了"一五"的情形，其他好几篇文章如《中国机床行业的"十八罗汉厂"》《新中国第一个汽车制造厂——长春一汽建厂初期的金属加工》《新中国的工具工业》等也都记录了这一时期的工业建设情况。

　　我在机械行业已经工作了56年，对机械行业有很深的感情。我曾经说过，"这是一个有故事的行业"。"史话"让我回忆起许多行业的故事，"史话"本身也从《金属加工》（原名《机械工人》）的角度记载了许多我国机械行业的故事。难能可贵的是，由于《金属加工》创刊于1950年，具有浓厚的文化内涵和历史积淀，杂志以丰富的图片和文字语言记载了我国机械工业许多建国初期的故事，这是其他杂志不能比的。因此，我认为，杂志挖掘这部分历史积淀是一件很有意义的事情。

其二，近年来我一直呼吁，加强基础工艺研究，采用先进制造技术，是振兴装备制造业的核心。企业核心竞争力的标志是企业的品牌，品牌的基础是精品，精品源于精工细作，工艺技术是关键所在，是决定因素，工艺出精品。

值得高度肯定的是，从"一五"到"十一五"，从《机械工人》到《金属加工》，60年来杂志交流推广了大量的新技术和新工艺。如20世纪五六十年代杂志对向苏联学习高速切削等技术的介绍，对倪志福钻头的推广，对沈鸿和刘鼎等同志组织建造万吨水压机中"蚂蚁啃骨头"、电渣焊等工艺技术的介绍，又如80年代对金属涂镀技术的推广，以及近年来对数控系统、高效焊接技术等新技术和新工艺的介绍，等等。"史话"文章只是选择了若干片断加以介绍，不过我们从中可以略窥一斑。

当前，采用先进制造技术仍然是装备制造业企业向高端制造产业发展的战略选择。近年来，一重、二重、上重都完成了水压机改造，以核电和三峡水电机组为依托工程组织对大型铸锻件国产化攻关，通过"高档数控机床及基础制造装备"专项的实施，不断提高我国装备制造业的竞争力……希望杂志社的同志们继续跟踪报道这方面的进展。

2006年，在中国机械制造工艺协会开展"工艺突破口"工作20周年座谈会上，我曾经提出"加强工艺创新，贵在坚持实践、努力与时俱进"。《金属加工》这么多年来一直坚持面向实践，指导企业和读者解决技术难题，这是与其他杂志显著不同的特点、优点，希望同志们保持这一优良传统。在那次座谈会上，我说，"回顾历史，应告诉现任领导岗位的同志们，企业的工艺工作是怎么走过来的。如果没有当年这些基础性工作，现在达到这个水平是不能想象的。工艺协会要正确引导，可以选一些工艺创新的示范典型，进一步组织大家学习参考。"这些工作，协会应该做，行业企业和杂志也应该做，从各个不同角度做。杂志"史话"的部分工作与此是相通的，希望杂志在"史话"的基础上继续挖掘和整理示范典型，总结有益的经验，为行业提供参考。

其三，关于振兴装备制造业的问题和加快重大技术装备工业发展，我想强调几句。

我国目前处于工业化发展中期，与实现工业化、现代化社会还有不小的差距。党和国家非常重视振兴装备制造业，后金融危机时代，发达国家的"再工业化""低碳经济"等一系列新的发展理念对我国装备制造业的发展形成巨大压力,加快转变经济发展方式,满足国民经济各部门产业结构调整对先进装备的需求,走"两化融合"的新型工业化道路,以培育高端装备制造产业作为振兴装备制造业的突破口,是我国经济可持续发展的长期战略。因此,振兴装备制造业不仅具有市场属性,更是实现国家意志的战略目标。

我感觉到,《金属加工》杂志是有强烈的社会责任感的,作为一份创刊于共和国成立一周年的期刊,具有一种与生俱来的为国家工业建设作贡献的使命感,这是非常值得肯定的(《与祖国共庆生日 与读者共同成长——〈金属加工〉10月记忆》)。前面已经提到,杂志对建国初期"156项工程"建设项目的报道,其他"史话"文章如《新世纪我国重大工程建设中的金属加工技术》等则涉及21世纪以来"振兴东北老工业基地""北京奥运会""上海世博会""长兴岛造船基地"以及海洋工程、航天航空工程等内容都体现了这一点。据我所知,《金属加工》2010年又开始对"高档数控机床与基础制造装备"科技重大专项进行系统性的重点报道。杂志的这一优良传统要继续坚持,并且还要发扬光大。

从《机械工人》到《金属加工》,办刊60年,持续不断地为工艺创新服务,可以说是"几代人智慧、心血和汗水的结晶"。沈鸿老部长曾经称赞她是"一部伟大的机器"(见本书《纪念我国机械工业杰出领导人沈鸿》),我觉得这是很高的赞扬,同时,它的意义也很深,值得同志们继续琢磨。

最后我想说的是,作为"史话",本书的跨度很长,从1950年一直写到21世纪,而我要与大家共勉的,也是更重要的,我们正在走向未来,正在创造新的历史——"史话"还在继续书写。希望同志们再接再厉,为我国机械行业的发展作出新的更大贡献!是为序。

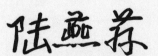

2010年8月于北京

本序作者为中国机械工程学会荣誉理事长、原机械工业部副部长。

目 录

III	出版说明
V	序/陆燕荪
1	新中国　新气象　70年长卷第一页
4	鞠躬尽瘁　奉献毕生
	——纪念我国机械工业杰出领导人刘鼎
7	自主创新的带头人
	——纪念我国机械工业杰出领导人沈鸿
10	在未来的道路上继续奋勇前进
	——回忆刘鼎与《机械工人》
13	从《科学技术通讯》到《机械工人》
16	一张珍贵的照片
	——纪念《机械工人》创建者蒋一苇和林家燊等
19	从《人民日报》阅读《机械工人》
22	使命与自豪
	——品读《机械工人》创刊号
25	三个历史片段
	——回忆创刊号再版与两次复刊
28	新中国第一座重型机器厂
	——太原重型机器厂
32	工业战线的"排头兵"马恒昌与《机械工人》
35	为新中国建设作出贡献的苏联金属加工专家们
38	从1951年新中国第一辆汽车的铸造谈起
42	创刊一周年这一期
45	团结在《机械工人》周围学习技术

48	万紫千红写不完
	——新中国的工具工业
52	60多年前的国际工业展
55	"一五"（1953—1957）回眸
59	中国机床行业的"十八罗汉厂"
63	新中国第一座新型机床厂
	——沈阳第一机床厂
66	上海金属切削机床制造业的一面"旗帜"
	——上海机床厂
71	新中国第一个汽车制造厂
	——长春一汽建厂初期的金属冷加工
76	新中国第一个汽车制造厂
	——长春一汽建厂初期的金属热加工
81	推广"科列索夫工作法"
85	《金属加工》与船舶焊接行业
88	《金属加工》与海洋工程焊接技术
91	《金属加工》与轨道交通装备制造业
95	助力国产大飞机　《金属加工》持续关注航空制造技术发展
99	堆焊技术的发展及实践经验的推广
102	高速磨削及超高速磨削技术的发展
106	持续全方位多角度报道五轴加工技术
113	瓦尔特：站在百年创新的新起点
117	肯纳金属：一场始于碳化钨硬质合金的切削革命
121	山高刀具：勇攀金属切削的高峰
125	我国数控刀具40年
131	从无到有的数控刀片，从弱到强的中国制造
	——访株洲钻石切削刀具股份有限公司党委书记、总经理李屏

135	感应加热60年
140	一朵灿烂的焊接技术之花
	——为新中国建设作出巨大贡献的电渣焊技术
145	一本出版于1954年的金属加工技术"口袋书"
147	陶瓷刀的推广与应用
151	倪志福、"群钻"与《机械工人》
157	走在时间前面,做时间的主人
	——金属加工领域的全国著名劳模王崇伦、苏广铭
161	北京金属切削名宿史洪志与桂育鹏
164	从"南沈北刘"、万吨水压机到"国之重器"8万t模锻液压机
168	一个封面,一张剪纸,一帧机械工业历史的剪影
171	把智慧和力量献给祖国
	——新中国第一次全国机械工业先进生产者会议
176	1959年"群英会"
	——全国工业、交通运输、基本建设、财贸方面社会主义建设
	先进集体和先进生产者代表会议
180	为机械工业的振兴献技献艺
	——向职工技术协作活动的前辈们致敬
183	人物俱备　洋洋大观
	——新中国第一次全国先进工具经验交流会及全国工具展览会
189	大昭和:53年坚守,为高品质刀柄系统树立高标杆
193	同舟共济　共闯难关
	——20世纪70年代初期金属加工行业一瞥
196	实践经验最宝贵
	——新中国金属加工领域竞赛回顾
201	焊接大赛40年
204	全国科普"优秀作品一等奖"
	——金属涂镀技术

206	顺应形势　大力开拓工业机器人市场
209	迈向智能制造时代的数十年探索
	——访Tebis中国总经理庄晓林
213	品牌如金　名展埃森
	——北京·埃森焊接展33年（1987—2020）
219	连续、实用、先进的数控技术知识讲座和直播课程
224	欧科亿：起于细分行业，渐成龙头之势
228	21世纪国家重大工程建设中的金属加工技术
239	为行业发声，从"数控系统千人调查"谈起
	——金属加工机电产品用户系列调查纪实
243	聚拢行业资源　凸显品牌价值
	——切削刀具行业系列调查
247	《金属加工》搭平台：展精英风采，育工匠精神
252	精彩定格
	——记录行业历史时刻的金属加工摄影大赛
257	继承《机械工人》办刊传统　竭诚为读者服务
262	从0到51万用户，金属加工微信公众号发展这7年
269	金粉讲堂——为金粉们量身打造的线上互动交流课程
274	金属加工直播，为好内容插上腾飞的翅膀
280	与祖国共庆生日　与读者共同成长
	——《金属加工》的10月记忆
289	一部机械制造技术的长卷
	——从《机械工人》到《金属加工》
302	《金属加工》（原名《机械工人》）杂志
	70年大事记（1950—2020）
309	后记

新中国　新气象　70年长卷第一页

长卷第一页

1949年10月1日，毛泽东主席在天安门城楼上宣告中华人民共和国成立："中国人民从此站起来了！"

由此，中国的历史长卷翻开了崭新的一页。面临建设新中国这一重任，何处落笔，如何破题，千头万绪，轻重缓急，须三思而后着墨。建国伊始，一穷二白，然而举国上下，充满信心和希望。"一张白纸正好画最新最美的图画"，全国人民开始书写全新的历史长卷。

建国当天，《科学技术通讯》创刊。翌年国庆，《机械工人》（现名《金属加工》）创刊。与全国各行各业的人民一样，新中国的老一辈科技出版人在思索，如何为国家和读者服务，由此开始在金属加工行业书写"一部机械制造技术的长卷。"

图1　建国初期的北京机器总厂（今北京第一机床厂）以机器修配为主

百废待兴

建国初期，百废待兴。当务之急，乃是尽快恢复和发展国民经济，机械工业也是如此。我们且看几个数据。

根据1949年12月统计，当年全国机械工业总产值8.44亿元，生产机床0.16万台，当时全国拥有机床仅9.5万台。

建国前我国没有机床工业，建国初期各地机械厂以机器修配为主（见图1），仅上海、沈阳等地的一些机器修配厂能生产少量的简易皮带机床，各地工厂使用的也多是皮带机床（见图2）。

图2　建国初期，我国机械企业普遍使用皮带机床

当时，全国生产可锻铸铁的工厂不过两三家。建国前，我国只能仿制少数锻造、冲压、剪切机器设备，一般仍把塑性成形技术等同于"打铁"技术，许多企业在建国前夕处于停产半停产状态。

机械工业的新生

1949—1952年底，是我国国民经济恢复时期，而机械工业尤须先行，被称为"工业母机"的机床工具更是重中之重。

1949年10月，中央人民政府重工业部（以下简称中央重工业部）成立，陈云兼任部长（后由李富春接任），何长工、刘鼎等为副部长。

1950年2月，全国机器工业会议（当时机械工业称为机器工业）召开。当时人民日报社论以《机器工业的新生》为题，指出：

中央人民政府重工业部所召开的全国机器工业会议，标志着我们国家机器工业的新生。

这次全国机器工业会议适时地解决了下列问题：

一、首先是解决了当前全国机器工业的萧条问题。

二、适当地扶助了私营机器工业。

三、将全国的机器工业逐步地组织起来，建立起基本的重型机器工厂，这是这次会议的主要收获。这次会议，决定用适当的方法将零散的公私机器工业在一定程度上（在私营机器业根据自愿）组织起来，做到可能程度的专业分工，这也是机器工业本身的要求，否则技术很难提高，成本很难减低，也就谈不到发展。如果零星分散的工厂组织起来，再经过改造，建立为若干个崭新的大型的，包括重型机器制造、精密机器制造、化工机器制造、机车制造、工具、船舶、汽车等基本工厂，对于中国工业将起着柱石作用。

四、确定了技术干部的培养计划。

1952年6月，全国工具机制造会议召开，按照陈云同志"变万能修配为专业的机床厂，在全国集专能为万能的机床行业"的思路，确定了机床工业的任务与努力方向。

刘鼎同志在此次会议上说：机器工业在旧中国是最薄弱的一环，建国后，经过大力恢复和扩充，取得了不小成绩，现在出现了真正的机器制造业，特别是工具母机制造业，出现了大批新产品。

刘鼎同志除主持机械工业全面建设外，还非常重视科技出版工作。在他直接参与下创办了机械工业出版社，出版了《苏联机器制造百科全书》等技术书籍，创办了《机械工人》等技术杂志。

生产竞赛　交流实践经验

开展生产竞赛、提高劳动生产率也是建国初期的一项重要任务。生产实践第一线的机械工人们为祖国经济的恢复和发展作出了巨大贡献。

1950年10月，《机械工人》创刊后不久，抗美援朝战争爆发，机械工业广大职工积极响应号召，支援前线。当时，齐齐哈尔第二机床厂马恒昌小组为支援抗美援朝，向全国工人提出开展"爱国主义生产竞赛的倡议"（见图3），影响极为深远。

技术讲座　普及金加技术

帮助生产者学习技术、提高生产者实践技能是建国初期的又一项重要工作。根据读者实际需要，《机械工人》从创刊号起就开设"技术讲座"连载。行业内的专家们对这项工作很感兴趣，他们深知在建国初期这项工作的必要性和重要性。

由新中国成立前就从事技术普及工作、经验丰富的顾同高同志编写《基本机件常识》。

由张荫朗（后任北京模具厂总工）编写《车床工作法》。

由中央重工业部的技术工程师王斧编写《铸工常识》。

由钢铁专家王国钧（后任太原钢铁厂总工）编写《钢材知识》。

由大连工学院机械系主任赵为铎教授编写《金工讲话》。

赵为铎是我国机床学教学体系的奠基人。20世纪50年代，他一边在高校编写《金属切削机床讲义》，从事教研工作，培养了像徐性初院士这样的著名金属加工专家；一边在《机械工人》开设"技术讲座"，为全国各地的读者开"大课"，所起到的积极效果难以衡量。

图3　爱国主义生产竞赛木刻画（《机械工人》1950年第3期封面）

从读者来信中得到要求增加机械制图方面的连载后，编辑部立刻请蒋式良同志编写《机械制图》，从1950年第3期开始连载。有读者在来信里这样说："这个刊物使我们得到很好的学习资料，使我们技术得以改进，能为建设新中国而努力。"

1953年2月11日，当时的第一机械工业部在《三年来新中国机器工业的恢复和发展》中指出：三年来，新中国的机器工业生产了数以千计的多种机器，改变了旧中国只能修配或只能制造少量简单机器的落后状态。

从1953年开始，三年国民经济恢复时期结束，我国开始进入大规模建设的"一五"计划。

70年长卷第一页由此翻过。《机械工人》因祖国建设需要而诞生，她见证了历史，并开始承担下一页的历史重任。

鞠躬尽瘁　奉献毕生
——纪念我国机械工业杰出领导人刘鼎

刘鼎是中国共产党老一辈革命家、兵工泰斗，他的一生富有传奇色彩，不能逐一详述。本文主要介绍刘鼎在机械工程技术（尤其是金属加工技术）领域的杰出贡献。

功勋卓著的老一辈革命家

刘鼎（1902—1986）是中国共产党老一辈革命家，中国共产党军事工业的创始者和杰出领导人之一，党内著名的军工与机械工业专家。刘鼎是四川南溪人，本名阚思竣。1924年，刘鼎在赴德勤工俭学期间，经孙炳文、朱德介绍加入中国共产党。刘鼎自己评价他一生做了两件大事：一是参与西安事变；二是组织军工建设。在西安事变中，刘鼎做张学良的工作取得重大成效，毛泽东同志多次说过："西安事变，刘鼎同志是有功的。"刘鼎一生大部分时间从事兵工建设，在抗日战争、解放战争、抗美援朝等不同历史时期都功勋卓著，被称为"兵工泰斗"。1990年纪念刘鼎时，聂荣臻元帅题词（见图1）"鞠躬尽瘁，奉献毕生。"

新中国军事工业的创始人和机械工业的杰出领导

新中国成立后，刘鼎先后任中央重工业部副部长，第一、第二、第三机械工业部副部长，航空工业部副部长等职，为我国军事工业、机械工业、航空工业的发展作出了巨大的贡献。

1951年4月，中央重工业部成立兵工总局，刘鼎兼任局长。刘鼎在构思新中国兵器工业建设与发展的宏伟蓝图中发挥了重要作用。他在赴苏联谈判后组织兵工总局编制并提出"计划纲要"上报，中央军委兵工委员会据此作出《关于兵工问题的决定》，这一决定是建国后兵工部门最重要的文件。

图1　聂荣臻元帅为刘鼎同志题词

1952年下半年，在刘鼎的倡议和精心组织下，兵工总局还组建了一批技术研究所，包括技术资料翻译所、精密机械研究所、技术推广情报研究所等，这是新中国成立后工业部门最早建立的一批技术研究机构。

刘鼎在筹建新中国汽车工业和船舶工业的领导机构和新中国第一汽车制造厂等方面也作出了重要贡献。如1951年刘鼎参观苏联高尔基汽车制造厂回国后，建议在中央重工业部设立汽车工业筹备组。在他的建议下，小组设在北京灯市口甲45号，郭力任组长，孟少农任副组长，并开始筹建中国第一汽车制造厂。

1961年，刘鼎任第三机械工业部副部长，转战航空工业战线；1965年，又兼任航空研究院院长，全面领导航空工业的科研与技术发展。刘鼎重视推广先进工艺，在他的倡导下，航空工业制造出我国第一台数控线切割机床，解决了飞机发动机精密模具加工的难题；1964年，他根据建议积极组织研究所与制造厂合作，研制成功我国第一台火药动力高速模锻锤，为锻造工艺开辟了一条新途径，这项成果后来荣获"国家发明一等奖"。

《刘鼎》一书的作者总结道："在中国兵器工业、航空工业和机械工业中，刘鼎的确称得上是知识广博、有发明创造并且把技术专家和领导融为一体的不可多得的好领导。"

我国著名的机械工程技术专家

20世纪20年代刘鼎先后在德国、苏联等国学习机械工程技术，是我党最早在国外学习科学技术的共产党员之一。新中国成立后，他与刘仙洲、沈鸿等一起重建中国机械工程学会，并于1959年任学会理事长。1962年，刘鼎主持在第一重型机器厂研制成功万吨水压机，这是我国机械制造业历史上一件具有里程碑意义的事件。

刘鼎对新技术、新工艺非常喜好，经常亲自主持专门技术会议推广应用，先后推广了电解加工、金刚石工具、组合机床、精密机械加工、冷挤压加工、精密铸造、爆炸成形等近百项新工艺、新技术项目。以电解加工为例，20世纪50年代，电解加工在世界上尚属一项新工艺技术，刘鼎了解后立即组织力量进行试验。1957年首先在兵器工业航空炮管膛线加工中心试验成功并得到应用。到航空部工作后，刘鼎提出以发动机为主攻方向。在他关怀和具体指导下，我国几乎与国外同时在电解加工叶片上获得成功，解决了飞机发动机制造中最困难的环节。在此基础上，他又提出以电解加工为主，综合采用新技术，彻底革新发动机叶片加工工艺，并相继在其他关键零件上加以应用，使中国的电解加工技术在当时处于世界的前列。

中国航空工业质量管理协会副理事长张性原是刘鼎的老部下，他指出：

"当前在航空工业以及在国防工业广泛采用的许多工艺、技术,诸如光学仪器安装型架、喷丸强化、冷挤压、振动光饰、电饰加工、复合材料的研究应用等无不凝聚着刘鼎这位老领导的心血。至今还有不少同志称刘鼎主管科技工作的时期为制造技术的'黄金时期'。"

"阚工人"与"钳工八字宪法"

刘鼎是我国工业领域著名的老领导,也是党内优秀的工程技术专家,还是一个"根深蒂固"的工人。刘鼎读中学时,同学们谈各自的理想职业,别人纷纷说要当医生、律师、教授等,刘鼎表示要当工人,因此得了个外号"阚工人"。刘鼎家中各种手工工具齐全,平时钟表、汽车出了毛病,"阚工人"都是自己动手修理。

作为领导,刘鼎每年约一半的时间都在工厂中度过。他首倡工人大练基本功,并科学地总结了钳工基本操作的八字方针,即:锉、钻、划、研、锯、砧、锤、刮,被称为"钳工八字宪法"。刘鼎的老部下吴明远回忆道:"他要求所有工人特别是工具、机械车间的工人,都要进行钳工操作的八字方针的基本培训,他还在全行业技工学校普遍推行。这一方针的贯彻实行大大提高了整个行业工人的专业素质。那个阶段的工人和技术学校毕业生大都一专多能,动手能力强。这充分说明八字方针在工作中发挥了作用,并影响深远。"

刘鼎在工作中既抓新工艺、新技术的推广应用,又注意总结基层的生产实践经验。1958年,东北工厂在研制化肥工业用大型气体压缩机时缺乏大型加工设备,工人们发明了用小机床加工大零件的方法,刘鼎把这种加工方法起名为"蚂蚁啃骨头",中共中央同年就下发文件肯定并加以推广。

建国初期,为了快速提高我国工程技术人员和广大工人的技术水平,刘鼎非常重视工程技术的普及和传播事业,新中国的第一个科技类出版社——机械工业出版社和第一本面向金属加工行业的科技期刊——《机械工人》都是由他创建起来的,我们将另文加以介绍。

本文依据《金属加工》(原《机械工人》)杂志和李滔、易辉主编的《刘鼎》(人民出版社2002年版)等书刊材料编写。

自主创新的带头人
——纪念我国机械工业杰出领导人沈鸿

自带机器奔向延安　创建解放区机械工业

1937年抗日战争爆发，面对山河破碎、国土沦丧的残酷现实，具有强烈民族意识和爱国热情的沈鸿（见图1）毅然毁家纾难，带着他自己创办的五金厂的10台机器和7名工人西迁，辗转武汉、西安来到中国革命圣地——延安，成为到延安参加抗日的第一个也是唯一的资本家。

抗战期间，沈鸿担任陕甘宁边区机器厂总工程师。当时延安的条件极其艰苦，资金短缺、物质匮乏，面对国民党重重封锁，他凭着"抗日需要什么就设计制造什么"的信条，因陋就简、自力更生，设计制造出多达134种型号、数百台套机器设备，装备了边区兵工厂和民用工厂，为创建解放区的机械工业、为抗日战争的胜利作出了特殊贡献，他三次被评为"边区特等劳动模范"。1942年，毛泽东主席还亲笔为沈鸿题写了"无限忠诚"四个大字。1947年，沈鸿经刘鼎、姜载愉介绍加入中国共产党。

上书毛主席　建造万吨水压机

新中国成立后，沈鸿先后任第三机械工业部部长助理、电机制造工业部副部长、煤炭工业部副部长、农业机械工业部副部长、第一机械工业部副部长、国家机械工业委员会副主任等职，为我国机械工业的发展作出了卓越贡献，被誉为"中国机械工业的总工程师"。

万吨水压机用于锻造大型锻件，是重型机器制造厂的关键核心设备，代表着一个国家重型制造业的发展水平。1958年，沈鸿在出席党的"八届二中全会"期间，上书毛泽东主席，提出建造

图1　我国机械工业杰出领导人沈鸿

图2 我国第一台万吨水压机

万吨水压机的建议并得到批准。当时，我国没有制造12 000t水压机的条件和经验，沈鸿带领设计班子的年青人，跑遍了全国已有的水压机车间。

制造水压机最大的难题是工件太大、太重，没有大的铸锻件，没有大的起重设备。沈鸿集中了各方面的智慧，采取"分而治之，以小治大"的办法，采用电渣重熔焊接新工艺将80t的大立柱、200t的大横梁拼焊而成，并创造了"蚂蚁顶泰山、银丝转昆仑""蚂蚁啃骨头"等一系列土办法。为了确有把握，他还先后设计试制了两台模拟试验机，并提出了"七事一贯制""四个到现场"的设计理念。第一台万吨水压机（见图2）在中国最困难的时候诞生，创造出世人瞩目的业绩，开辟了制造大型设备的新路。

自主创新　研制大型关键设备

在新中国的建设中，为了打破国际封锁，沈鸿亲自主持重大工程，解决工程技术难题，取得一个又一个创新成果，使我国基本形成了一套完整的机械制造体系。

20世纪60年代初，中苏关系空前紧张，国际形势发生了很大变化，为了自行研究原子弹、导弹、飞机，中央提出由机械工业供应生产新型材料所需的多种新型设备，通称"九大设备"，沈鸿临危受命主持研制工作。"九大设备"共有840种、1400多台，工程浩大、难度极高，历时9年完成，至今"九大设备"还在经济建设中发挥着巨大作用。

1961年沈鸿奉周恩来总理之命，协助水电部解决三门峡水电站水轮机转子焊接的大难题。随后完成了火车车轮轮箍轧机的研制，结束了火车车轮轮箍依赖进口的时代。他还解决了葛洲坝的船闸设计，完成了攀钢、本钢大型设备的制造。

重视出版事业　关心《机械工人》成长

沈鸿非常重视工程技术的普及和传播，非常关心出版事业。早在建国初期，他积极推荐翻译了《苏联机械制造百科全书》等一系列机械图书。1961年，沈鸿调任第一机械工业部副部长刚几个月就决定恢复机械工业出版社，并为出版工作酝酿了一个全面而庞大的计划。

1973—1982年，沈鸿主持、组织编写了我国第一部《机械工程手册》和《机电工程手册》，共25卷、3000万字，发行近10万套。在他晚年时，他辞去了一切职务，惟独保留了机械工业出版社荣誉社长的职务。他说："这将是我的终身事业。"

《机械工人》杂志是我国机械工业历史上最早的科技期刊之一，创刊于1950年10月，为中国机械工业的发展起到了传播与推动作用。作为中国机械行业的老领导，沈鸿多次参加《机械工人》组织的活动并多次为《机械工人》题词。

1981年，沈鸿参加《机械工人》杂志创刊30周年纪念大会时说：

> 我一进门就看到了从1950年到现在的全套《机械工人》合订本，这是一部伟大的机器。这部机器不是用钢铁做的，是用很多人的心血铸出的一部大机器。这部大机器的产品遍布全中国，有些还到了全世界。

1990年，在《机械工人》杂志创刊40周年时，沈鸿题词（见图3）。

2008年，《机械工人》更名为《金属加工》，2020年，《金属加工》将迎来创刊70周年，我们会牢记老领导的教导，将这部由几代人心血铸出的大机器——《金属加工》推向全世界！

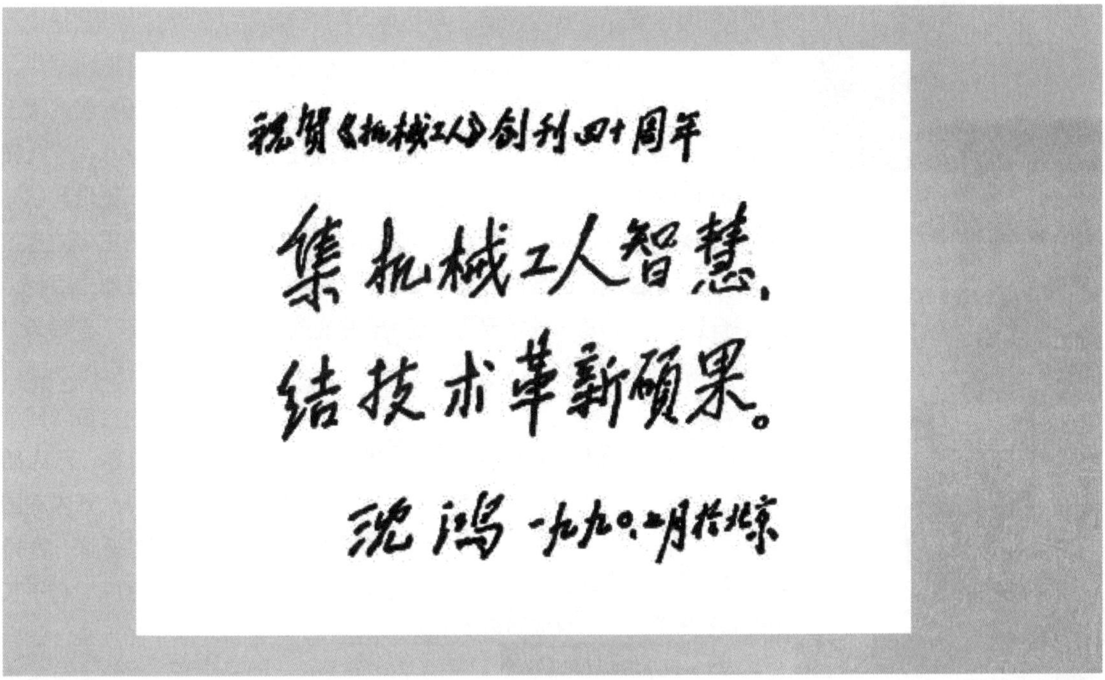

图3　沈鸿为《机械工人》创刊40周年题词

在未来的道路上继续奋勇前进
——回忆刘鼎与《机械工人》

创建新中国第一个科技类出版社和《机械工人》杂志

建国伊始,百废待兴,时任中央重工业部副部长的刘鼎(见图1)全身心地投入到领导我国的工业建设中。为了快速提高我国工程技术人员和广大工人的技术水平,他非常重视工程技术的普及和传播事业。他与三联书店总经理邵公文、《科学技术通讯》主编蒋一苇等商定,由三联书店、中央重工业部、中华全国总工会生产部三方合办,于1950年7月1日成立了我国建国后第一个科技类出版社——科学技术出版社(机械工业出版社的前身)。

图1 新中国成立初期刘鼎在北京

刘鼎对出版社的发展倾注了大量心血和热情,亲自担任出版社管理委员会主任。刘鼎将自己宿舍的两间小房拨给出版社作为最初办公地点,不久又将灯市口甲45号拨给出版社作为最初社址。他积极帮助出版社筹建自己的印刷厂,请来早就参加革命而且业务经验丰富的孙惠忱任厂长,还把中央重工业部从民主德国购买的当时先进的自动平板印刷机和装订设备拨给出版社。出版社成立之后,第一件重要的出版工作是在刘鼎提议和支持下,于1950年10月1日创办了《机械工人》杂志。

亲自撰写《机械工人》发刊词

刘鼎同志亲自撰写了《机械工人》发刊词——《祝前程远大》,在文中他指出:"《机械工人》的诞生,标志着解放了的中国工人阶级正以主人翁的态度,按照国家的要求,分工学习,进一步推动生产",并呼吁广大读者通过刊物来努力学习机械制造技术。

1951年5月1日是杂志创刊后的第一个"五一"劳动节,刘鼎撰写文章《机械工人应该怎样庆祝五一?》在1951年第5期上发表。在文章中,刘鼎简要回顾了建国一年多来,机械工业取得的成就和面临的问题,再次号召读者团结在《机械工人》杂志周围学习技术。

20世纪50年代中期，刘鼎曾受到不公正的待遇。1959年是新中国成立10周年，复出后的刘鼎撰写了《机械工业十年的辉煌成就》在《机械工人》冷加工、热加工1959年第10期上发表。在文章中，他回顾了新中国成立10年来，我国机械工业的成就和技术水平的迅速提高。

祝贺过去30年，展望未来30年

1981年10月，《机械工人》杂志创刊30周年纪念大会在京举办，倪志福、沈鸿等领导以及本刊作者、读者等1000余人出席大会。时任第三机械工业部的正部级顾问刘鼎参加了此次活动。在"千人大会"上（见图2），78岁高龄的刘鼎同志首先讲话，他说：

> 我写创刊词的最后一句是"祝《机械工人》前程远大！"这是当年对她的希望，现在我可以这么说了，《机械工人》确实前程远大！纪念《机械工人》创刊30周年，这是件大事。30年来机械工业有了很大发展，今后30年变化会更大。今后要求是高的，任务更重大，今天开这个会不但是祝贺过去的成功，而且祝未来的30年继续坚持在自己教育自己、自己鼓励自己的道路上奋勇前进！

在"千人大会"后，刘鼎作为《机械工人》老领导和与会同志座谈，勉励编辑部的同志把刊物办得越来越好。他还动情地翻看杂志创刊号，仔细阅读自己撰写的发刊词（见图3）。

图2　1981年刘鼎（前排右三）出席《机械工人》创刊30周年纪念大会

图3 刘鼎翻看自己撰写的发刊词（图中左起依次为刘鼎、倪志福、陈元直、沈鸿）

时光荏苒，一晃近40年了，2020年《金属加工》（原名《机械工人》）迎来了创刊70周年。正如刘鼎所预料的，这些年我国机械工业的变化更大，杂志的任务也更为重大。尤其是近10年来，我国金属加工与应用行业的发展非常迅猛，传播的载体发生巨大变化，获取信息的方式多样化，为进一步提高我们对行业的快速反应能力，《金属加工》裂变为杂志、网站、数字媒体、视频影像等全媒体平台，深度分析和报道行业变化，为企业及时准确地决策提供可靠依据。从2008年起，《机械工人》由月刊改为半月刊出版，同时，为更明确地揭示出杂志多年来所服务的金属加工领域内涵，更名为《金属加工》。

刘鼎在本刊创刊词中这样预言：

《机械工人》是一个开端，它将开辟出一条完全新的道路来。当我们的国家工业建设更快向前发展时，《机械工人》也可能再分为《航空机械工人》《汽车机械工人》《船舶机械工人》《化工机械工人》等。

我们怀念刘鼎这位我国机械工业的杰出领导和本刊的创建者，牢记他对我们的期望——"这本杂志是愿尽一切努力为同志们服务的"。我们将把刘鼎对《机械工人》的期望和祝愿转化为我们向前的动力，在未来的道路上继续奋勇前进！

从《科学技术通讯》到《机械工人》

2008年冷加工、热加工两刊第1期发表的专题文章"一部机械制造技术的长卷——从《机械工人》到《金属加工》",对杂志的发展历程做了简要回顾。《机械工人》创刊于1950年10月1日,当时由科学技术出版社(机械工业出版社的前身)出版,生活·读书·新知三联书店发行,因此,在回顾本刊的悠久历史和办刊传统的时候,我们还得从生活·读书·新知三联书店及其创办的《科学技术通讯》杂志谈起。

三联书店发行建国初期的三大期刊

生活·读书·新知三联书店(以下简称三联书店)是在我国出版史上占据重要地位的一家著名出版社,其前身是由出版家邹韬奋等人先后创办的3家出版单位,也就是分别成立于1932年的生活书店、成立于1935年的新知书店和成立于1936年的读书生活出版社。1948年,三家书店在香港合并成立三联书店。

三联书店自创办至今一直重视期刊工作,曾经出版发行过许多优秀的杂志,如邹韬奋先生主编的《生活》等。现在三联书店的《三联生活周刊》《读书》和《爱乐》等也有很大的影响。在建国初期,三联书店就出版发行了三大期刊——《学习》《科学技术通讯》和《机械工人》。1949年建国后,三联书店从香港迁到北京,为适应当时形势发展的需要,三联书店决定在社会科学领域和自然科学领域分别创办一种刊物,即著名的《学习》和《科学技术通讯》杂志。《学习》杂志创办于1949年9月(见图1),是当时最重要的理论杂志,且是此后重要的理论杂志《红旗》(1958年创刊)和《求是》(1988年创刊)杂志的前身。《科学技术通讯》创办于1949

图1 《学习》杂志创刊号
(32开本)

图2 《科学技术通讯》创刊号
（16开本）

图3 《机械工人》创刊号
（32开本）

年10月1日（见图2），由蒋一苇任主编。根据国家经济形势的需要和读者的要求，1950年10月1日又创办了《机械工人》（见图3）。这3本杂志都秉承了三联"竭诚为读者服务"的出版宗旨，在建国初期都有很大的影响。

新中国第一本期刊——《科学技术通讯》

《科学技术通讯》创刊于1949年10月1日，因此可以说，该刊是新中国成立后创办的第一本杂志。主编蒋一苇撰写了发刊词《科学与生产劳动相结合》，表明了它的办刊方针。与一般科技杂志不同，《科学技术通讯》非常重视紧密联系实际，除了和工厂企业紧密联系外，还和当时的中央重工业部工程师室建立了密切联系，受到原中央重工业部副部长、我国著名的机械工程专家刘鼎同志的大力支持。刘鼎亲自为创刊号撰写了文章《封锁，我们不怕！》。后来成为《机械工人》主编的林家燊同志在创刊号上也撰写了《大家献手艺！》一文，号召技术界的读者们在刊物上交流生产实践经验。他撰写的《怎样画机械图》和我国著名机械工程专家刘仙洲撰写的《机械工程常识》等也在该刊上连载，这些文章都受到读者的热烈欢迎。

创办面向金属加工领域的《机械工人》杂志

根据当时出版社专业发展的需要，三联书店与中央重工业部和中华全国总工会生产部三方合作，1950年7月1日，以《科学技术通讯》为基础创办了科学技术出版社（机械工业出版社的前身），这是新中国成立后创办的第一个科技类出版社，蒋一苇任社长。刘鼎给予了大力支持，他不但亲自担任出版管理委员会主任，还把位于北京灯市口的中国工程师学会旧址拨为出版社办公地点（见图4）。

《科学技术通讯》出版发行后深受读者欢迎，但是，该杂志的内容非常广泛，涉及自然科学和工程技术的很多领域，根据国民经济发展和读者需求，编辑部感到需要对刊物做领域细分，同时还必须继续保持密切联系生产实践的办刊特色。当时新中国刚刚建立，百废待兴，机械工业也面临着许多问题，为快速恢复生产，需要改造旧式机床等金属加工设备，推广先进金属加工技术，在全国范围内普遍提高生产效率。1950年5月，中华全国总工会生产工作会议在北京召开。为了使自己的工作更能适应广大读者的要求，《科学技术通讯》编辑部举行了座谈会。会上，许多读者提出了很多宝贵的意见，比如，认为杂志范围太广，应该考虑按工作性质和行业的不同多出几本不同的刊物，加强推广先进技术，促进生产实践经验的交流。这些意见与编辑部林家燊、蒋一苇等同志的想法不谋而合。

经过短期筹备，在刘鼎同志的支持下，1950年10月1日，《机械工人》

创刊，由科学技术出版社出版，三联书店发行，林家燊和蒋一苇等负责编辑，刘鼎亲自撰写了创刊词。为《科学技术通讯》设计封面的三联书店木刻家萨一佛和制版专家吕品为《机械工人》设计了创刊号封面。

《机械工人》从创刊开始就坚持"以实用性为主，来源于实践，服务于生产"的报道方针，《科学技术通讯》等许多老作者如王国钧、赵为铎、王斧、甘子玉、顾同高、吴敬观等都为《机械工人》撰写文章。随着国民经济的发展，《科学技术通讯》后来改名为《工业技术通讯》，1952年年底，因为出版工作调整而停刊，而《机械工人》则一直坚持推广金属加工先进制造技术，交流金属加工生产实践经验，至今已经发行70年了。因此，我们可以说，《机械工人》是《科学技术通讯》的兄弟刊物，并且在其停刊后继承了该刊的编辑出版资源（包括编辑、作者、通讯员、报道内容及版式风格等）。

图4　北京灯市口，科学技术出版社早期社址之一
　　　（1950年创刊后不久，《机械工人》编辑部在此办公）

一张珍贵的照片
——纪念《机械工人》创建者蒋一苇和林家燊等

2007年年初，《机械工人》杂志社领导在向机械工业出版社老社长蒋一苇的夫人陈曦致以问候的时候，她提到自己珍藏着一张机械工业出版社创建时的合影，并随即扫描后用电子邮件发给了本社（见图1）。陈曦告诉我们，科学技术出版社（机械工业出版社的前身）成立于1950年7月1日，而这张照片拍摄的时间是1950年夏，地址是机械工业出版社的早期社址——北京灯市口。根据陈曦的回忆，照片中前排自左至右为蒋一苇、林家燊、冯友声，后排自左至右为吕品、陈元直、董秉钧、娄文林，他们就是机械工业出版社最初的一批员工。机械工业出版社是新中国成立后创建最早的科技类专业出版社，当时由蒋一苇任社长，陈元直任副社长。出版社成立后的第一件事就是于1950年10月1日创办了《机械工人》杂志，由蒋一苇、林家燊等人负责编辑。可以说，这张照片既记录下了新中国第一个科技专业出版社的创建，也是本刊历史上的第一张照片。

陈元直是机械工业出版社老社长，他因在科技出版领域的杰出贡献而荣获"首届韬奋出版奖"。陈元直自《机械工人》创刊后就一直关心杂志的发展，2007年，杂志社领导在看望这位科技出版耆硕时，年届90的他还深情地回忆起蒋一苇、林家燊等创刊时的老同事，勉

图1 科学技术出版社（机械工业出版社前身）成立不久的合影
　　时间：1950年夏　　地点：北京灯市口
　　前排左起：蒋一苇、林家燊、冯友声
　　后排左起：吕品、陈元直、董秉钧、娄文林

励我们把刊物办得越来越好（见图2）。

著名经济学家蒋一苇主编《机械工人》

蒋一苇（见图3）是我国著名的经济学家，曾任中国社会科学院工业经济研究所所长、研究员。蒋一苇也是一位资深的出版家。早在抗日战争后期和解放战争时期，蒋一苇在重庆就从事革命出版工作，他创办了中国共产党领导下的第一个科技杂志《科学与生活》，并与陈然等编辑出版著名的《挺进报》，在《挺进报》被破坏后进入三联书店工作。新中国成立后，他先后主编《科学技术通讯》《机械工人》等杂志，任科学技术出版社、机械工业出版社社长。

在主持机械工业出版社工作期间，蒋一苇有意识地努力将三联书店的优秀理念传递给全社员工。据老主编李宪章回忆，1950年，《机械工人》编辑部刚成立，蒋一苇就结合自己从事革命出版工作的经验，多次向编辑部同志讲述红岩英烈陈然办《挺进报》、邹韬奋办《生活》杂志的动人事迹，引导大家解决好为谁服务和如何服务的问题，为本刊对读者高度负责的办刊传统打下了坚实的基础。

蒋一苇老社长对《机械工人》有深厚的感情。在1950年新中国成立后的第一届全国出版会议上，蒋一苇代表三联书店作关于期刊工作的报告，报告中，他自豪地向与会代表宣告：《机械工人》即将创刊。当他后来投身于经济研究工作并成为著名经济学家之后，在他的履历中都写道：建国初期，在北京主编《机械工人》等刊物。

老一辈科技出版工作者林家燊的志愿

林家燊（见图4）是《机械工人》的首位主编，在蒋一苇社长领导下具体主持编辑出版工作。林家燊与蒋一苇是广西大学的同学，毕业后在上海经纬纺织机械厂工作。建国后，应蒋一苇之邀到北京三联书店工作，编辑《科学技术通讯》。林家燊来自于生产实践第一线，做科技出版工作后，仍然经常到工矿企业与工人和技术人员促膝谈心。在此期间，他萌发了一个念头，就是要为机械工人创办一份金属加工领域的技术杂志，这个想法得到了当时的中央

图2　2007年，机械工业出版社老社长陈元直（中）与看望他的机械工人杂志社栗延文社长（右）、原主编王天谌（左）合影

图3　1990年，蒋一苇在《机械工人》创刊40周年纪念大会上发言

图4　《机械工人》首任主编林家燊

重工业部副部长刘鼎、中华全国总工会生产部部长董昕的支持。因此，1950年，科学技术出版社成立以后的第一件事就是按林家燊的建议创办了《机械工人》杂志。林家燊在机械领域理论基础扎实，实践经验丰富，是一位专家型科技期刊编辑。他亲自撰写了许多深入浅出、实用性很强的技术文章，在《科学技术通讯》《机械工人》上设立技术专栏，撰写机械工程制图的连载文章，是杂志上最受读者欢迎的文章之一。

在一篇怀念林家燊的文章中，蒋一苇老社长追忆当年创刊时的情景道：

> 我记得，在一个深夜，我和家燊等几个同志看完《机械工人》创刊号的校样，松了一口气，坐在一起闲谈。有人对家燊开玩笑说："你要是不离开工厂，现在是工程师，将来是总工程师，何苦在这里熬夜当文字匠？"家燊笑了一笑说："为工人服务，为读者服务，就是我的志愿！"

《机械工人》自创刊至今，面对制造技术日新月异的发展，面对读者不断变化的需求，编辑部也不断创新，与时俱进，如分刊为冷加工、热加工两刊，改刊为大16开本，创办金属加工专业网站等，2008年改刊更名为《金属加工》，扩容为半月刊。随着近几年传统媒体与新兴媒体融合加快，2019年，由半月刊改为月刊，创办了金属加工APP、金属加工微信公众号、头条号、微博、金属加工在线移动版等，丰富了传播媒介，多线联动，全媒体运营。但是，本刊变的只是为读者服务的手段和方式，永远不变的则是内容特色、服务领域和办刊宗旨。

从《人民日报》阅读《机械工人》

新中国成立初期,在《人民日报》头版报眼刊登创刊广告

1950年7月1日,在当时的三联书店、中央重工业部和中华全国总工会三方合力下,成立了科学技术出版社(机械工业出版社前身),出版社成立后第一件事就是创办了"以实用性为主,面向生产实践"的《机械工人》杂志。出版社在1950年9月21日的《人民日报》头版的左侧报眼位置刊登了创刊广告(见图1),在这宝贵的版面中,介绍了刊物的创刊时间、出版发行单位、杂志定位、内容及主要栏目等关键信息,欢迎读者试阅并给出了创刊纪念订户的优惠办法。在《人民日报》头版报眼刊登创刊广告,这在我国期刊尤其是科技期刊的发展史中是罕见的。

随后,出版社又连续在1950年9月28日和30日和10月3日《人民日报》出版动态的相关版面刊登了《机械工人》创刊征订广告(见图2),这些广告与同期在《工人日报》上所刊登广告相配合,在宣传和发行方面可谓下足了功夫,表现出老一辈出版人卓越的办刊意识,并以此树立了《机械工人》在金属加工领域的历史地位和品牌形象。

当时新中国百废待兴,亟待恢复和发展生产,《机械工人》致力于宣传和推广金属加工技术,创刊号受到了读者的热烈欢迎。《人民日报》中这样记录:"科学技术出版社所出版的《机械工人》月刊,自十月一日创刊以来,因内容都是机械工人所最需要的技术知识文章,所以受到全国各厂矿机械工人热烈的欢迎。创刊号发行两万本已经全部售完,现正再版一万本,日内即可发售。"(1950年

图1 1950年9月21日出版的《人民日报》头版左侧报眼位置为《机械工人》的创刊广告

图2 《机械工人》创刊后在1950年10月3日出版的《人民日报》上刊登的广告

11月14日第6版《人民日报》）。

改革开放初期，大力宣传技术革新经验

20世纪80年代是改革开放初期，国家再次面临恢复和发展生产的问题，《机械工人》继续传播实用技术，宣传技术革新经验。在1980年第1期上，编辑部策划了"新老模范话新年"专题，邀请金属加工领域的全国劳动模范如王崇伦、苏广铭、卢盛和、史洪志、朱大仙、桂育鹏及马恒昌小组组长马江林等谈技术革新的经验。苏广铭是著名的刀具革新专家，在杂志中，他谈到在1979年的全国机械工业技术表演交流会上提出了"拜苏州试验仪器厂青年工人谈文钰为师，学习他革新键槽铣刀的经验"。1980年7月17日出版的《人民日报》头版刊登的《刀具革新后起之秀——谈文钰》一文对此做了跟踪报道："在今年第一期《机械工人》杂志上，全国著名的劳动模范苏广铭在一篇文章中，谈到了他拜苏州试验仪器厂35岁的工人谈文钰为师的事，引起了人们的极大兴趣"。该文介绍了谈文钰成功革新小直径机夹硬质合金立铣刀，年逾花甲的苏广铭拜后辈为师的动人故事。

1983年1月3日出版的《人民日报》第7版发表了一篇著名报告文学作家陈祖芬的作品——《催人复苏的事业》（该文后来获"全国优秀报告文学奖"），文中描写了改革开放初期一个机械制造厂的故事，其中高厂长与酷爱革新刀具技术的金师傅的对话，读来饶有趣味，可见《机械工人》在制造企业生产实践一线的重要作用。

> 高厂长："噢……你在看《机械工人》？跟厂里借的？"
> 金师傅："不，是我省下烟钱自己订的。"
> 高厂长："你抽一角钱的烟，省下钱来订杂志？"
> 金师傅："一直订的。想搞点革新。"

文中还生动地描写了金师傅参加厂里的技术革新现场会的心态：

> 他看着参观的人群从他革新的一件件刀具旁走过——嘿嘿，其实这没什么，你们也可以订一本《机械工人》么。他无声地笑了，说得更准确些，是他的心灵在笑，脸上却依然很少笑的表情。

1990年《机械工人》创刊40周年时，《人民日报》对此报道："我国出版史上第一本工人技术普及刊物《机械工人》，扎根工人中40载，传播实用技术，为促进我国机械工业生产技术发展和提高机械职工技术素质作出了贡献。据国家经委统计，该刊仅报道、传播'金属刷镀新技术'一项，在'六五'和'七五'期间就为国家创造了15亿元的财富。另据哈尔滨轴承厂反映，在该厂技术革新成果中，有近半数是学习和参考《机械工人》搞成的。"（1990年10月24日出版的《人民日报》第4版）。

世纪之交，《人民日报》原总编范敬宜在《机械工人》创刊50周年纪念大会上对本刊的评语

2000年10月，《机械工人》创刊50周年纪念大会在人民大会堂举行，倪志福、何光远、范敬宜等领导同志出席。范敬宜是新闻出版行业的老前辈，1951年就开始从事新闻工作，1986年任《经济日报》总编辑，1993年任《人民日报》总编辑，1998年任全国人大常委、人大教科文卫委员会主任委员。范敬宜在座谈会上（见图3）对本刊半个世纪的成绩给予了高度赞扬并总结了三点评语：

图3 《人民日报》原总编辑范敬宜在《机械工人》创刊50周年纪念大会上发言

作为一个新闻出版界的同行，我衷心祝贺《机械工人》创刊50周年！

首先想说一点，作为一个刊物坚持办了50年，而且继续受到读者的欢迎，这在全国少有。作为一个杂志来说，这是了不起的，确实了不起。它不是综合性、欣赏性的杂志，而是专业性、技术性非常强的杂志。这样一种杂志坚持办到50年，这一事件本身说明机械行业的生命力非常强，它是国民经济工业化的基础，不管社会怎么发展、行业怎么变化，机械工业总是要发展的，这是《机械工人》本身的生命力所在。

另一点，这本刊物之所以能坚持下来，是有一支非常坚强的队伍，一代一代把好的传统传下来。刚才何部长在翻他题词的那本文集，叫《一部机械制造技术的长卷》。长卷像一幅画，能连续不断地出版，是靠我们几代办刊人一直坚持正确的办刊方向。

第三点，杂志能这么办下去是与领导的大力支持分不开的。中华全国总工会、国家机械工业局以及倪志福同志都特别关心和支持《机械工人》的发展，尤其是倪志福同志一进休息室，见到来宾就说道："感谢你们关心《机械工人》。"现在改革开放了，机械工业要向更加智能化、现代化的方向发展，这也给《机械工人》提出了新的任务和要求。

正如范敬宜同志所指出的，《机械工人》是一个历史悠久的老牌技术杂志，更是一个与时俱进、生命力极强的科技期刊。自2008年起杂志更名为《金属加工》并扩容为半月刊之后，在迎来创刊70周年之际，我们将继承杂志优良的历史传统，同时不断创新，与金属加工行业一起发展，继续书写这部"机械制造技术长卷"的新篇章。

使命与自豪
——品读《机械工人》创刊号

《机械工人》创刊时只是一本32开的小册子,在杂志创刊30周年时,被原机械工业部沈鸿老部长赞誉为"一部伟大的机器";创刊50周年时,被原机械工业部何光远老部长称赞为"一部机械制造技术的长卷"。在本文里,就让我们一起来品读这部机器的第一个组件、这部长卷的第一页篇章。

木刻艺术家萨一佛和制版专家吕品设计制作封面

《机械工人》1950年创刊时由科学技术出版社(机械工业出版社的前身)出版,生活·读书·新知三联书店发行。老社长蒋一苇请当时三联书店著名的木刻艺术家萨一佛先生亲自操刀设计了封面(见图1),制版专家吕品负责制版。创刊号的封面与三联书店建国当天创刊的《科学技术通讯》具有相同的三联风格,上下为简洁醒目的红底白字,居中为一副精美的木刻,内容是一位正在车间操作机器的机械工人,具有鲜明的时代特色和很高的艺术

a) 创刊号封面

b) 第2期封面

c) 第3期封面

图1 由萨一佛设计、吕品制作的《机械工人》创刊号及第2期、第3期封面

水准。创刊号封面的这一红色风格被刊物继承下来，至今仍是《金属加工（热加工）》杂志的封面主色，并成为本刊品牌形象用色的红、蓝两色之一。

萨一佛先生是我国著名的木刻艺术家和装帧艺术家，新中国成立前后，他在三联书店工作。三联书店的书籍设计装帧水平在我国出版界向来属于上乘，萨一佛就是三联书店的装帧名家之一。在1959年的德国莱比锡国际书展上，萨一佛等五人的设计作品获"装帧设计金质奖章"，为我国出版装帧艺术赢得了世界声誉。

吕品负责创刊号封面的制版，并绘制了创刊号文章中的插图。吕品原名吕雪棠，建国前就参加革命。在重庆时期，他和蒋一苇等一起与红岩英烈陈然等编辑著名的《挺进报》，负责报纸的制版工作。《挺进报》被破坏后，他与蒋一苇进入三联书店工作。吕品是机械工业出版社早期著名的制版专家，1954年创制了"制版缩尺"，并迅速在我国出版界普遍推广。

中央重工业部刘鼎副部长撰写发刊词 祝《机械工人》前程远大

刘鼎是我国著名的工程技术专家，是我国军事工业的主要创始人之一，被誉为"军工奇才"，建国初期任中央重工业部副部长、科学技术出版社管理委员会主任，为《机械工人》的创办做了大量的工作，他还亲自为本刊撰写了发刊词——祝《机械工人》前程远大。

刘鼎在发刊词中指出，新中国刚刚成立，为了恢复和发展我国工业，我们必须不断提高技术才能完成国家经济建设的任务。刘鼎呼吁《机械工人》的广大读者通过刊物来努力学习机械技术，他写道：

《机械工人》的诞生，标志着解放了的中国工人阶级正以主人翁的态度，按照国家的要求，分工学习，进一步推动生产。

我们欢迎《机械工人》经常给我们介绍关于苏联机械工业的发展、苏联机械工人和工程师的经验以及苏联的机械化运动。

我们欢迎《机械工人》组织工人们向自己的专家学习，组织专家来帮助工人学习。

我们欢迎《机械工人》组织广大的工人们互相学习。

本刊在建国初期的工作重点正是按这一思路开展的，如大力推广苏联的高速切削等先进的金属加工技术，邀请国内机械工程专家撰写通俗实用的普及文章，宣传推广工人在生产实践中的技术发明创造等，为我国机械工业的恢复和生产作出了巨大的贡献。在这篇发刊词中，刘鼎还指出，随着工业的发展，《机械工人》还可以按专业领域分为不同的刊物。这篇发刊词今天读来，仍觉立意高远，让我们获益匪浅。

优秀的作者　实用的文章　深厚的情谊

细细品读刊物上的文章，可以看出，从创刊号开始，《机械工人》就形成了以"实用性、先进性、知识性和可读性"为核心和"具体实用、适宜推广、通俗易懂、短小精悍和活泼多样"的文风。在创刊号的征稿启事中，编辑部明确要求："来稿必须具体实际，写法必须通俗浅显并附必要的图表、照片等。"编辑部针对读者需要，从创刊号开始就邀请相关专家推出了机件、车床、金工和铸工等四个实用性很强的专栏，分别由顾同高、张萌朗、赵为铎及王斧等专家撰写，这些文章很快又被编入《机械工人活页资料》，由机械工业出版社结集出版发行。创刊号上的许多作者日后也一直活跃在机械行业中，成为相关领域的专家，如赵为铎任教于大连理工大学，是我国机床学教学奠基人之一，是徐性初院士的老师；王国钧后来任太原钢铁厂炼钢部主任、总工程师，成为我国著名的特殊钢专家；程学敏成为我国著名的水电工程专家……

这些优秀的作者与《机械工人》一起成长，成为行业内的著名专家，更重要的是，他们撰写了大量具体实用的文章在《机械工人》发表，广大读者通过《机械工人》学到了先进的金属加工制造技术，交流了金属加工生产实践经验。几代读者、作者和编者也由此结下了深厚的情谊，如创刊号作者王斧在20世纪50年代常为《机械工人》写稿、审稿，他的儿子王德拥从小就对本刊有深刻的印象，长大后成为锻造专家的王德拥又子继父业，继续为杂志发展作贡献。父子两代同为本刊长期撰稿人，传为佳话。

品读创刊号，追寻杂志创办者以及老一辈办刊人员耕耘的足迹，我们为《机械工人》厚重的历史积淀和丰富的文化内涵深深地吸引和震撼，对前辈们严谨扎实的作风和甘于奉献的品格充满敬意。品味创刊号，我们为能够有机会延续老一辈办刊人员的精神，接过他们的接力棒，让杂志继续发挥推动我国金属加工技术的不断创新和发展而感到自豪，不辱使命的责任感鞭策着我们不敢有丝毫的懈怠。

三个历史片段
——回忆创刊号再版与两次复刊

《机械工人》从创刊开始，就坚持为读者提供丰富的内容和优质的服务。70年来，刊物一直深受读者喜爱，几代读者、作者、通讯员与我们结下了深厚的感情。值此创刊70周年之际，编辑部在回忆本刊发展历程时，常常想起读者与我们共同经历的三个历史片段。

1950年：创刊号销售一空，不得不再版印刷

我们知道，期刊是连续性出版物，一般不会再版或修订，但是，《机械工人》的创刊号却曾有再版本（见图1），这在我国期刊出版史上是很少见的。

《机械工人》从创刊号开始就坚持"来源于实践，服务于生产"的报道方向，重视内容的实用性，因此，创刊号出版后立即受到全国各地读者的热烈欢迎，很快销售一空，不得不再版印刷，创刊号和再版本的发行量超过了3万本。原主编李宪章回忆道："刊物出版后很多读者投书编辑部表示，在新中国成立刚刚一周年之际，国家内政、外交千头万绪，亟待解决的问题很多，能够出版这本刊物，真使我们感慨万千。"刊物的实用性特点受到各地读者的喜爱，杂志的单期发行量在创刊后不久就突破了10万份。在建国初期，科技期刊这么高的发行量是罕见的。

a) 创刊号

b) 创刊号再版本

图1 《机械工人》创刊号及其再版本

1964年:在读者中进行社会调查后复刊,老读者献出全套合订本

熟悉我国当代出版史的人都知道,我国的杂志曾有两次大规模的暂时停刊,一次是1960年全国期刊整顿,另一次则是"文革"开始。《机械工人》也不例外,曾两度短暂停刊,但是又都很快复刊,而且这两次复刊都是与读者的要求分不开的。

1960年6月,《机械工人》因国家形势变化而暂时停刊。停刊后,读者不断来信表示离不开这本技术刊物,纷纷要求杂志复刊。1963年,当时的第一机械工业部从在京院所抽调人员,成立新技术先进经验宣传推广联合办公室。办公室成立后,立即进行《机械工人》杂志复刊的筹备工作。当复刊的消息传出以后,编辑部收到了来自全国各地的广大读者和作者热情洋溢的来信,庆贺复刊,并积极写稿支持"自己的刊物"。

1964年10月,《机械工人》正式复刊(见图2),印数达到5.7万份。中华全国总工会书记处书记、中国机械工会全国委员会主席黄民伟撰写了题为"祝《机械工人》复刊"的复刊词。

《机械工人》编辑部的王天谌当时刚刚大学毕业,正是在那个时候进入本社工作的。据他回忆:

> 记得在1964年第一次复刊的时候,编辑部人员为了筹备复刊,几次去东北、上海进行社会调查,了解情况。在沈阳,我们了解到,三年困难时期,由于苏联撤走全部来华专家,使机械工业生产受到较大影响,为了摆脱困境,沈阳市的先进生产者自发组织起来,进行技术大协作,为许多企业解决了一个又一个难题,促进了企业技术进步和生产发展。于是,在《机械工人》复刊号上,集中报道了沈阳市技术协作中所创造的先进工艺和先进技术,在读者中引起了很大反响。

图2 《机械工人》1964年复刊号

复刊时,刊物与读者们已阔别了四年多,但是读者们并没有忘记刊物和编辑部的同志,留下了许多感人的事情。据原主编李宪章回忆:潍坊柴油机厂的本刊老通讯员牟炳章听说杂志复刊,专程到北京来看望编辑部的同志,谈话中有人提到编辑部仅有的一套《机械工人》已经残缺不全,而旧书店一套要价高达几百元。言者无心,听者有意。牟炳章回厂后,把自己精心保存的一套从创刊号开始的全套《机械工人》合订本,托人带到北京免费赠送给编辑部。如今,杂志社能够保存从创刊至今完整的全套杂志,我们要由衷地感谢以牟老为代表的热心读者长期对本刊的支持。

1972年:"文革"中在读者要求下,《机械工人》是最早复刊的科技期刊之一

1967年1月,《机械工人》因"文革"停刊,但是,广大读者仍然一直牵挂着本刊,如全国著名劳动模范苏广铭在1981年参加创刊30周年纪念大会上回忆道:即使在"文革"中被批斗的时候,我仍想着厂里的关键设备,仍然想着《机械工人》,仍然坚持革新技术;又如,老读者胡亚民在一篇文章中说道:"1962年,第一次看到《机械工人》杂志给我留下了永远难忘的印象。即使在'文革'期间她被迫停刊,我觉得她总有一天会获得新生"。

关于这次复刊,蒋一苇老社长曾经回忆道:

"文革"中,《机械工人》停刊了,活页资料(指《机械工人活页学习资料》——编者注)也不出了。据新华书店反映:各地读者群众"骂上门"来了。第一机械工业部的负责人匆忙从"干校"调回编辑,《机械工人》冷加工与热加工先后复刊,活页材料也开始重印。

1972年11月,《机械工人》复刊(见图3),在当时的特殊历史时期,以《机械工人(技术资料)》的刊名出版发行,这是"文革"中全国最早复刊的科技期刊之一。可以说,《机械工人》的率先复刊完全是在全国喜爱本刊的读者要求下实现的,这显示了杂志在读者心目中的重要地位。

70年来不断创新,办读者喜爱的媒体

在《机械工人》的发展历程中,这样的历史片段还有很多。70年来,不论是创刊和两次复刊,还是此后的分刊为冷加工、热加工两刊,改刊为大开本等,我们始终一切以读者利益为重,包括2008年改刊名也是如此:随着时代的变迁,许多读者反映,《机械工人》刊名传达的直观含义会影响新读者对刊物定位的判断,杂志多年来一直致力于报道金属加工技术的方向并没有通过刊名更加直观地传达出来,因此,许多读者也包括很多老读者都建议认真考虑刊物更名问题。杂志社本着面向未来的态度,多方征询意见,反复权衡,慎重决策,决定从2008年将《机械工人》更名为《金属加工》。

在《机械工人》创刊55周年时,杂志社社长栗延文曾经写过如下一段话,以此作为本文的结尾:

总结《机械工人》所走过的发展历程,我们深深地体会到:一本期刊的发展必须具有强烈的读者意识,只有努力为读者着想、一切以读者利益为重、为读者提供丰富的内容和优质的服务,才能深深植根于读者的心中,才拥有了发展的沃土。

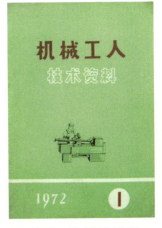

图3 《机械工人》1972年复刊号

新中国第一座重型机器厂
——太原重型机器厂

建设太重，新中国工业史的一大创举

太原重型机器厂（现太原重型机械集团有限公司，简称太重）是新中国成立后我国自行设计建造的第一座重型机器厂。太重始建于1950年10月4日，也就是在《机械工人》创刊三天之后。1953年，本刊曾到太原报道了建设中的太重（见图1）。

在新中国成立前，中国的重型机械制造业极为落后，虽然在1905年前后仿制过一些简易重型机械，但是发展极为缓慢。自新中国成立后，通过新建和改扩建，先后建立起太重、一重、二重、沈重、大重、上重、北重和天重八大重机厂。经过70年的发展，我国已建立起一个规模宏大的重机制造体系。

虽然太重在八大重机厂中并非是历史最悠久的，但是，在建国后的重机体系构建中，太重先行，它在"一五"计划之前的三年国民经济恢复时期就开始动工建设，1953年开始进行铸钢、铸铁车间的建设（见图2），期间曾因故暂时中断，最终于1958年上半年建成。太重的建成增强了我国重型机械的制造能力，为我国自主建设大型企业积累了宝贵的经验，是我国工业史上的一大创举。

刘鼎、支秉渊与太重的建设

在太重的创建过程中，新中国机械工业卓越领导者之一的刘鼎起到了重要的作用。

据李滔等著的《刘鼎》一书中记载，新中国成立后，为即将展开的大规模经济建设服务，中央组织了由中央重工业部副部长刘鼎任团长的重工业考察团前往东北、上海等地考察重工业。在上海参观时，刘鼎注意到日本赔偿物资中的大型水压机、重型机床和龙门刨床等重型设备很适

图1 建设中的太原重型机器厂
（《机械工人》1953年第5期封面）

合重机厂使用。1950年初他在太原考察时,看到太原汾河西岸万柏林一带很适合作为重机厂的厂址。在人力方面,他考虑到华东有一批工厂管理经验丰富的干部,上海著名的机械专家支秉渊也曾经表示可以大力支持技术骨干。综合上述条件,"一个在太原万柏林新建一个重型机器厂的设想与规划,就在刘鼎的头脑中逐渐酝酿成熟了。"刘鼎向中央汇报了这一设想,经批准成立了太原重型机械厂筹建处,郑汉涛为主任,支秉渊为副主任。"太原重型机器厂从设计、土建施工、设备的采购与调拨以及非标准设备的设计和制造等各项工作,都是由中国人独立自主自行完成的……刘鼎在这项工作中既是策划人,又是组织领导者,可谓功不可没。"

在太重的创建过程中,支秉渊也是一位贡献卓著的前辈。支秉渊的一生为我国机械工程技术的发展作出了卓越的贡献,被称为"近代中国机械工业奠基人之一"。据中国科学技术协会组织编纂的《中国科学技术专家传略》记载,新中国成立后,支秉渊任华东工业部机械处处长。中央决定兴建太重后,支秉渊任筹建处副主任,后任太重副厂长兼总工程师。在支秉渊等宣传动员下,在上海聘到了近百名技术人员和技术工人。在他的主持下,上海各界全力支持,40多位知名工程师和大学教授纷纷加入设计队伍,仅用40天就完成了规划文件。太重的建成凝聚着支秉渊等专家的心血和汗水。

图2 新中国第一个重型机器厂——太原重型机器厂（《机械工人》1953年第5期封二画刊）

与太重同龄,记录建设画面

作为与太重同龄的老牌杂志,《机械工人》记录下了太重创建过程中的珍贵画面,如兴建中的太重铸钢车间,初加工车间安装新式钻床和龙门刨床、锻造车间技术工人工作,苏联专家进行技术指导等场景(见图1、图2),杂志上的技术文章还详细介绍了火焰表面淬火在太重应用的先进经验(见图3),这些都是我们重温建国初期前辈们风风火火兴建太重的历史画面。

70年来,太重的生产者们在不同历史时期也通过杂志传播许多生产实践经验和先进技术。20世纪50年代,太重就经常在《机械工人》上发表文章介绍该厂总结的经验,这些文章都署名为"太原重型机器厂"或者"太原重型机器厂技术科"(而非某个具体作者),其介绍的都是太重在当时以厂为单位向全

图3 推广太原重型机器厂生产实践中的先进经验

国其他各厂推广的金属加工实践经验，如热加工1957年第5期《地坑造型用的活动烘干炉》介绍了该厂留苏归国技术人员在苏联工厂观摩到的一种活动烘干炉（用于当时尚属先进造型方法的地坑造型法）；冷加工1958年第9期《苏联优秀铣工加夫里洛夫表演新结构的高生产率铣刀》介绍了到厂表演的苏联加夫里洛夫及该厂学习其高生产率铣刀的经验；冷加工1959年第11期《采用铸铁铸焊硬质合金刀具》介绍了该厂在学习上海锅炉厂经验的基础上，采用铸铁铸焊硬质合金刀具的成功经验……

80年代，太重与原西德的德马克合作为宝钢生产140管轧机，针对一个零件需要在钢基面上堆焊高强度耐磨铜合金的情况，太重对美国铝青铜焊条堆焊的堆焊层进行分析，在国内选用类似焊丝进行氩弧堆焊工艺试验，并成功应用于生产（《铝青铜的熔化极氩弧堆焊——钢上堆焊铜》，热加工1987年第8期）。高精度、高硬度、大面积平面加工的零件一直是重型行业较难解决的关键件，90年代初期，太重有关同志经过一年多时间的大量调研和试验，应用新型陶瓷刀具，在探索先进的"以铣代磨"的高速精铣法方面取得许多成果（史佩勋等：《陶瓷刀具在淬火表面高速精铣上的应用（上、下）》，冷加工1994年第4、5期）。太重金属材料专家李维铖经常通过《机械工人》介绍材料新标准的情况，如《金属材料新标准讲座》（热加工2002年第6～9期）、《有关碳素结构钢的新标准》（热加工2007年第7期）等，颇受读者好评。

再建一个太重

建厂70年来，太重创造了我国历史上的许多第一，已经建设成为我国最大的起重机生产基地，最大的大型轧机油膜轴承生产基地，"国内品种最全、水平最高、历史最悠久的锻压设备生产基地……"

进入21世纪，太重有三条新闻引起了我们的注意：

2008年10月6日，在太重58岁生日之际，浓缩了几代太重人奋斗轨迹的太重展览馆正式开馆。据该馆当时统计，"截止目前太重累计创造了450多项国内外第一，被誉为"国民经济的开路先锋"。在该陈列厅内，总长37.5m、宽17.3m、高达23.5m、总重量近2000t的WK-75型矿用挖掘机最引人注目，它是世界上首台规格最大、技术性能最先进、生产能力最高的矿用挖掘机"。

2009年2月，太重临港重装项目落户天津，现已建成"前港后厂"的重型机械装备制造和出海基地，该项目相当于再建一个太重。2016年12月29日，首台"TZ-400"海洋石油自升式钻井平台在这里成功下水，对于太重海工产品发展具有里程碑式的意义。

2012年10月,太重高速列车关键零部件国产化项目基地,当今世界上最先进的车轮生产线锻轧线热负荷试运行,成功锻轧出第一批参数合格的车轮。如今350公里级动车组轮轴实现供货,具备了轨道交通全谱系车轮、车轴及轮对产品的研发与制造能力,产品销往北美、德国、土耳其、印度、韩国、巴西等全球30余个国家和地区,成为"中国制造"在世界市场上的闪亮"名片"。

太重一边在回顾过去,总结历史经验,一边大步向前,开创新的天地。1950年,支秉渊先生带着上海赠送的"唯我先锋"锦旗前往山西创建太重。2020年,太重将迎来建厂70周年的生日,太重董事长王创民发表2020年春节电视讲话强调:太重在轨道交通、新能源、海工装备、工程机械、高端液压等行业规模持续增长,是推动太重发展的强大引擎,加快转型发展是太重的使命。

我们祝愿太重这座与《机械工人》同龄的重型机器厂早日建设成为"世界太重"。

工业战线的"排头兵"马恒昌与《机械工人》

英雄群体马恒昌小组建国之初登上《机械工人》封面

《机械工人》1951年第2期的封面人物（见图1）是我国机械工业领域著名的英雄群体——马恒昌小组。马恒昌同志是新中国第一代著名全国劳动模范，是我国工业战线与孟泰、王进喜齐名的"老英雄"，新华社《永远的丰碑（84）》称赞他是工业战线的"排头兵"。

新中国成立前后，马恒昌所在小组奋不顾身地完成一批批军工任务，并向全厂职工倡议开展劳动竞赛，1949年4月28日被命名为"马恒昌小组"，马恒昌任第一任组长。他们不断刷新生产纪录，多次立功受奖。抗美援朝战争爆发后，马恒昌小组向全国职工发出"开展爱国主义劳动竞赛的倡议"，得到全国各地的积极响应，使得新中国的国民经济迅速得到恢复和发展，英雄群体马恒昌小组自此闻名全国。马恒昌多次代表小组出席全国劳动模范代表大会，受到毛泽东主席的接见。

马恒昌曾任齐齐哈尔第二机床厂总机械师，在我国的机床工业战线奋斗了一生，由他带领的齐二机床马恒昌小组以金属加工工艺精湛著称。据统计，该小组仅1950—1978年的29年中已先后实现革新成果1174项，实施先进技术151项，推广先进操作法102项。自马恒昌小组登上《机械工人》1951年第2期封面，之后的50多年本刊对小组的事迹和技术创新进行了持续的宣传报道，与历任小组成员都保持了密切的联系，与小组建立了深厚的情谊。1965年1月3日，原第一机械工业部和中国机械工业全国委员会联合在《机械工人》和《机械工业》杂志上刊登《关于发动群众积极响应马恒昌小组、大转子小组倡议的通知》。许多马恒昌小组的生产实践经验和技术创新成果都曾在《机械工人》发表并得以向全行业宣传推广，起到了积极的促进作用。

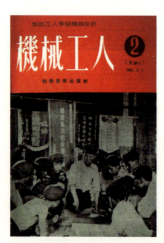

图1 建国初期的马恒昌小组（《机械工人》1951年第2期封面）

马恒昌小组代表出席《机械工人》创刊50周年纪念大会

2000年,《机械工人》创刊50周年纪念大会在北京举办,杂志社邀请与会的全国劳模参加了座谈会。齐齐哈尔第二机床厂铣床分厂401车间的马恒昌小组的代表苏金海也参加了此次座谈会。苏金海还与《机械工人》记者做了一番亲切的交谈,他既回顾了小组的光荣历史,为自己作为马恒昌小组的一员而骄傲,又畅谈了面临21世纪的新形势,马恒昌小组如何敢于技术创新,为推动企业的技术进步、提高企业的竞争力和经济效益而建功立业。

当《机械工人》记者问起马恒昌小组开展劳动竞赛的情况时,苏金海说:"劳动竞赛是我们的老传统,竞赛很能调动大家动脑筋的积极性和创造性。小组的整体攻关能力提高很大,像那些技术要求高、工期要求紧、完成任务难度大的活,我们都敢接。名牌班组就要名不虚传。"当问及小组通过什么方式学习新技术、新成果时,苏金海说:"向书本学习是获取知识的一条捷径,很多好的刊物上都登有新技术、新成果,这都是我们的老师,我们通过学习、消化,将新的技术革新成果应用于生产工作中,取得了很多成绩。我们一些成绩的取得,在很大程度上得益于《机械工人》等优秀刊物对新技术的推广和普及,对我们的指导和帮助。"

《机械工人》参加马恒昌诞辰100周年纪念大会

2007年,为纪念马恒昌同志诞辰100周年,国家有关主管部门在北京和齐齐哈尔等地举办了纪念活动。马恒昌同志的长子马春忠先生在退休后撰写了父亲的传记《一位开国劳模的家事》,该书已于2007年由工人出版社出版。马春忠在2007年5月月底给《机械工人》编辑部的来信中谈道,他写这个传记,"走进父亲80多年的人生经历,从他的健康心态和语言习惯出发,我摒弃了文学语言,用白描手法写下了儿孙们眼中的先辈,他的生命价值和精神世界。"

2007年7月24日,马恒昌同志诞辰100周年纪念大会在北京人民大会堂举行,全国人大原副委员长、中华全国总工会原主席倪志福,全国总工会副主席、书记处第一书记孙春兰,全国政协常委、中国机械工业联合会会长于珍等领导出席了大会。于珍会长在讲话中称赞马恒昌小组精神是坚持走中国特色社会主义道路、振兴我国机械制造业、实现中华民族伟大复兴的宝贵财富。他号召我国机械、冶金、建材行业和全国工业系统的广大班组和职工,认真研究和探讨马恒昌小组精神的时代内涵、思想本质和核心内容,立志做马恒昌式的新时期的新职工。

《机械工人》作为唯一受邀的工业媒体参加了此次大会并及时作了报

道。栗延文社长带来了几本20世纪50年代的《科学技术通讯》《机械工人》老杂志,封面均为当时报道的马恒昌小组的照片。这些珍贵的资料引起了出席大会的领导和同志们的浓厚兴趣。马恒昌的长子马春忠和马恒昌小组第17任组长孙普选(见图2)对《机械工人》这些老杂志也爱不释手。

马恒昌小组精神代代相传　名牌期刊就要名不虚传

2008年7月1日,中国通用技术集团与齐齐哈尔二机床(集团)有限责任公司正式签署联合重组协议,增资控股并将把齐二机床集团打造成为具有国际竞争力的中国重型机床龙头企业。中国通用技术集团董事长贺同新在回答媒体提问时说道:"闻名全国的马恒昌小组成长于齐二机床,马恒昌小组是全国工人阶级的光辉典范和班组建设成长的摇篮。多年来,齐二机床继承发扬'喊破嗓子,不如做出样子'的马恒昌小组精神,在各个不同的历史时期,为国民经济发展作出了突出贡献。这次重组联合,对于中国通用技术集团在2008年度实现转型升级实质性突破具有先导和开创意义。"

马恒昌小组精神代代相传,继续在为行业发展和国家建设作出新的贡献,这就是为什么我们在新世纪仍然怀念马恒昌等老一辈著名劳动模范并向他们学习的重要原因之一。作为工业媒体,我们要学习和发扬马恒昌小组精神,为我国金属加工行业的发展作出新的贡献,借用马恒昌小组的同志的话来说,那就是"名牌期刊就要名不虚传"。

图2　马恒昌长子马春忠(中)、马恒昌小组第17任组长孙普选(右)与栗延文社长(左)合影

为新中国建设作出贡献的苏联金属加工专家们

在建国初期,有许多为新中国建设作出贡献的苏联金属加工专家,《机械工人》杂志当时对此有大量的报道。对这些令人尊敬的专家们,我们不作逐一介绍,在本文中,我们只介绍几位登上本刊封面的苏联金属加工专家。

布罗斯古林和高速切削法训练班

《机械工人》1951年第4期的封面是一位苏联专家正在沈阳机器第三厂表演苏联车床的操作方法。该期杂志没有注明这位苏联专家的名字,根据此后报道,他就是高速切削法训练班的组长布罗斯古林同志。

当时大量苏联工程技术专家来华帮助建设新中国。《机械工人》1951年第5期报道说:"最近东北各地已经使用苏联的机器,并且正在推广高速切削法,这是我国机械工业中的重大改革,今后还要普遍推广到全国各厂矿中去。在东北曾经有过两次高速切削的表演:一次是在1950年11月13日,这一次的表演使我们认识到苏联机器的优越性;另一次是在1951年4月16日,是东北工业部高速切削训练班的结业表演,在这一次的表演中,证明了我们经过短期的学习,是完全能够掌握这项先进的技术的。"该训练班由四位苏联专家指导,其中组长布罗斯古林同志专长自动车床(他是著名的四轴车床的设计者),洛金专长六角车床,格拉沙夫柴夫专长1A62型车床,希特诺夫专长铣床。

训练班的学员们寄来介绍其实践经验的稿子,由编辑部整理后发表在《机械工人》1951年第5期上,文章中"伟大的国际友谊"一节中这样写道:

在学习过程中,有很多使中国人民永志不忘的友谊。格拉沙夫柴夫专家为使教学透彻,钻到机器底下,沾了一身油。希特诺夫专家亲自爬到立式车床顶上修理。布罗斯古林专家劳累病了，学员们带着慰问信去看他时，他满眶热泪地说："比送我一桌丰盛的酒席都感动万分"（廖上光等：《把高速切削推广到全国去》，《机械工人》1951年第5期）。

1951年5月，中央重工业部邀请布罗斯古林等四位苏联专家和高速切削法训练班的第一期毕业学员在北京举行了一次高速切削表演，历时两周，来参观的全国各地区工业部门领导、工程技术人员、优秀技术工人共2000多人，苏联专家们还到北京机器厂（现北京一机床厂）等厂进行实地指导。高速切削法自此逐渐向全国推广。

高速切削新世界纪录的创造者谢·布苏也夫

《机械工人》1952年第6期的封面（见图1）为苏联先进生产者谢·布苏也夫同志在北京表演高速切削时的情形。谢·布苏也夫是莫斯科斯大林汽车制造厂的先进生产者，他打破了贝科夫创造的纪录，成为当时的高速切削新世界纪录的创造者，获得了1951年度的"斯大林奖金"，成为苏联的劳动英雄（《创造高速切削世界纪录的苏联先进工人谢·布苏也夫》，《机械工人》1952年第6期）。

图1 谢·布苏也夫在北京表演高速切削
（《机械工人》1952年第6期封面）

谢·布苏也夫这次是在1952年劳动节随苏联工会代表团来我国观礼并进行技术交流的，他还到北京机器厂等企业现场指导高速切削实践。在北京期间，他应编辑部之邀撰文并附上手写签名。他在该文中介绍了自己进行高速切削的工作经验，文末祝福道：

> 敬爱的中华人民共和国的朋友们！我谨以一片赤诚祝福你们在劳动和学习中取得最好的成绩！你们是勤劳努力的人，在建设新中国的工作中，只在短期间内就达到了惊人伟巨的成就（谢·布苏也夫：《和中国朋友们谈谈我的工作经验》，齐勋译，《机械工人》1952年第6期）。

叶洛斯基在太重指导火焰表面淬火

《机械工人》1953年第5期的封面（见图2）为苏联热加工专家叶洛斯基在太原重型机器厂指导进行火焰表面淬火。太重是新中国第一座重型机器厂，当时仍在建设中，该工程是在苏联专家先进技术和经验的帮助与指导下，由中国工程师设计而兴建起来的。叶洛斯基是在太重进行指导的苏联热加工专家之一。当时，火焰表面淬火是一种新的加工方法，可使工件表面获得很高的硬度和优良的品质。从1952年9月起，太重就在叶洛斯基专家亲自指导下，进行了火焰表面淬火的表演。太重的同志应邀将有关的实践经验总

图2 叶洛斯基在太原重型机器厂指导火焰表面淬火
（《机械工人》1953年第5期封面）

结成文发表在《机械工人》1953年第5期（太原重型机器厂：《火焰表面淬火在太原机器厂》），供全国各厂参考。

奇基列夫向中国青年表演新型刀具操作

1954年第9期的封面（见图3）为奇基列夫向中国青年工人表演新型刀具操作。当时许多青年都曾受到奇基列夫表演的激励，我国刀具大王、《机械工人》的老朋友桂育鹏就是其中之一。多年以后，桂育鹏在一篇文章中还回忆道，他在1954年参观奇基列夫的表演后受到激励，成功创制了高速梯形螺纹车刀，并悟出：学习别人的实践经验就像接力赛一样，接过接力棒发挥自己的主动创造性，想办法超过对方。

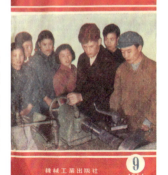

图3 奇基列夫在向中国青年工人表演新型刀具操作（《机械工人》1954年第9期封面）

莫费道夫斯基等在大连造船厂指导船舶焊接技术

据有关资料，有许多苏联专家都曾在大连造船厂工作。该厂从建国前后就开始学习和运用苏联的新技术，采用电焊技术造船，很快就掌握了半自动和自动焊接技术。

《机械工人》1954年第12期的封面（见图4a）是中苏造船公司（后改名为大连造船公司）的苏联专家在大力培养我国造船技术人才。照片中左边是苏联专家费多洛夫，右边是莫费道夫斯基，他们正在指导大连造船厂张洪增小组组长张洪增学习如何使用电焊机。当时《人民日报》曾经报道说："在造船厂，苏联专家莫费道夫斯基同志教会了许多电焊工人操纵电焊机的技术。这几天，他白天工作之后，还经常晚上来到张洪增小组工作的地方，检查他们的生产，并给以技术上的指导。"（《中苏造船公司职工加紧学习苏联先进经验》，1954年11月1日《人民日报》）。

《机械工人》1955年第12期的封面（见图4b）则是另一位名叫马尔蒂诺夫的苏联专家在大连造船公司指导电焊技术。

登上《机械工人》封面的苏联专家还不止这些，限于篇幅，本文就不逐一罗列了。布罗斯古林、谢·布苏也夫、叶洛斯基、奇基列夫、莫费道夫斯基等苏联金属加工专家们，向我们传授了大量的金属加工先进技术和实践经验，为新中国的建设作出了巨大的贡献，值得我们尊敬和怀念。

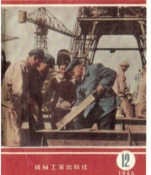

a) 苏联专家费多洛夫（左）和莫费道夫斯基（右）（《机械工人》1954年第12期封面）

b) 苏联专家马尔蒂诺夫（右）（《机械工人》1955年第12期封面）

图4 在大连造船厂指导电焊技术的苏联专家

从1951年新中国第一辆汽车的铸造谈起

众所周知,汽车工业发展的水平标志着一国工业化的程度。我国古代即以造车出名,先秦技术典籍《周礼·考工记》即云:"故一器而工聚焉者,车为多。"虽然古代的车和现代的汽车不同,但是不论古今,作为交通运输工具的车辆制造集聚了众多的先进制造技术。

多年来,《机械工人》一直关注汽车金属加工技术的发展和应用。以汽车铸造技术为例,1951年就报道了新中国第一辆汽车的铸造实践经验,自兹至今连续不辍近70年。在本文中,我们简要回顾《机械工人》对新中国汽车铸造技术发展的宣传报道。

1951年9月,天津汽车制配厂试制完成了一辆汽车,这是新中国制造的第一辆汽车,不过限于当时的客观条件,后来没有实现量化生产。

《机械工人》从1951年起就开始介绍该厂铸造风冷式气缸体的实例和经验。该厂技术工人冯天锡在新中国成立前就从事汽车气缸体铸造工作多年,具有丰富的气缸体铸造的实践经验,他是这样说的:"在内燃机制造过程中,气缸体铸造是一个比较重要的技术问题。本人在铸造厂工作了十多年,对于气缸体的铸造经历过不少的困难,有不少的失败经验。但是我很愿意在这些失败与困难中寻找解决问题的办法。现在正值国家发展工业建设的时机,我准备把这点微末的工作经验贡献出来,以供国内从事"翻砂"工作同志作为参考。"(冯天锡:《怎样铸造风冷式气缸体——介绍天津汽车制配厂风冷式气缸体的实例》,《机械工人》1951年第3期,见图1a)。

天津汽车制配厂制造出新中国第一辆汽车后,应编辑部的邀请,由该厂钱端有等同志撰写了《水冷式汽油引擎气缸的浇口与冒口——天津汽车制配厂制造我国第一辆汽车的经验》(见图1b),刊登在《机械工人》1951年第11期，分别介绍了铸造气缸体的立式浇法和卧式浇法的优缺点，对于当时苏联的浇口开法和天津汽车制配厂所用的浇口开法作了比较。

1953年，我国开始建设新中国第一个汽车厂——长春第一汽车制造厂，1956年建成投产，先后制造了解放牌货车、红旗牌轿车等，标志着中国汽车工业新的历史。《机械工人》较为详细地报道了一汽从奠基到建成的历程，宣传了建成初期的金属加工技术和经验（有关情况和图文报道请参看本书《新中国第一个汽车制造厂——长春一汽建厂初期的金属冷（热）加工》，兹不赘述）。同样，作为属于机动车的拖拉机，《机械工人》还关注报道了新中国第一个拖拉机厂——洛阳第一拖拉机制造厂的建造历程。在这里请欣赏1957年、1958年第4期封面上当时刚建成的一汽（见图2）和一拖（见图3）的铸造车间。

从20世纪80年代起，一方面出于汽车轻量化和提高汽车可靠性的要求，另一方面出于环保和可持续发展的需求，国际上出现了一批汽车铸造新工艺，如铸铁件水冷铜型铸造QC工艺，薄壁铸铁件的差压铸造FM工艺，高蠕化率的蠕墨铸铁制取技术，消失模铸造工艺，CO_2水玻璃砂型用于生产球墨铸铁曲轴和凸轮轴等（陈勉己：《国外汽车工业中的铸铁件铸造新工艺》，热加工2001年第8期）。

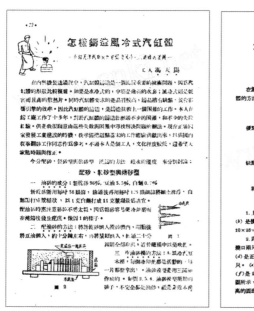

a)《怎样铸造风冷式气缸体》
（《机械工人》1951年第3期）

b)《水冷式汽油引擎气缸的浇口与冒口》
（《机械工人》1951年第11期）

图1 《机械工人》刊登的新中国第一辆汽车的铸造经验

图2 一汽20世纪50年代的铸造车间
（热加工1957年第4期）

图3 一拖20世纪50年代的铸造车间
（热加工1958年第4期）

国内各大汽车制造企业都有自己的铸造基地。一汽、二汽是国内汽车领头羊，他们的汽车铸造技术的发展和实践经验的成败非常值得国内同仁借鉴，自然也是《机械工人》报道的重点之一。限于篇幅，兹举几例如下。20世纪八九十年代，铝合金气缸盖开始迅速取代铸铁气缸盖。当时，一汽从国外引进铝合金气缸盖的金属型重力铸造工艺和浇注机模具。为了既快又好地消化该工艺，尤其是吸取60年代尝试有关凝固过程的经验教训，一汽与清华大学合作进行了铝合金气缸盖数值模拟研究，取得了成功（林家骝、于震宗：《铝合金气缸盖数值模拟》，热加工1994年第6期）。汽车摇臂是发动机内的高韧性、抗疲劳铸件。球墨铸铁具有优良的特性，应用很广。东风公司的汽车摇臂使用的是一种很小的铸态球墨铸铁件，但是生产并不容易。东风公司铸造一厂裴炎奎在杂志介绍了他们通过一系列措施（如控制炉前成分、掌握铁液温度、选优良球化剂及加强孕育处理等），生产出优质合格的摇臂铸件的经验（裴炎奎：《球墨铸铁摇臂生产实践》，热加工2003年第4期）。

铝合金、镁合金作为汽车轻量化材料，符合国际节能减排、资源再生利用等环保要求。进入21世纪，铝合金仍是汽车轻量化的重要结构材料，而镁合金的应用也在迅猛发展。随着汽车行业的飞速发展，高致密度、高强度、高结构复杂性等将成为未来铝、镁合金铸造的发展趋势（唐靖林、曾大本：《铝、镁合金铸造在汽车领域的应用及发展（上、下）》，热加工2008年第5、6期）。

2008年，中国铸造协会下设汽车铸件分会并挂靠在中国一汽铸造公司，由此我国汽车铸造企业开展科研成果、技术、管理经验交流进入了新时期。

也是在2008年，《机械工人》更名为《金属加工》，在保持实用性特色的基础上，办刊宗旨不变、服务领域不变、内容特色不变，紧贴行业，与时俱进，栏目设置和对铸造技术的报道更加追求可读性、先进性，与行业协会组织的联系、合作更加紧密，《金属加工》一直是汽车铸件分会举办每年一次汽车铸造技术研讨会的指定支持媒体。

2009年2月，"中国汽车铸造业首届年会暨汽车轻量化铸造技术研讨会"在长春召开，全国近200家铸造业及相关企业同仁参加了此次会议。中国一汽铸造有限公司总经理于永来称：此次会议为中国铸造业全国协会和学会团结协作的一次盛会，为促进和扩大行业、企业的技术交流与合作搭建了一个崭新的"汽车铸造业平台"（有关报道见田文华等：《开启汽车零部件铸造业的新纪元》，热加工2009年第5期）。

在汽车铸造报道上，《金属加工（热加工）》每年设置1~2期"汽车零部件技术专题",探讨汽车铸造领域的发展、集成汽车零部件热加工先进技术和铸造方案。

汽车行业是我国的支柱产业之一,汽车零部件铸造也引领着我国铸造技术的发展方向,是我国铸造的缩影。进入21世纪后,随着自动化、数字化、智能化的发展,铸造生产线、计算机模拟技术、机器人技术、3D打印技术在汽车铸造领域获得广泛应用。以一汽为例,"十二五"期间新增机器人达到205台,主要用于浇注、下芯、取件、清理、检测,以实现少人化、无人化的目标(马顺龙:《机器人在汽车铸造上的应用方兴未艾》,热加工2014年第15期"铸造机器人专题")。"十二五"改造后,一汽铸造公司拥有9条静压造型生产线以及配套制芯中心,主要生产汽车缸体、缸盖,代表了汽车铸造自动化技术的应用方向(刘文辉:《造型线的工艺选择与实施一定要综合考量》,热加工2014年第23期"垂直/水平分型造型线应用专题";热加工2018第11期"工业自动化专题")。

另外,3D打印技术已在高端领域得到应用,特别是在汽车零部件新品研发,以及军工、航空航天等精密件的制造上,正加速改变铸造业的生产方式,其重大意义不言而喻(相关报道见热加工2016年第15期"3D打印技术在铸造行业应用专题";宋彬等:《3D打印技术在汽车工业发展中的应用》,见图4,热加工2018年第2期"汽车零部件专题")。

70年来,《金属加工》(原名《机械工人》)见证了我国汽车铸造从小到大、从弱到强的发展历程。目前,我国形成了以大型整车整机集团为依托的大型汽车铸造企业、以整车整机厂为依托的一般汽车铸造企业、以无整车整机厂为依托或主机厂参股的大型汽车铸造企业,以及伴随汽车发展而快速发展的中小铸造企业的产业格局,我国汽车铸造技术获得了全面快速发展。

从1951年第一辆汽车的铸造到今天,中国汽车铸造行业取得了令人瞩目的进步,我国正在向铸造强国迈进,但仍面临着多方面的挑战,铸造新技术、新材料、新工艺应用如何赶超世界先进水平,如何直面应对新能源汽车对传统汽车铸造的冲击,可谓任重道远。

2020年,在信息传播形式发生深刻变革的今天,《金属加工》作为专业媒体,在不断创新的道路上迎来了创刊70周年。未来,汽车铸造仍将是《金属加工》报道的重点领域之一,借助《金属加工》打造的全媒体服务平台,纸质媒体、网站、会议、视频、微信、微博、QQ群等全面服务行业,多渠道、全方位及时报道国内外先进汽车铸造技术,与汽车铸造业同行。

图4 《3D打印技术在汽车工业发展中的应用》
(热加工2018年第2期)

创刊一周年这一期

图1 《机械工人》1951年第10期封面

图2 赵国有在车间领导同志们进行"爱国主义生产竞赛"（《机械工人》1951年第1期封面）

创刊一周年　建国两周年　新纪录运动创造者赵国有发表文章

《机械工人》1951年第10期出版时正值创刊一周年（见图1），也适逢中华人民共和国成立两周年。应编辑部之邀，当时的中华全国总工会生产部副部长赵国有撰写了题为《庆祝中华人民共和国两周年》的文章在杂志发表。

当时，全国正在人民政府和中国共产党领导下恢复生产和加速发展，如果用赵国有在文章中的话来说，那就是"从全国各地方都可以看到新中国的新气象"。

赵国有是建国初期全国著名劳动模范，1949年，他在沈阳第三机器厂（沈阳第三机床厂的前身）改造铣刀，以车铣结合操作法创造了车制塔轮的全国纪录，使塔轮制作所需工时由8h减少到只要50min，掀起了东北工业建设的"创造新纪录运动"。1950年9月，赵国有出席了全国首次劳模代表大会，荣获"全国劳动模范"称号，并在大会上作为劳模代表致辞。

抗美援朝战争爆发后，在他领导下的"赵国有车工部"与"马恒昌小组"共同向全国工人发出倡议，展开"爱国主义生产竞赛"，号召生产一线的工人们"把我们的工厂变成战场，把我们的机器变成武器"（见图2）。这些倡议在《机械工人》等报刊上发表后，马上得到全东北乃至全国工人一致的响应，影响极其深远。赵国有后来调入中华全国总工会，担任生产部副部长，继续鼎力支持《机械工人》杂志宣传先进制造技术和生产实践经验的工作。

大力推广高速切削法　国内刊物中最早刊发全部工作图

建国初期，为恢复和发展国民经济，提高劳动生产率，我国金属加工领域非常重视推广高速切削法。苏联专家先后在东北和北京等地进行高速切削的培训和表演（见图3和图4），《机械工人》对这些重要活动都进行了大量及时的技术报道，而且特别注意宣传和推广我国各地工厂在学习和运用高速切削法过程中积累的生产实践经验。《机械工人》原主编林家燊就曾向读者们号召道："同志们！克服我们的骄傲自满、自以为了不起的保守思想，虚心地学习先进的技术和理论，大胆地创造吧！向全国所有的先进小组看齐，为提高我国每一台机床的生产效能而斗争！"

比如，在当时推广高速切削法过程中，研究正确的刀具角度是重点和难点，《机械工人》专门发表了于惠撰写的《高速切削用的磨刀工具》一文（见图5），编辑部特别指出：

> 在推广高速切削法中，研究正确的刀具角度是比较重要的，也是目前各厂推行高速切削法中一个困难问题，我们特发表《高速切削用的磨刀工具》一文，供同志们参考。为使各工厂仿制时方便起见，我们把全部工作图刊出。这种形式在国内刊物中，还是第一次，是否对同志们有很好的帮助，请多提意见。

编辑部把磨刀工具的装配图和零件图全部刊出，各地读者和企业看了文章之后，只需要再根据实际情况设计尺寸大小，就可

图3　苏联专家在东北演示高速切削法
　　　（《机械工人》1951年第4期封面）

图4　在北京举行高速切削表演会
　　　（《机械工人》1951年第6期封面）

以立即投入制造。20世纪五六十年代，《机械工人》刊登了许多这类具体实用的文章，贡献卓著，影响极大。《机械工人》当年的老读者们至今对此仍印象深刻。

《机械工人》在大力推广高速切削法工作中是如此，在其他技术推广领域也是如此。比如，当时天津纺织机械厂成功制造124锭单程粗纺机，这是中国纺织工业和机械制造业的重大成就，其中锭翼（锭壳）作为重要零件，形状特殊，是当时很难制造的工件，《机械工人》从1951年第10期开始，以《怎样制造粗纱机锭翼》为题，分3期以大量工作图具体介绍了锭翼的创制过程，颇得业内好评。

文章具体实用　奠定历史地位

《机械工人》刊登的文章内容实用，自然受到各地读者和企业的热烈欢迎。比如，在这一期的"读编往来"栏目中刊登了一位读者来信，这位名叫吴书云的读者说：

> 我无论在什么地方，对于《机械工人》这个刊物都是必读的。因为文章的内容篇篇都能打进我的心窝，使我愈读愈感到兴趣，在这里我的确学到不少东西。现在我报告您一个可喜的消息，由于我经常阅读《机械工人》，在厂里的"师徒合同"期满后的考试中，我光荣地得到了全机器厂学习成绩的第一名。

《机械工人》在创刊后一周年时，发行量已经超过4万份，成为金属加工领域杂志乃至所有科技期刊中的佼佼者。

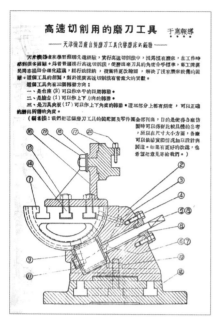

图5　刊发全部工作图的技术文章
　　　（《机械工人》1951年第10期）

团结在《机械工人》周围学习技术

"五一"国际劳动节就要到了○,近60年前,刘鼎在《机械工人》杂志上曾经提出一个问题——应该怎样庆祝"五一"？他的回答是——加紧生产,努力学习技术。在本文中,我们将从几个侧面回顾《机械工人》自创刊至今,坚持推广和宣传金属加工领域的生产实践经验和先进技术的办刊传统,以此庆祝"五一"。

创刊——献给全国工农兵劳动模范代表会议

1950年9月25日—10月2日,全国工农兵劳动模范代表会议在北京召开,会议在中南海怀仁堂开幕,中央人民政府主席毛泽东出席会议并致辞。本次会议号召劳模们为争取国家经济恢复和发展而努力,搞好生产,带动群众,学习新的生产技术。这是一次热烈而且影响深远的大会。

科学技术出版社（机械工业出版社的前身）在1950年9月26日和29日的《工人日报》上连续刊登了《机械工人》即将于1950年10月1日创刊并征求纪念订户的广告。在广告的上方,用醒目的黑体字写道:"献给全国工农兵劳动模范代表会议"。选择在这个历史时刻创刊,表明了刊物对生产实践经验的重视,自此,《机械工人》一直坚持"来源于实践,服务于生产"的报道方向。劳模们来自于生产实践第一线,他们拥有精湛的金属加工技术和实用的生产实践经验,因而自然地成为《机械工人》关注的重点之一。

第一个"五一"专辑

1951年5月1日是《机械工人》创刊后的第一个"五一"劳动节,编辑部特别精心编辑制作了1951年第5期"五一特大号"。关于这期杂志的内容,

---

○ 本文写于2008年4月。——编者注

1951年5月13日的《人民日报》第4版"出版动态"作了介绍,题为"《机械工人》介绍苏联先进操作经验",现转录在这里:

科学技术出版社出版的《机械工人》1951年第5期,是纪念"五一"劳动节特大号。内容以学习苏联先进经验"高速切削法"为中心,共有5篇文章。苏联这一先进的机械操作方法的重大价值,可从下面例子中看出来:沈阳某厂过去车大塔齿轮是24小时完成一个,学习了高速切削法之后,最快的45分钟车一个,最慢的是95分钟车一个;又如过去车一根主轴需4小时,现在只用10分57秒,钻孔过去用2小时,现在只要22分钟。重工业部刘鼎副部长写的《机械工人应该怎样庆祝五一?》强调应该学习技术,以掌握先进机械和先进操作方法,但技术学习又必须结合政治、文化学习。

在这篇文章里,刘鼎部长还简要回顾了建国一年来机械工业取得的成就和面临的问题,并谈了他对生产和技术关系的看法。面对当时正在建设的大规模、精密、高速度的机器生产,刘鼎特别强调了广大生产者学习新技术的重要性。关于如何学习新技术,刘鼎说:

如何学习这些新技术呢?我在《机械工人》创刊时已详细谈过。概说,就是在生产中学习,在报纸、杂志、书籍中学习以及向苏联老大哥学习,向我们自己的机械专家学习。团结在《机械工人》杂志的周围学习,因为这杂志是愿尽一切努力为同志们服务的。

中华全国总工会生产部部长董昕的关怀

中华全国总工会生产部部长董昕也应邀撰写了文章,在1951年第5期"五一特大号"上发表。与刘鼎部长一样,董昕也反复强调在建国初期恢复工业生产中学习和推广技术的重要性,他说:"只有好好的学技术,才能搞好生产,才能把落后的农业国家,变为先进的工业国家。"

董昕当时也是科学技术出版社管理委员会委员,参与了出版社和《机械工人》杂志的创建工作。《机械工人》创刊后,他大力支持杂志的发行工作,向全国各级工会生产部下发通知(见图1),要求在各厂矿中广为发行《机械工人》杂志,以期在全国恢复与发展国家工业中,"提高工人技术水平,增加科学技术知识"。自此至今,中华全国总工会对杂志的发展一直给予了有力的支持,原中华全国总工会主席倪志福、副主席王崇伦等领导本身就是来自于生产实践第一线的金属加工技能高手。

图1 中华全国总工会生产部通知
(《机械工人》1951年第1期第1页)

全国著名劳模赵国有成为《机械工人》首个封面人物

1951年第1期开始，《机械工人》封面使用了人物照片，首位登上封面的是建国初期的著名劳动模范赵国有（见图2）。1949年，赵国有在沈阳机器三厂改造铣刀，用车铣结合操作法，创造了车塔轮的全国纪录，掀起了建国初期东北工业建设的创造新纪录运动。抗美援朝爆发，在他领导下的“赵国有车工部”向全国工人发出号召，展开“爱国主义生产竞赛”。1950年9月，他出席了全国劳模代表大会，荣获“全国劳动模范”称号，并在大会上作为劳模代表致辞。

从赵国有开始，金属加工领域涌现出的全国著名劳动模范一个个走上了《机械工人》杂志的封面，如倪志福、马恒昌、吴大有、苏广铭、盛利、朱大仙、金福长、马学礼等，他们的生产实践经验和技术通过《机械工人》的宣传推广，对促进我国机械制造业的发展作出了卓越的贡献。与此同时，编辑们也与这些金属加工劳动模范们结下了深厚的情谊，这已经成为杂志60年发展历程中一笔珍贵的财富。

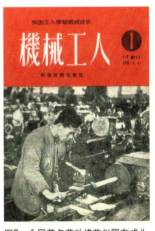

图2　全国著名劳动模范赵国有成为《机械工人》首个封面人物（《机械工人》1951年第1期）

数控技能大赛报道工作受到劳动部副部长表扬

《机械工人》从创刊到现在，从老一辈技术精湛的金属加工行业劳动模范到新一代金属加工技能高手，以及来自于生产实践第一线的金属加工生产实践经验等始终都是杂志关注的重点。近年来，随着制造业的迅猛发展，金属加工技术日新月异，《机械工人》对行业内的数控技能大赛、焊工技能大赛等给予了高度关注。

以数控技能大赛为例。2004年，为加快高技能人才培养，劳动部等六部委联合举办了第一届全国数控技能大赛。作为指定合作媒体，《机械工人》积极参与，与兄弟单位合作为大赛出版了两期会刊，在2004年10月北京决赛期间承办“中国数控技能人才培养暨数控技术发展论坛”，这些工作成为大赛的有力补充。劳动部副部长张小建在开幕式后到杂志社展台参观指导时说：“《机械工人》这次为大赛做了不少工作，很有成绩，这本刊物办得相当好，应该让所有搞数控技术的人都订阅。”此后，张小建副部长又仔细阅读了杂志对数控大赛的有关报道，对编辑部的工作作出重要批示并给予鼓励，在传真（见图3）中，张小建副部长写道：“《机械工人》对大赛报道搞得挺好，编写水平也挺高，角度也选得挺准，请代为感谢”。此后，《机械工人》同样又作为指定核心媒体参与了2006年举办的第二届大赛。大赛组委会和业内外人士都对《机械工人》的工作给予好评，这些对我们是极大的鼓舞。

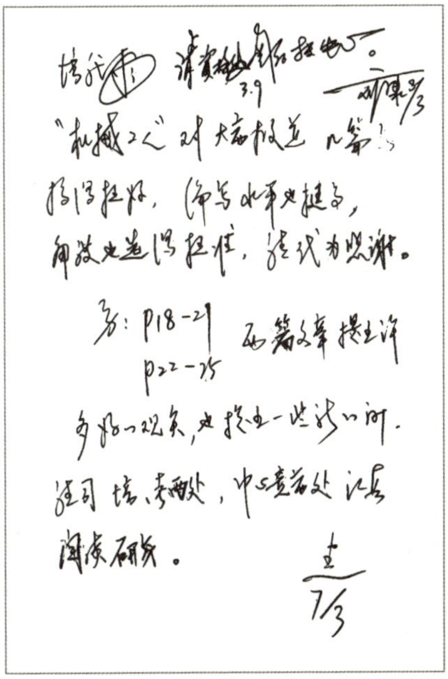
“机械工人”对大赛报道几篇搞得挺好，编写水平也挺高，角度也选得挺准，请代为感谢。

图3　2004年劳动部副部长张小建对《机械工人》有关数控大赛报道的批示

万紫千红写不完
——新中国的工具工业

新中国工具工业的"四厂一所"

新中国成立前,我国没有独立的工具工业,只有一些小作坊式的工具车间。1949年,全国只有上海工具厂和沈阳工具厂生产少量钻头、丝锥等。沈阳工具厂后来北迁哈尔滨,并组建发展为哈尔滨第一工具厂。20世纪50年代,我国先后建成哈尔滨量具刃具厂和成都量具刃具厂,同时对上海工具厂和哈尔滨第一工具厂进行全面技术改造,由此形成新中国工具工业四大骨干厂——上工、哈一工、哈量和成量,再加上1956年成立的原机械部工具科学研究院(成都工具研究所的前身),这就是我国工具工业核心力量的"四厂一所"。

关于新中国工具工业的话题很多,限于篇幅,我们只从《机械工人》中撷取几帧画面。

哈量:新中国第一个制造精密工具的工厂

哈尔滨量具刃具厂(现哈量集团)于1952年开始兴建,1954年试生产,1955年正式投产,它是新中国第一个制造精密工具的工厂。哈量在我国工具工业史上有着特殊的历史地位,它不但是建国初期"156项工程"中唯一工具工业项目,而且它先后向四川等五省援建了5个具有相当规模的工具制造厂,这是哈量为我国工具工业作出的历史贡献。

《人民日报》很关注哈量的建设和投产,如1954年哈量开始试生产,《人民日报》随即作了文字报道,其中有如下生动的描写:

我国第一座制造精致工具的工厂——国营哈尔滨量具刃具厂厂房建筑工程已提前竣工。

在哈尔滨新兴工业区，矗立着一片崭新的厂房。耸入云霄的十四公尺高的中央水塔，浅黄色的三层楼高的量具厂房和厂部办公大楼，深红色的刃具厂房，组成了一幅光彩夺目的画面。厂区内，刃具厂的机器运转声，代替了搅拌机、卷扬机等各种施工机械的声音。各车间已进入有计划生产试制时期，制造出来的各种不同规格的铣刀、铰刀、丝锥、扳牙和钻头，都十分精致。

厂区内一切景象在显示着这座用头等技术装备起来的现代化工具制造厂，处在全部生产的前夜了。

与《人民日报》的文字报道不同，《机械工人》杂志对此作了连续的画刊报道（见图1、图2），图文并茂，从崭新的厂房到刃具淬火的热处理盐槽，从现场指导的苏联专家到奉命援建的大连机床厂职工车队，从操作光学曲线磨床到铣出第一个麻花钻头……《机械工人》保留了许多珍贵的历史瞬间，使我们今天仍能感觉到当年建设者"抑制不住的内心的喜悦"。

图1 新建哈尔滨量具刃具厂开始试生产
（《机械工人》1954年第8期封二画刊）

图2 我国第一个制造精密工具的工厂建设成功
（《机械工人》1954年第12期封二画刊）

上工：创制新品　总工拜访客户

上海工具厂的前身是协兴铁工厂，1949年人民政府接管后，命名为上海工具厂。"一五"期间，经过改造，上工综合实力大大增强，1957—1959年，上工研制成功镶片圆锯片、花键拉刀、小模数齿轮滚刀和螺旋槽丝锥等30个新产品。为了技术创新，当时上工的技术人员经常到客户厂调查，上至总工也是如此（见图3）。1979年，上工制造的直柄麻花钻被评为"国家金质奖"，倪志福还前往上工视察。

图3　20世纪50年代上海工具厂总工到客户厂了解"上工牌"钻头的使用情况
（冷加工1959年第8期封面）

成都工具研究所工程师作打油诗推广新刀具

成都工具研究所工程师张翰潮从《机械工人（冷加工）》1977年第1期起开设"机夹不重磨刀具知识讲座"。这种刀具当时被列为重点推广新项目之一。张翰潮的讲座内容实用，语言生动，颇受读者欢迎。如在第一讲"什么是硬质合金不重磨刀具"中，他把这种刀具的特点总结成四首打油诗，朗朗上口，简明易记，以"调换刀片时间快"这一首为例：

> 焊接刀具调整难，精度难保时间长。
> 自动机床停车久，调整刀具是难关。
> 不重磨刀不一样，调整刀具挺方便。
> 刀杆不动刀片转，机床干活不得闲。

1992年，张翰潮又在《机械工人（冷加工）》杂志开设"硬质合金可转位刀具技术讲座"，同样受到读者欢迎。

改革开放30年的回顾：必须走自主创新之路

改革开放以来，我国工具工业取得了很大成就，也出现了许多新的问题。2002年，《机械工人》组织了"切削刀具应用调查"，并在冷加工2002年第9期上发表了"分析报告"和"数据统计"，获得业内好评。

2008年是改革开放30周年，杂志社组织了第二届"切削刀具应用调查"，中国机床工具工业协会工具分会秘书长沈壮行在《金属加工（冷加工）》上发文，他分析了我国现代高效刀具发展和发达国家历史差距的形成及其经验教训，并指出创新的重要性：

> 我国工具工业今天已经发展到一个新高度，同时又站在一个新起点上，面临着更加艰巨的现代化历史征程，任重而道远。
>
> 今天，我们回顾走过的道路，未来发展的一个基本的出发点，就是必须用全球化的视角来制定发展战略，不存在第二种选择。我国广大工

具企业必须清醒地认识到这一点。

我国现代高效刀具的可持续发展，必须坚定不移走自主创新之路（沈壮行：《现代高效刀具发展初具规模——中国工具工业30年发展回顾》，冷加工2008年第17期）。

万紫千红 "创新"最美

50多年前，哈尔滨第一工具厂一位名叫段继武的同志发表在《人民日报》的文章，生动地记录了当时哈一工的同志们进行技术革新的场景，今天读来，他们创新的激情仍很能感染人。文末写道：

> 我写呀，写呀，不停地写，写这万紫千红的革新之花。这每一朵革新之花都是那样光彩夺目，激动人心。我要写下这一颗颗火一般的红心，写下在生产新高潮中这飞跃的车间！（段继武：《万紫千红写不完》，1966年4月26日《人民日报》）。

今天对我们来说，新中国工具工业也是"万紫千红写不完"，还有许多色彩缤纷的历史画面。万紫千红，一篇小文写不完，十篇文章也写不完，但是向前看，向后看，我们会注意到，在这万千颜色中，"创新"这一底色最美。

60多年前的国际工业展

20世纪50年代，由于当时的历史原因，中国主要是向苏联等社会主义工业强国学习。时任中央重工业部副部长的刘鼎在《机械工人》发刊词中谈到如何学习技术时，第一条就是"向苏联学习"。在刘鼎这一思想指导下，《机械工人》率先推广了许多苏联的金属加工先进技术（如高速切削技术和电渣焊等），对当时一些国际工业展也给予了及时、专业的图文报道。

新中国机床亮相印巴国际工业展

1952年春，印度和巴基斯坦联合举办国际工业展览会，正在恢复和发展国民经济的新中国也参加了此次工业展。《机械工人》1952年第6期以《国际工业展览会 中国馆展品大受欢迎》作了图文报道："中国馆展品有5000种之多，机械产品占了大半，展品多数是新中国成立后创制成功的，极受观众的欢迎，其中有重26t的巨型立式车床、甲级国际标准的精密镗床、万能工具磨床、18t重的人字铡齿机及大小精密仪器等。新中国成立了，工业独立自主了，才能有这样的成绩。"

参展的机床工具都是新中国成立后制造的，大都已在《机械工人》上报道过。如人字齿轮铡齿机是北京机器厂（北京第一机床的前身）于1951年9月29日试车成功的，这是北京机械工业史上制造成功的第一台大型工作母机（见图1），《机械工人》1951年第12期就对这台机器的研制过程及其性能参数作了详细的专业报道。

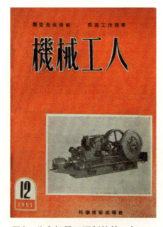

图1 北京机器厂研制的第一台大型工作母机（《机械工人》1951年第12期封面）

由莫斯科和莱比锡寄来的信

1953年，新中国组团前往苏联莫斯科和东德莱比锡参加工业展，《机械工人》对此作了系列报道。如对于东德莱比锡展览，刊登于《机械

1953年第11期的《莱比锡国际博览会　我国机器获得好评》报道说：

莱比锡国际博览会自8月30日—9月9日共展出了10天，中国馆总面积有3200m²。馆内展出4000余种展品，分为机械装备、资源与轻工业三部分。在大厅左面陈列着可刨4m长的龙门铣床、摇臂钻床、各种精密仪器等，显示出我国现代化工业正在迅速发展。这些展品给参观的各国人民留下了非常良好的印象。他们热情地写道："你们美丽的展览馆中的一切创作，是一个解放了的人民不可思议的创造力的最好证明。"

沈阳第一机床厂的马鸣贺是中国第一台半自动卧式车床的主要制造者，他随团参展并在展馆现场表演了高速切削技术。应编辑部的邀请，马鸣贺从莫斯科和莱比锡展会现场来信（见图2）介绍他参展的经历和感受，这些来信发表在《机械工人》1953年第11期。他对莫斯科展会这样描写道：

展览会在7月11日开幕，馆门外每天都是人山人海，排成长长的队伍，望不到头。馆内灯火通亮，观众川流不息，尽管展览馆很大，总还是嫌拥挤。莫斯科的天气比北京凉爽得多，但在馆内却老觉得太热。我们在观众要求下，一再起动机器，人群包围了机床，摄影记者挤来挤去拍照，热闹极了。苏联同志看了展览会，都为我们祖国三年多来的成就而高兴。

·7·

馬鳴賀由來比錫寄來的信

親愛的同志們：

很多日子沒有和你們通信了，你們的工作和身體都很好吧！

我已經在八月十三日坐火車離開了莫斯科，十五日到達了民主德國的首都柏林。在柏林車站我們代表團由咱們大使館的負責人把我們接到柏林市旅館住了一夜。第二天到了來比錫，就住在展覽會附近的旅館裏。休息了一天，就開始了展覽會的準備工作，到八月卅日展覽會正式開幕了。開幕的第一天，德意志民主共和國總理格羅提渥、副總理烏布利希及各國外交使團首長等都來參觀，每天參觀的人數都有幾萬人。他們在參觀我國各種展品時都留戀不捨，特別是對中國館的機器，給德國人民留下了很好的印象。

今年參加來比錫國際博覽會的有二十多個國家，其中除了社會主義國家蘇聯及民主國家德國、朝鮮、捷克、波蘭等十幾個國家外，還有十幾個資本主義國家。我們民主國家的展品都是非常多，大部分是重工業的。但是一般資本主義國家的展覽館中展品就顯得太少了。

展覽會的會期一共十天，但是德國人民要求中國館和蘇聯館延期幾天，結果又延長了四天，到9月13日正式閉幕。

在展覽的期間，咱們的機器什麼毛病也沒出，請同志們放心吧！回國再談　祝同志們身體健康，工作順利。

此致

敬禮！

馬鳴賀

五三年九月十日寄自來比錫

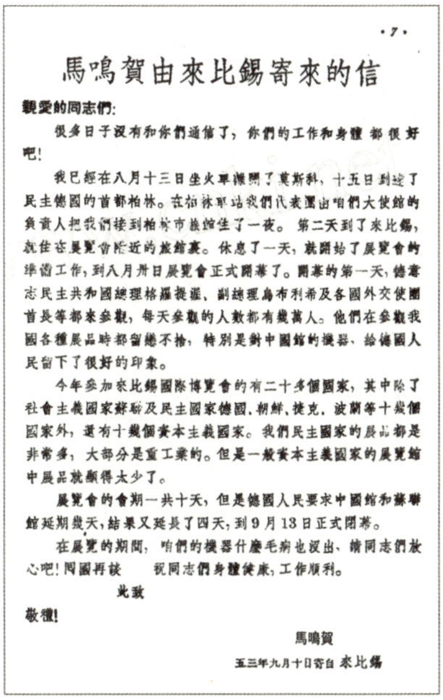

图2　马鸣贺由莱比锡寄来的信

鼓舞人心的苏联和捷克斯洛伐克工业展

除了国外工业展，建国初期当时的社会主义工业强国也多次到中国举办工业技术展，如1954年10月北京展览馆（当时称苏联展览馆）在西直门外建成，同时举办"苏联经济及文化建设成就展览会"（见图3）；1955年4月，捷克斯洛伐克十年建设成就展（见图4）也在北京展览馆举办。《机械工人》对这些工业展都作了及时的图文报道。如对苏联工业展，有以下详细、专业的报道：

中央大厅的中间陈列着各种新型的机床和机器。人们对西边的各种新型机床发生了特别大的兴趣，如小巧玲珑的联合机床、坐标镗床、光学曲线磨床、四轴自动机床、螺纹磨床、各种精密工具和量具，以及各种刀具和硬质合金产品。

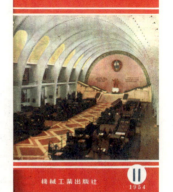

图3　各种新型机床在苏联成就展的工业馆展出
（《机械工人》1954年第11期封面）

图4 技术人员在捷克斯洛伐克工业展上示范操纵镗床
（《机械工人》1955年第6期封面）

528型弧齿锥齿轮铣床吸引了许多观众，它的刀盘上装有20个刀头，依靠车头上的偏心装置而使刀盘走成弧线。这部机床的生产效率极高，汽车制造厂是不能缺少这种装备的。

观众对7540型卧式拉床，特别是放在旁边的巨大的（1m长）拉刀产生了很大的兴趣。内行的观众明白，制造这么大的拉刀特别是它的热处理该需要多么高的技术啊！

正如创刊30周年时，沈鸿老部长曾称赞《机械工人》道："这是一部伟大的机器，这部大机器的产品遍布全中国，有些还到了全世界。"近年来，《金属加工》不断创新，加速发展，尤其是《金属加工》记者频频走出国门，走向金属加工行业的世界舞台，如欧洲机床展（EMO）、美国芝加哥机床展（IMTS）、日本东京机床展（JIMTOF）、日本工业展、汉诺威工业博览会、法国国际机床展（SIMODEC）、韩国国际机械工业大展（KOMAF）、日本大阪工业展、韩国仁川焊接及热处理展、韩国釜山焊接展等。其中，欧洲机床展、美国芝加哥机床展、日本东京机床展与我国北京国际机床展（CIMT）并称为世界四大机床展，《金属加工》记者都在现场作了实时报道。

更值得一提的是EMO2019，金属加工杂志社特别派出6人的直播团队奔赴德国进行全程直播报道（见图5）。而且，近年来，金属加工杂志社基于对国际展会联络和相关国际行业协会组织、参展企业的合作，组织了多届国际制造业文化交流活动，如中德、中欧、中美等制造业文化交流会（见图6），通过国际交流，在开阔国内读者眼界的同时，为中国制造企业的自身发展积蓄了能量。

2020年，即将迎来《金属加工》杂志创刊70周年，这部"伟大的机器"正与我们的读者一起走向全世界，来一览全世界工业展的全貌。

图5 金属加工杂志社EMO2019直播团队

图6 第二届中欧制造业文化交流会参展团合影
（冷加工2015年第22期）

"一五"（1953—1957）回眸

第一个五年计划（1953—1957）

三年国民经济恢复时期（1949年10月1日—1952年底）为我国全面展开社会主义建设打下了基础。自1953年始，新中国进入第一个五年计划建设时期。

"一五"计划期间，我国集中主要力量进行以苏联帮助设计的"156项工程"为中心的工业建设，集中力量优先发展以能源、原材料、机械工业等基础工业为主的重工业。到1957年底，"一五"计划胜利完成（见图1），我国建成了一大批重要工程，初步奠定了社会主义工业化的框架基础。

156项工程：新中国工业的奠基石

关于"一五"期间全面展开的"156项工程"建设，中国社会科学院经济研究所董志凯研究员等曾对此进行深入研究，在其《新中国工业的奠基石：156项建设研究》一书中指出：

> 1953—1957年，新中国实施了第一个五年计划，这是中华人民共和国奠定工业化初步基础的重要时期。中国大规模工业化的起步，是在中华人民共和国建立以后，其标志就是第一个五年计划规定的以"156项"建设为中心的经济建设，它是中国工业化的奠基石与里程碑。

"156项工程"分属煤炭、石油、电力、钢铁、有色、化工、机械、军工等行业，包括著名的一汽（见图2）、鞍钢等项目，机械工业占有24项，其中金属加工制造业有沈阳第一机床厂、哈尔滨量具刃具厂、沈阳第二机床厂、武汉重型机床厂、富拉尔基重机厂（今一重）等建设项目。

"156项工程"建设对我国的影响极为深远。

图1 向胜利完成第一个五年计划的工人致敬
（冷加工1957年第12期封面）

增产节约运动

1953年,中共中央发起"增产节约运动",号召全国人民增加生产,厉行节约。

在三年国民经济恢复时期,《机械工人》就积极为爱国增产运动鼓与呼,如大力宣传"创造生产新纪录运动"的创始人赵国有、发起"爱国主义生产竞赛"的马恒昌小组等。"一五"时期的"增产节约运动"是此前三年国民经济恢复时期活动的延续,《机械工人》也继续肩负起了推广和宣传生产实践经验的责任(见图3)。如"一五"期间的著名劳模、鞍钢机械总厂的王崇伦创制"万能工具胎",被誉为"走在时间前面的人",《机械工人》对此加以连续深入宣传。

甘子玉讲话与小窍门

在此,还有一段值得一提的往事。

在"一五"计划展开前一年,时任重工业部计划司技术员的甘子玉同志(曾任"十一五"规划专家委员会主任)应邀在《机械工人》杂志上撰写《增产节约讲话》,连载5期,颇受欢迎,因此于1953年又结集在机械工业出版社出版。

图2 一汽锻造车间(木刻画)
（热加工1957年第10期封面）

> 去年[一]十月,毛主席号召全国人民,增产生产,厉行节约。这个号召得到了全国人民的热烈拥护,特别在工厂里,增产节约运动大都已经轰轰烈烈地搞起来。
>
> 工厂里增产节约的任务,主要包括有:增加产量、提高质量、降低成本、加速资金周转这四个内容(甘子玉:《增产节约讲话》第一讲,《机械工人》1952年第1期)。

甘子玉在《增产节约讲话》第二讲(见图4)中谈到"动脑筋、找窍门"时说:

> 找出优缺点、挖出潜在力量,想出方法,这叫作找窍门。找窍门要注意四点:第一,要大胆开动脑筋,打破保守思想。第二,想办法、找窍门不能一个人想,要和大家伙商量。第三,找窍门当然希望找大的,但是,也不要嫌小。第四,找窍门是很重要的,可是别忘了"学窍门"。

《机械工人》的文章向来以"短小精悍、具体实用"著称,先后开辟

图3 为实现第一个五年计划而奋斗
（1955年第10期封面）

[一] 指1951年。——编者注

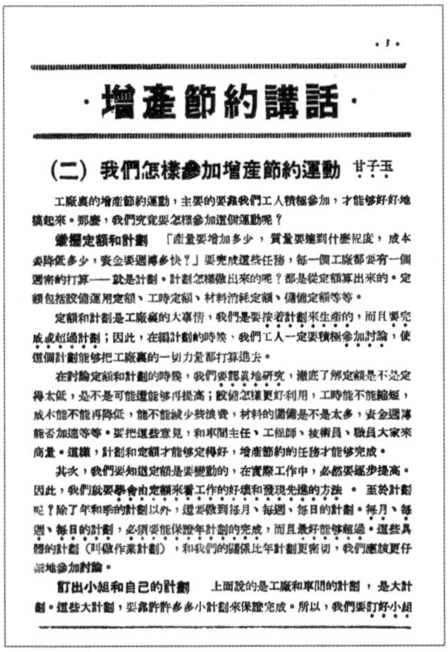

·增產節約講話·

(二) 我們怎樣參加增產節約運動 甘子玉

工廠裏的增產節約運動，主要的要靠我們工人積極參加，才能够好好地搞起來。那麼，我們究竟要怎樣參加這個運動呢？

掌握定額和計劃 「產量要增加多少，質量要達到什麼程度，成本要降低多少，資金要週轉多快？」要完成這些任務，每一個工廠都要有一個週密的打算——就是計劃。計劃怎樣做出來的呢？都是從定額算出來的。定額包括設備運用定額、工時定額、材料消耗定額、儲備定額等等。

定額和計劃是工廠裏的大事情，我們是要按着計劃來生產的，而且要完成或超過計劃；因此，在編計劃的時候，我們工人一定要積極參加討論，使這個計劃能够把工廠裏的一切力量都打算進去。

在討論定額和計劃的時候，我們要認眞地研究，徹底了解定額是不是定得太低，是不是可能還能够再提高；設備怎樣更好利用，工時能不能縮短，成本能不能再降低，能不能減少些浪費，材料的儲備是不是太多，資金週轉能否加速等等。要把這些意見，和車間主任、工程師、技術員、職員大家來商量。這樣，計劃和定額才能够定得好，增產節約的任務才能够完成。

其次，我們要知道定額是要變動的，在實際工作中，必然要逐步提高。因此，我們就要學會由定額來看工作的好壞和發現先進的方法。至於計劃呢？除了年和季的計劃以外，還要做到每月、每週、每日的計劃。每月、每週、每日的計劃，必須要能保證年計劃的完成，而且最好能够超過。這些具體的計劃（叫做作業計劃），和我們的關係比年計劃更密切，我們應該更仔細地參加討論。

訂出小組和自己的計劃 上面說的是工廠和車間的計劃，是大計劃。這些大計劃，要靠許許多多小計劃來保證完成。所以，我們要訂好小組

图4　1952年，甘子玉同志撰写的《增产节约讲话》连续讲座

的“小窍门”“想想看”“老师傅谈经验”等栏目都很受读者欢迎。“小窍门”虽小，其生命力却很强，从20世纪50年代一直延续到21世纪的今天。

不要小看这些小窍门，“156项工程”为“大”，经验窍门为“小”，但近70年来点点滴滴生产实践经验的积累和传播，在祖国建设的大局中也发挥了不可小觑的作用。

宝贵的精神财富

郭大钧主编的《中华人民共和国史》在“‘一五’计划”一节末尾写道：

> 1953年12月26日，鞍钢的三大工程举行开工生产典礼；包钢、武钢相继正式开始施工。到1956年，中国第一座生产载重汽车的长春汽车制造厂建成投产，中国第一座飞机制造厂试制成功第一架喷气式飞机，中国第一座制造机床的沈阳第一机床厂建成投产。1957年，武汉长江大桥建成通车，从此铁路纵贯南北，“天堑变通途”。总之，“一五”期间，单是限额以上的项目，平均每天就有一个开工或竣工。建设速度之快，为我国史无前例。中国工业化的步伐在扎扎实实地不断前进！

读到这里，不禁想起读者刘安明先生，他在2008年给编辑部的一封来信中这样写道：

> 《机械工人》是什么，是共和国的基石，是挥汗如雨的场面。当战

舰启航,当机车奔驰,当火箭冲破云天,我们都会想起《机械工人》。珍惜《机械工人》就是珍惜机械战线给人民带来的宝贵财富和那段历史。

《机械工人》与祖国一起成长,她以画面的独特方式记录下了祖国前进的脚印,在我国的科技期刊之林,也许独此一家,这是一笔宝贵的财富。让我们采撷几幅《机械工人》"一五"期间的封面,向那些为祖国建设付出汗水和心血的前辈们致敬,是他们制造了画面上这些汽车、轮船、飞机和大桥(见图5)。

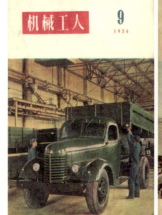
a) 一汽汽车出厂
(《机械工人》1956年第9期封面)

b) 新建成的武汉长江大桥
(冷加工1957年第10期封面)

c) 建国初期我国制造的飞机
(冷加工1957年第9期封面)

d) 江南造船厂制造的新型轮船
(冷加工1957年第5期封面)

图5 《机械工人》封面记录的"一五"期间我国制造的若干"中国第一个"

图6 "二五"计划开始
(冷加工1958年第3期封面)

在"一五"计划期间,《机械工人》不但记录下祖国工业建设的画面,而且更以极大的热情和精力宣传推广了大量的新技术、新工艺(如高速切削、强力切削、泥型铸造、球墨铸铁等),逐渐形成了"以实用性为主,来源于实践,服务于生产"的办刊方向,深受广大读者欢迎,奠定了机械行业老牌期刊的历史地位。

1957年,"一五"计划顺利完成。次年,第二个五年计划(1958—1962)开始(见图6),历史翻开新的一页。

中国机床行业的"十八罗汉厂"

熟悉我国机床行业的人都知道，业内骨干企业有"十八罗汉厂"的说法。

新中国成立前，我国没有机床工业，只在上海等地有少数企业能够制造一些简易机床。1952年，中央在北京召开了全国第一次工具机会议，为以后我国机床工具业的发展定下了基调。此后，参考苏联专家建议，我国在三年国民经济恢复时期和"一五"期间，通过对部分机械厂的改扩建和新建，初步建立起我国的机床行业，其中确定了18个骨干企业，它们被称为"十八罗汉厂"。

《金属加工》（原名《机械工人》）创刊70年来，在包括机床行业在内的金属加工领域有着深厚的历史积淀，不仅记录下了"十八罗汉厂"许多重要的历史瞬间，而且率先报道了我国机床领域的许多重大技术成就。

现将新中国机床行业"十八罗汉厂"的名单列在下面，其顺序大致按自北向南地域排列：齐齐哈尔第一机床厂、齐齐哈尔第二机床厂、沈阳第一机床厂、沈阳第二机床厂、沈阳第三机床厂、大连机床厂、北京第一机床厂、北京第二机床厂、天津第一机床厂、济南第一机床厂、济南第二机床厂、南京机床厂、无锡机床厂、上海机床厂、武汉重型机床厂、重庆机床厂、长沙机床厂和昆明机床厂。其中，沈阳第一机床厂、武汉重型机床厂等被列入我国建国初期的"156项工程"。

中华人民共和国成立初期，苏联对我国机床工具业的创建和发展有着积极的影响。一方面，苏联援华的机械技术专家以及我国留苏归国的工程技术人员在各厂指导应用先进的制造技术（见图1）；另一方面，我国生产者不断学习各种苏联的生产实践经验，如包括"十八罗汉厂"在内的厂矿企业推广苏联的高速切削经验，对在生产实践第一线涌现出来的劳动模范们（见图

图1 沈阳第一机床厂的留苏专家在指导使用光学曲线磨床（《机械工人》1955年第3期封面）

2)，如齐二机床的马恒昌小组、上海机床厂的盛利（发明"硬质合金台阶式车刀"）等，《机械工人》都作了多年的连续报道，影响深远。

a) 齐二机床厂的马恒昌小组
（1951年第2期封面）

b) 上海机床厂的盛利
（1956年第4期封面）

图2 《机械工人》封面上的劳模

"十八罗汉厂"都很重视技术创新，不断研制机床新品，以在《机械工人》刊登的图文报道为例，如沈阳第一机床厂在1949年生产出新中国第一台车床后，1955年又研制出我国第一台C620－1卧式车床并开始

图3 大连机床厂、上海机床厂等研制新品
（《机械工人》1955年第7期画刊）

投入批量生产（《机械工人》1955年第8期画刊）；也是1955年，大连机床厂开始生产一种新机床——万能铲床，上海机床厂试制成功新型外圆磨床（见图3）；又如1956年，济二机床批量生产龙门刨床和螺旋摩擦压力机（该厂分别于1953年和1955年研制成功中国第一台大型龙门刨床和第一台大型机械压力机），沈阳第一机床厂生产的车床开始出口，上海机床厂研制出3153M磨床（见图4）。

1959年，在新中国成立10周年之际，武汉重型机床厂试制成功大型立式车床，《机械工人》1959年第10期特意以此作为封面（见图5）。

"十八罗汉厂"作为我国机床行业的核心力量，它们的发展一直受到业内的关注，如2005年4月12日《中国工业报》刊登文章《兼并重组未有穷期 "十八罗汉"今何在？》，提出了一些值得关注的问题，近年有的杂志还根据发展现状评出新的"十八罗汉厂"。

中国机床工具行业协会名誉理事长梁训瑄亲身经历了新中国机床工具行业的诞生、成长和壮大的过程，在2008年接受《金属加工》记者专访（邢立等：《对话梁训瑄：中国机床工业国际合作与并购的"昨天、今天、明天"》，冷加工2008年第7期）中，他对行业的发展给出了许多中肯的宝贵意见。在采访中，梁训瑄指出：新中国成立以后，我国在苏联的援助下确定了机床行业的"十八罗汉厂"，建立了我们自己的机床工业体系，这是中国机床工具行业的开始。因此，可以说，"新中国的机床工具行业从一开始就是与海外接轨的"。

图4 济二机床厂、上海机床厂、沈阳第一机床厂研制新品
（《机械工人》1956年第12期画刊）

2011年，是中国机床行业黄金十年的末期，之后，机床工具行业进入了长达三年半的调整期。近10年来，行业起伏不断，即便如此，以济二机床为代表的数家机床厂依然有亮眼的成绩，其中更有多家机床厂依托国家重大科技专项，自主研发、突破创新。

2011年，济二机床研制的"双龙门大扭矩机械主轴五轴联动数控机床关键技术及装备"和上海机床厂"面向钢铁汽车行业的高档数控磨床关键技术及装备开发"项目均荣获"中国机械工业科学技术奖"一等奖；武重集团两台配置华中数控系统的5m立车投入使用，在国产重型机床上配套国产数控系统，用于重型机床关键部件的制造，是国产数控系统进入高端市场的亮点；齐重对大型数控卧式滚齿机系列开展研发并成功。

2012年，武重集团刷新重型机床极限制造世界纪录（见图6）；重庆机床借重大专项研制大型齿轮加工机床。

2013年，齐重"一拖二"复合铣床问世，大型船用曲轴实现国产化；武重超重型数控卧式镗床实现核电转子高精加工。

2014年，北二机床研发的"曲轴柔性、精密、高效磨削加工关键技术与成套装备"项目荣获2014年度国家机械工业最高科技大奖——中国机械工业科学技术奖特等奖，这是我国机床工具行业企业第一次获此殊荣。

图5 武汉重型机床厂试制成功大型立式车床
（冷加工1959年第10期封面）

图6 武重集团刷新重型机床极限制造世界纪录
（冷加工2012年第24期）

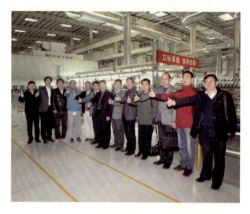

图7 济二机床承担的两项国家重大专项通过验收
（冷加工2016年第4期）

2015年，济二机床承担的"大型精密复合冲压成形机床创新能力平台建设""汽车车身大型智能冲压生产线"两项国家重大专项同时通过技术和财务终验收（见图7），近年来全面进入福特、日产、雪铁龙等汽车主机厂，成为行业的"国家队"。

2017年，齐重数控成功完成25m数控双柱移动立式铣车床的研制，打破了国外的技术封锁，其技术参数、技术等级均处于世界领先地位，机床规格、承载质量都称得上世界最大，代表着国家和世界的高档数控重型机床最高水平。

此后，随着市场需求和智能制造技术更进一步的发展，自有数控系统和智能制造已成机床行业主流发展趋势。

这十八家机床厂，不仅代表了当时我国装备制造业乃至整个工业发展的最高水平，而且创造出无数个行业第一，是我国制造业由引进技术到自主研发的亲历者。虽然近年来，它们几经沉浮，有的早已不复往昔辉煌、提前退场，有的依然坚守、不断奋进。但它们为中国机床装备制造业乃至整个工业所作出的贡献是不可磨灭的，终将在历史上留下浓墨重彩的一笔，被每个机械人铭记。

新中国第一座新型机床厂
——沈阳第一机床厂

工业重镇沈阳

东北地区是新中国工业的重心所在,从1950年创刊起,《机械工人》记者就非常关注东北的工业建设进程,经常赴沈阳等工业重镇,深入各工厂车间,从沈阳重型机器厂研制成功2500t水压机到沈阳变压器厂试制成功巨型变压器,从沈阳矿山机械厂装配新型矿山机械到沈阳黎明机械厂首创热轧齿轮记录,以及沈阳的群众技术协作活动及沈阳技术革新展览会等,用文字和照片记录下了20世纪五六十年代沈阳机械工业的发展。沈阳第一机床厂更是《机械工人》关注的重点,在这里诞生了新中国第一台车床、第一台卧式镗床、第一台数控车床……

《机械工人》1954年第4期封二画刊(见图1)以"迅速发展的沈阳机械工业"为题,报道了沈变、沈鼓、沈重等厂的生产情况,其中第一幅就是改建中的沈阳第一机床厂,报道中说:"沈阳第一机床厂技术水平很高,去年生产了数种苏联最新式的车床。该厂正在改建、扩建,当全部工程竣工后,将是我国第一个自动化的工业母机制造厂。"

辉煌的历史

沈阳第一机床厂的前身始建于1935年,新中国成立时即具有相当的技术实力,1949年制造了新中国第一台车床——六尺皮带车床,1950年新中国国徽颁布后(《机械工人》创刊号刊登了当时刚颁布的国徽),挂上天安门城楼的新中国第一枚金属国徽就是由沈阳第一机床厂的铸造车间承制的。

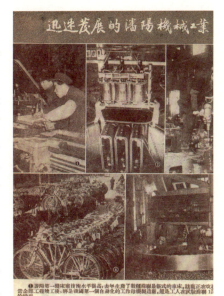

图1 迅速发展中的沈阳机械工业
(《机械工人》1954年第4期封二画刊)

沈阳第一机床厂被列入新中国的"156项工程"之一，1953年春开始改建，1955年底完成，《人民日报》誉之为"我国第一座新型的工作母机制造厂"：

> 沈阳第一机床厂改建前是个只能生产一般皮带车床、闷罐车床和牛头刨床的工厂。随着改建工程的进行，它已开始生产1A62、1Д63A等最新式的中型、大型车床了。全部达到设计水平之后，生产能力将比改建前1952年的水平高6倍。
>
> 沈阳第一机床厂是我国开始五年计划以来第一个改建成功的工作母机制造厂，它标志着我国机械工业的巨大跃进（《改建后的沈阳第一机床厂》，1956年2月6日《人民日报》）。

《机械工人》的记者对沈阳第一机床厂改扩建过程、重点产品1A62车床生产车间、工具车间安装的先进的苏联光学磨床、苏联专家的技术指导（见图2）等作了全方面的报道。1A62车床（见图3）是仿制莫斯科红色无产者机床制造厂的产品，沈阳第一机床厂在此基础上于1955年自行研制了新中国第一台卧式车床。

在《人民日报》的报道中还说："要生产精密机床，就需要非常精密的工具。在沈阳第一机床厂的工具车间里，安装着一台苏联制造的光学磨床。为了保证工具的精密度，工人操纵光学磨床的时候，可以在乌玻璃屏板上，把工作物的投影放大50倍，工人就是看着这个放大了的投影来加工。"

《机械工人》1955年第3期封面就是这台当时世界上最先进的光学磨床，沈阳第一机床厂工具车间技术副主任倪鹏南（留苏归国专家）在帮助技术工人熟悉苏联光学曲线磨床。

《机械工人》还记录下了许多沈阳第一机床厂的发展瞬间，从高速切削能手马鸣贺出国表演（《机械工人》1953年第11期）、推广苏联先进金属加工技术（《机械工人》1956年第10、11期）、制造出口越南的车床（《机械工人》1956年第12期）、试制成功立式六轴半自动车床（冷加工1965年第10期）、进行技术革新（冷加工1983年第5期）等。20世纪70年代末80年代初，沈阳第一机床厂一方面改造老产品；另一方面积极研制高水平的新产品，如当时我国迫切需要高精度磁盘车床，由从事超精车床研发的沈阳第一机床厂原副总工程师周振东等，完成了高精度磁盘车床的研制（见图4），并在此基础上开发了一系列的超精车床。

图2 苏联专家冈察洛夫（左）在沈阳第一机床厂讲解苏联导轨磨床的性能（《机械工人》1955年第12期封二画刊）

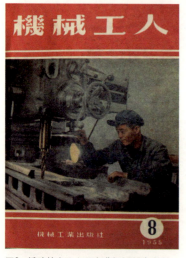

图3 摇臂钻床工人正在进行1A62车床主要部件床身的钻孔工作（《机械工人》1955年第8期封面）

1993年,沈阳第一机床厂与中捷友谊厂、沈阳第三机床厂等重组成立了沈阳机床集团。

图4 沈阳第一机床厂研制成功高精度磁盘车床
(冷加工1980年第1期封二画刊)

上海金属切削机床制造业的一面"旗帜"
——上海机床厂

上海机械工业

上海是中国机械工业重镇之一，对新中国机械工业的发展作出了不可替代的卓越贡献。《金属加工》（原名《机械工人》）从1950年创刊时就非常关注上海机械工业尤其是金属加工制造业的发展（见图1），70年来对上海金属加工行业研制的许多重要新产品甚至是新中国第一台产品都及时地给予了图文报道，如热加工领域的江南造船厂承制万吨水压机、上海第二焊机厂制造高速碰焊机（《机械工人》1974年第8期）等；冷加工领域的上海重型机床厂研制21m长、6m深孔钻床（《机械工人》1965年第2期）、上海第八机床厂试制成功15kW大型电脉冲机床（《机械工人》1965年第6期）、上海江宁机床厂研制CK数控机床（《机械工人》1974年第6期）等。

尤其是作为上海金属切削制造业一面"旗帜"的上海机床厂，杂

a）《机械工人》1953年第10期封二画刊

b）《机械工人》1956年第7期封二画刊

图1 新中国成立初期的上海机械工业

志对该厂的产品研制、生产实践等作了连续报道。本文我们回顾一下上海机床厂的"70年",并借此略窥上海机床制造业的一个侧影。

上海机床厂的新中国第一台

上海机床厂始建于1946年,1949年新中国成立后改名为虬江机器厂,1950年9月仿制成功新中国第一台磨床——虬13式万能及工具磨床,1953年改名为上海机床厂。

1953年3月底,上海五金工业生产成绩展览会在上海工人文化宫召开(当时"五金工业"泛指机械工业),这次展会是在我国过渡时期上海机械工业成绩的一次集中展示,也是为上海机械工业完成第一个五年计划作准备。上海锅炉厂、上海汽轮机厂、上海电机厂等都参加了展览。上海机床厂新制的磨床陈列在展会入口处,颇受观众青睐。

1958年,上海机床厂试制成功万能外圆磨床(由梁仁圻设计)。从此,该厂从仿制阶段进入自行设计阶段(见冷加工1959年第10期国庆画刊)。

1965年9月,上海机床厂试制成功新中国第一台高精度半自动万能外圆磨床,可实现镜面磨削,达到当时世界先进水平,标志着外圆磨床开始向高精度水平发展。《机械工人》1966年第1期封面展示了该磨床的风采(见图2)。

图2 上海机床厂制造的新中国第一台镜面磨削机床
(冷加工1966年第1期封面)

上海机床厂的全国劳动模范盛利、李永顺、朱大仙

上海机床厂金属切削高手人才辈出,如20世纪50年代的盛利、朱大仙、李永顺、周勤之等都参加了1956年全国机械工业先进生产者会议。

我们将在本书《把智慧和力量献给祖国——新中国第一次全国机械工业先进生产者会议》一文中介绍盛利同志,兹不重复。

李永顺是上海机床厂大件车间的铣削能手,也是盛利的师傅。他积极学习先进经验,大胆创造改进,超额完成任务,"成为全厂铣工中超额最高、质量最好的一个"。上海机床厂撰文《提前完成五年计划的铣工李永顺》(见图3)介绍了他的生产实践经验,发表在《机械工人》1956年第6期。

出席1956年先进生产者会议的苏联代表团副团长普拉托夫,应编辑部之邀撰写了独家文章——《苏联先进生产者和

图3 提前完成五年计划的铣工李永顺
(《机械工人》1956年第6期)

中国先进生产者的成就》。他在该文中专门提到了上海机床厂的盛利和李永顺，将盛利与舒米林的高速车削、李永顺与列昂诺夫的高速铣削进行了比较，指出其成绩和差距（普拉托夫：《苏联先进生产者和中国先进生产者的成就》，符其珣译，《机械工人》1956年第6期）。

朱大仙是上海机床厂又一位"刀具大王"，1951年进入上海机床厂工作，创造了"75°强力切削车刀""金属切削顺序法""循环操作法"等，曾创造全国切削速度最高记录。《机械工人（冷加工）》1958年第7期封面就是正在操作机床的朱大仙（见图4）。1959年，为迎接新中国成立10周年及配合"群英会"的召开，《机械工人（冷加工）》与上海机床厂联合，连续三期（第10、11、12期）发表了《先进车工朱大仙改进的高速切削铸铁用的车刀》（见图5）、《一贯保持荣誉的切削能手朱大仙的强力切削经验》《朱大仙在刀具上又一改进：不用刃磨的机械夹固车刀》三篇文章，详细地介绍了朱大仙的生产实践经验。如第二篇就介绍朱大仙仔细研究《机械工人（冷加工）》1958年第8期推广的苏联捷米多夫45°强力切削车刀的优缺点，在其基础上创制了"75°强力切削车刀"。

图4 "刀具大王"朱大仙
（冷加工1958年第7期封面）

图5 对朱大仙研制的刀具的报道
（冷加工1959年第10期）

院士周勤之的生产实践经验

周勤之是上海机床厂参加1956年全国机械工业先进生产者会议的又一位著名劳动模范，后来成长为我国著名的机械制造工艺与设备专家，1995年被评为中国工程院院士，曾任上海机床厂副总工程师。

周勤之是在生产实践中成长起来的专家。新中国成立初期，周勤之进入虬江机器厂工作，在工具车间做研磨工。时任该厂总工程师的中国著名机械工程技术大家雷天觉对周勤之说："一个真正的技术人员没有理论是盲目的，没有实践也只能空谈。在新中国要做一个既有理论又有实践经验的技术人员。"20世纪50年代，周勤之随团去欧洲考察时观摩了瑞士的"镜面磨削"新技术，回国后在他的率领下，上海机床厂经过攻关诞生了中国第一台镜面磨床。

发表在《机械工人》1952年第12期的文章介绍了虬江机器厂利用苏联阳极电解磨刀法的实践经验，这是周勤之在机床行业工作50多年最早发表的文章之一（见图6）。1953年，周勤之撰写的《钳工研磨工作法》由《机械工人》编辑部编辑，由机械工业出版社出版，这是周勤之出版的第一本著作（见图7）。

面对未来的上海机床厂

上海机床厂几经改制、重组，并调整结构，现在为上海机床厂有限公司，隶属上海电气集团股份有限公司。

2006年，上海机床厂有限公司领导接受了《机械工人（冷加工）》记者专访，表达了上海机床厂领导层有志于为数控机床国产化作贡献的抱负："我们认为上海机床厂应该为振兴机床工业、振兴装备制造业作更大的贡献。要在发展数控机床、特别是在中高档磨床的开发和制造方面有大的发展、要同国外先进企业竞争，在2/3进口磨床中抢份额，占有一席之地"（阎晓彦：《鲲鹏展翅方显英姿——访上海机床厂有限公司总经理缪颖先生》，冷加工2006年第1期）。

近年来，公司先后为上海重型机器厂承制可磨削百吨工件的数控轧辊磨床MK84200/12000－H、MKA84250/15000－H。除此之外，在2009－2012年，公司获得国家"高档数控机床和基础制造装备"科技重大

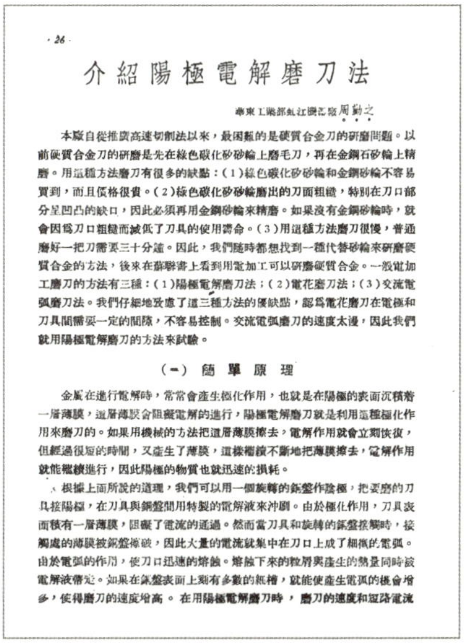
·26·

介紹陽極電解磨刀法

華東工業部虬江機器廠 周勤之

本廠自從推廣高速切削法以來，最困難的是硬質合金刀的研磨問題。以前硬質合金刀的研磨是先在綠色碳化矽砂輪上磨毛刀，再在金鋼石砂輪上精磨。用這種方法磨刀有很多的缺點：(1)綠色碳化矽砂輪和金鋼砂輪不容易買到，而且價格很貴。(2)綠色碳化矽砂輪磨出的刀面粗糙，特別在刀口部分呈凹凸的缺口，因此必須再用金鋼砂輪來精磨。如果沒有金鋼砂輪時，就會因為刀口粗糙而減低了刀具的使用壽命。(3)用這種方法磨刀很慢，普通磨好一把刀需要三十分鐘。因此，我們隨時都想找到一種代替砂輪來研磨硬質合金的方法，後來在蘇聯書上看到用電加工可以研磨硬質合金。一般電加工磨刀的方法有三種：(1)陽極電解磨刀法；(2)電花磨刀法；(3)交流電弧磨刀法。我們仔細地考慮了這三種方法的優缺點，認為電花磨刀在電極和刀具間需要一定的間隙，不容易控制。交流電弧磨刀的速度太慢，因此我們就用陽極電解磨刀的方法來試驗。

(一) 簡單原理

金屬在進行電解時，常常會產生極化作用，也就是在陽極的表面沉積着一層薄膜，這層薄膜會阻礙電解的進行，陽極電解磨刀就是利用這種極化作用來磨刀的。如果用機械的方法把這層薄膜擦去，電解作用就會立刻恢復，但經過很短的時間，又產生了薄膜，這樣繼續不斷地把薄膜擦去，電解作用就能繼續進行，因此陽極的物質也就迅速的損耗。

根據上面所說的道理，我們可以用一個旋轉的鋼盤作陰極，把要磨的刀具接陽極，在刀具與鋼盤間用特製的電解液來沖刷。由於極化作用，刀具表面積有一層薄膜，阻礙了電流的通過。然而當刀具和旋轉的鋼盤接觸時，接觸處的薄膜被鋼盤擦破，因此大量的電流就集中在刀口上成了細微的電弧。由於電弧的作用，使刀口迅速的熔蝕。熔蝕下來的粒屑與產生的熱量同時被電解液帶走。如果在鋼盤表面上刻有多數的細槽，就能使產生電弧的機會增多，使得磨刀的速度增高。在用陽極電解磨刀時，磨刀的速度和短路電流

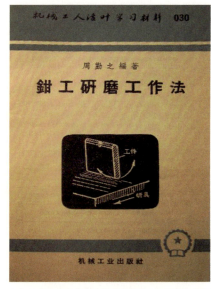

图6 周勤之发表的文章（《机械工人》1952年第12期）

图7 周勤之发表的文章由《机械工人》编辑部编辑成册、机械工业出版社1953年出版

专项课题9项,且多项通过验收;2016年,公司研制的"MK8220/SD双砂轮架数控切点跟踪曲轴磨床"通过验收并投入生产,这是国内首台能够进入汽车主机厂发动机生产线的数控磨床。

  近年来,应用企业对磨床的精度要求越来越高,面向未来,曾被誉为我国机床行业的"两颗明珠"之一的上海机床厂将坚定不移走自己的磨床之路,研制出更先进的产品,满足用户需求,实现企业的更大发展。

新中国第一个汽车制造厂
——长春一汽建厂初期的金属冷加工

长春第一汽车制造厂（现中国第一汽车集团公司）是新中国建成的第一个汽车制造厂，它于1953年奠基兴建，1956年建成投产，当年制造出新中国第一辆"解放牌"货车。一汽的建成标志着中国汽车工业新的历史。

一汽的建造是我国机械工业史上的一件大事，《机械工人》不仅跟踪报道了新中国第一个汽车制造厂的建厂过程，而且非常关注一汽建设及发展过程中的金属加工技术——这既包括从苏联引进的先进制造技术和实用经验，也包括我国生产者的技术创新和实践经验。

一部汽车的生产过程在不同车间需要应用各种金属加工技术，如从准备车间的锻压发动机曲轴，铸造可锻铸铁件、气缸体等，再到加工车间的各种机床对毛坯进行机械加工，以及冲压车架、驾驶室，机械加工后的电镀、热处理等，再到最后的总装车间。在本文中，我们主要回顾《机械工人》杂志对一汽建厂历程的报道和对一汽建厂初期金属冷加工技术，以及生产实践经验的宣传推广。

一汽：从奠基到建成

第一汽车制造厂的建设是新中国建国初期的156项工程重点项目之一。

1950年3月，在原中央重工业部副部长刘鼎同志建议下，设立汽车工业筹备组，郭力为主任，孟少农任副主任，筹备组在北京灯市口（原中国工程师学会会址）办公。值得一提的是，1950年10月，《机械工人》杂志也是在这里创刊的。

汽车筹备组成立后就开始筹建新中国第一个汽车制造厂，1951年在长春选定厂址。1953年，在中央人民政府的关怀下、全国人民的支持下以及苏联的大力帮助下，一汽正式奠基兴建，饶斌任一汽厂长，孟少农任副厂长，郭力任总工程师。据资料记载，一汽建厂期间，苏联为中国提供了全套的产品设计和工厂设计图样资料，80%以上的生产设备和整套的生产工艺（成套设备5000余台），并派遣了一批专家（近200名）来厂指导工厂建设和生产准备，为一汽的建设作出了巨大贡献。从1953年7月15日奠基到1956年7月15日第一辆“解放牌”货车诞生，一汽建成投产只用了三年时间，既快又好，被誉为新中国的奇迹。

《机械工人》1953年第9期及时作了报道。该期封二画刊（见图1）图文并茂，报道中说：“我国规模宏大的第一汽车制造厂，已于今年㊀七月十五日在厂址上举行了隆重的建厂奠基典礼。这个工厂的兴建，为新中国的汽车工业开辟了道路，并将加速祖国的工业化。”从图1中我们可以看到毛泽东主席亲笔题写的“第一汽车制造厂奠基纪念”的汉白玉基石。当时的东北地方领导林枫和第一机械工业部部长黄敬将这块基石安置在厂址的中心广场上，建设者们在一汽厂房基础上灌入第一车水泥。

该期正文还刊发了丁一文同志撰写的《我国机械工业中的一个巨大工程第一汽车制造厂正式施工》（见图2），文中写道：

> 这个汽车制造厂的建造，将有力地推动我国基本建设和工业生产水平的提高。它的开工建设，对我国机械工业的发展，将起着很大的推动

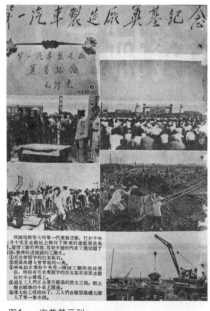

图1 一汽奠基画刊
（《机械工人》1953年第9期封二画刊）

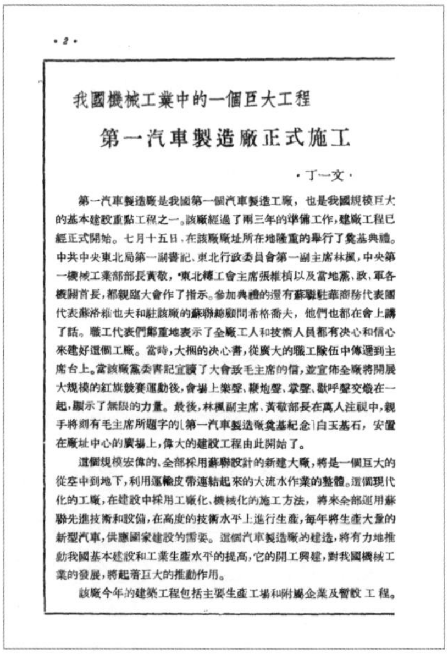

·2·

我國機械工業中的一個巨大工程

第一汽車製造廠正式施工

·丁一文·

第一汽車製造廠是我國第一個汽車製造工廠，也是我國規模巨大的基本建設重點工程之一。該廠經過了兩三年的準備工作，建廠工程已經正式開始。七月十五日，在該廠廠址所在地隆重的舉行了奠基典禮。中共中央東北局第一副書記、東北行政委員會第一副主席林楓，中央第一機械工業部部長黃敬，東北總工會主席張維楨以及當地黨、政、軍各機關首長，都親臨大會作了指示。參加典禮的還有蘇聯駐華商務代表團代表蘇洛維也夫和駐該廠的蘇聯總顧問希格喬夫，他們也都在會上講了話。職工代表們鄭重地表示了全廠工人和技術人員都有決心和信心來建好這個工廠。當時，大捆的決心書，從廣大的職工隊伍中傳遞到主席台上。當該廠黨委書記宣讀了大會致毛主席的信，並宣佈全廠將開展大規模的紅旗競賽運動後，會場上樂聲、鞭炮聲、掌聲、歡呼聲交織在一起，顯示了無限的力量。最後，林楓副主席、黃敬部長在萬人注視中，親手將刻有毛主席所題字的「第一汽車製造廠奠基紀念」白玉基石，安置在廠址中心的廣場上，偉大的建設工程由此開始了。

這個規模宏偉的、全部採用蘇聯設計的新建大廠，將是一個巨大的從空中到地下，利用運輸皮帶連結起來的大流水作業的整體。這個現代化的工廠，在建設中採用工廠化、機械化的施工方法，將來全部運用蘇聯先進技術和設備，在高度的技術水平上進行生產，每年將生產大量的新型汽車，供應國家建設的需要。這個汽車製造廠的建造，將有力地推動我國基本建設和工業生產水平的提高，它的開工興建，對我國機械工業的發展，將起着巨大的推動作用。

該廠今年的建築工程包括主要生產工場和附屬企業及暫設工程。

图2 一汽奠基报道
（《机械工人》1953年第9期）

㊀指1953年。——编者注

作用。

许多同志表示决心，要把自己的名字永远留在第一汽车制造厂，要为建厂而贡献出自己的力量。

1956年一汽建成，《机械工人》又连续多期作了图文报道。1956年第8期封二（见图3）就刊登了题为"第一批国产汽车诞生了"画刊。从这些报道中，我们可以看到许多鲜活的历史画面，如刚建成的第一汽车制造厂的外景和中央大道、编号为"000001"号的"解放牌"货车（见图3）；木工车间正在把制造出的车箱装到货车上去（见图4）。

创业英雄胡年荣创造"挖内眼管刀"

《机械工人》一直重视推广生产实践经验，对一汽建厂过程中涌现出的金属加工技术能手及其实践经验也积极给予宣传报道。

图3 我国第一批国产汽车诞生
（《机械工人》1956年第8期封二画刊）

如被誉为一汽"创业英雄"的胡年荣，他是在一汽三年建厂期间就成名的金属加工技能高手，是一汽机修车间车工组组长。1955年底1956年初，一汽热处理车间土建完成，进入设备安装阶段。该车间的气体渗碳炉安装工程需要18根特殊耐热钢管，这种钢管毛坯表面非常粗糙，内外圆摆动差大，硬度小，韧性很高，因此加工难度较大。胡年荣所在小组承担了加工任务，但在加工管子内眼时遇到了较大的困难。胡年荣根据各种加工方法存在的问题加以改进，制造出的新刀杆，是将三个刀头装在一个圆周线上，创制了深孔镗刀——"挖内眼管刀"，提高生产效率30倍。胡年荣创造的"挖内眼管刀"，不但保证了一汽热处理车间安装工程的紧迫需求，而且为当时加工这种特殊钢材开辟了新路。

一汽召开大会予以表彰，并通过了《关于"在全厂范围内学习胡年荣首创精神 开展先进生产者运动"的决议》，提倡胡年荣的首创精神，在一汽开展争当"先进生产者运动"。一汽厂长饶斌指出，现在是建厂最关键的时刻，"先进生产者运动"是提前出汽车的保证，号召全厂青年学习胡年荣艰苦奋斗、克服困难的首创精神。

图4 一汽木工车间装配货车车箱
（《机械工人》1956年第9期封面）

一汽"先进生产者运动"开展以后，涌现出不少先进生产者，为一汽完成建厂事业作出了贡献。

1956年4月，在全国机械工业先进生产者代表会议召开前夕，时任第一机械工会全国委员会主席的康永和同志（后任中华全国总工会副主席）撰写的《在工业生产高潮中争取作一个先进生产者》在《机械工人》1956年第4

期发表，文中就特别对胡年荣的事迹作了介绍，指出："只有热爱祖国的建设事业，在自己的工作岗位上处处为生产着想、刻苦钻研进行创造性的活动，才可能创造出惊人的事迹。第一汽车制造厂的车工胡年荣创造'挖内眼管刀'就是一个很好的例子。"

在该期杂志上，编辑部特别邀请胡年荣所在的一汽机修车间撰写了文章"车工胡年荣创造挖内眼管刀"（见图5），图文并茂地介绍了胡年荣创制的"挖内眼管刀"的构造特点、操作步骤以及优点，对于推广这种刀具起到了很好的作用。

刀具大王张国良

张国良是另一位一汽建厂早期就成名的金属加工技能高手，在20世纪五六十年代就被誉为"刀具大王"。张国良是一汽底盘车间成长起来的工人工程师，后来还做了一汽的厂领导。《机械工人（冷加工）》1958年第4期介绍了张国良改进的夹固式割刀，这是张国良革新较早的一种刀具（见图6）。

1964年，一汽举办了一次"比刀会"。与会者除一汽的金属切削能手外，还有来自吉林省各地的先进生产者，他们带来了各种先进的车刀、刨刀、铣刀、拉刀等。而"刀具大王"张国良一个人就带来了10把先进刀具，这些都是他从长期生产实践中钻研设计出来的，尤其是他为攻克加工细长部件而创制的"压光刀架"在一汽比刀会上受到一致喝彩。

张国良痴迷革新刀具，一直进行金属切削技术的创新。据报道，近半个世纪以来，张国良革新成果达500多项。张国良还与马学礼、桂育鹏、宿天和等金属切削能手一起被选为中国机械工业金属切削刀具技术协会的名誉理事。

一汽通讯组：一汽生产实践经验专辑

《机械工人》注意与生产实践一线保持密切联系，在全国各工矿企业有许多活跃的通讯员，其中在一汽的通讯员还组成了"本刊长春第一汽车制造厂通讯组（见图7a）"，为读者报道了许多一汽的金属加工技术革新。

如《机械工人（冷加工）》1960年第3期专门设置了"一汽技术革新专辑"，一汽通讯组报道了一汽在"一新三化"活动（"一新"指采用新技术，"三化"指机械化、自动化、劳动组

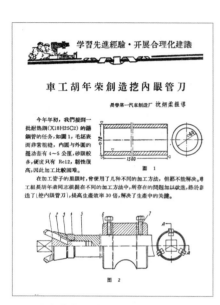

图5 胡年荣创造"挖内眼管刀"
（《机械工人》1956年第4期）

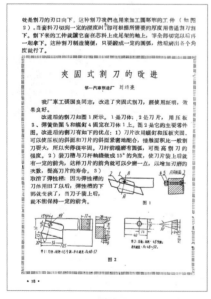

图6 一汽同志撰文介绍张国良车刀
（冷加工1958年第4期）

织合理化）中的生产实践经验，如全国劳动模范秦凤章所在小组设计的联合机床等。在该期封二画刊配合刊登了相关的图片（见图7b）。这些图文报道记录下了一汽生产实践的历史痕迹，应该说其中既有创新成绩，也有经验教训。

此外，从学习斯大林汽车厂修正砂轮法（冷加工1957年第8期）到推广拉脱雷金强力刨刀（冷加工1959年第5期），从柱塞钻孔用的钻模（冷加工1958年第8期）到搓丝板的多线磨削（《机械工人》1975年第8期），从电解加工（《机械工人》1976年第6期）到超声波振动切削（冷加工1982年第11期）、密齿端铣刀在汽车制造业中的应用（冷加工1987年第12期）……一汽生产一线的车、铣、刨、磨、钻、镗等各种金属切削技术及其实践经验都通过《机械工人》得到了宣传及推广。

a) 文章专辑　　　　　　　　b) 封二画刊

图7　一汽技术革新专辑
（冷加工1960年第3期）

新中国第一个汽车制造厂
——长春一汽建厂初期的金属热加工

一汽热加工生产现场和实践经验

为了更好地为行业和读者服务，《机械工人》自1957年分刊为《机械工人（热加工）》和《机械工人（冷加工）》。当时新中国工业发展日新月异，分刊后的热加工编辑部全力宣传推广各种金属热加工技术及应用，刚建成投产不久的长春第一汽车制造厂生产中的金属热加工技术和实践经验自然成为关注的重点之一。

一方面，《机械工人》以丰富的图像记录下了一汽热加工实践一线的生产场景，包括车间的现场照片、艺术家创作的木刻画、插页画刊等多种画面形式。1957年，本刊连续用4期封面（见图1）浓墨重彩地展示了一汽的铸

a) 一汽铸造车间全部加工过程都是机械化的
（热加工1957年第4期封面）

b) 一汽冲压车间一角
（热加工1957年第5期封面）

c) 一汽铸造车间冲天炉
（热加工1957年第6期封面）

d) 一汽锻压车间用10t汽锤锻打曲轴毛坯
（热加工1957年第8期封面）

图1 《机械工人》封面纪录的一汽在20世纪50年代的金属热加工实践场景

造、锻造和冲压等车间，从一汽铸造车间的冲天炉正在出铁液（见图1c）、工人在机械化浇注平台上浇注铸件（见图1a），到锻造车间用10t汽锤锻打汽车曲轴毛坯（见图1d），再到冲压车间的热火朝天（见图1b），这些生动的照片仿佛把我们带回到了一汽建厂初期的热加工工艺实践现场。1957年新中国成立8周年时，编辑部又特意选择了一幅著名木刻家汪刃锋创造的木刻画作为《机械工人（热加工）》1957年第10期杂志的封面，题为"记一汽制造厂锻工——为了建设祖国"（见图2），表达了对一汽生产者的敬意，以及杂志为祖国工业发展贡献力量的社会责任感。这些画面有力地鼓舞了广大读者在各自的岗位上努力学习技术，为建设祖国奉献出自己的力量。

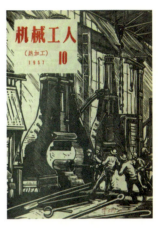

图2 记一汽制造厂锻工——为了建设祖国
（热加工1957年第10期封面）

另一方面，也是更重要的，《机械工人》自一汽建厂开始就对一汽生产中先进的金属热加工技术和生产实践经验给予报道和推广，如法兰锻件的胎模锻造（热加工1957年第9期），空气锤锤杆的热处理（热加工1957年第12期），解放牌气缸体的热焊补（热加工1958年第9期），用钢板灌水泥制造冲模（热加工1958年第9期），一汽工具车间对高速钢刀具使用马弗炉内气体氰化试验成功（热加工1959年第6期），用球墨铸铁制造轮辐滚模（热加工1959年第7期），热处理分厂制造的用于一汽越野车和轿车后桥齿轮的脉动淬火压床（热加工1974年第5期），以综合多渠道方法最大限度地提高锻模寿命（热加工1987年第10期），锻件材料消耗工艺定额的科学制定法（热加工1989年第5期），轻型汽车前轴的锤上整体模锻（热加工1992年第2期），一汽铸造有限公司铸造一厂群众性改进创新纪实（热加工2001年第11期），"名家聚焦锻压业系列报道"对一汽锻造有限责任公司负责人的采访（热加工2002年第3期），激光焊接技术在一汽大众迈腾车身制造中的应用（热加工2008年第6期）、中频点焊技术在一汽大众焊装车身制造中的应用与发展（热加工2008年第14期）……一汽生产现场的铸造、锻压、焊接、冲压和热处理等各种热加工技术和实践经验，都得到了全方位的宣传和推广。

下面我们以一汽建厂早期堆焊制造锻模和冲压生产自动化经验的推广为例，加以介绍。在此之前，我们先讲一个鲜为人知的小插曲——一汽制造的第一台轿车，不是"红旗"，而是"东风"。

从"东风牌"轿车到"红旗牌"轿车

在上篇中，我们已经回顾了《机械工人》对1956年一汽第一台"解放牌"货车出厂的报道。1958年2月，毛泽东主席视察一汽，赞扬一汽成功制造"解放牌"货车，同时期望一汽早日制造出中国自己的轿车。一汽选用一款国外制造的轿车为原型，在一汽工具车间制造出第一辆国产轿车，并取了一个具有时代特色的名字——"东风牌"轿车。1958年5月,"东风牌"轿车驶入中南海,毛泽东主席亲自观看了这台轿车。热加工1958年第7期作了简要的报道,该期封面就是这款"东风牌"轿车(见图3a)。但是限于当时的历史条件,"东风牌"轿车没有批量生产。

1958年8月,一汽在此基础上又制造出"红旗牌"轿车,经过多次试验才定型。1959年10月1日,"中国第一车"——"红旗牌"轿车在新中国国庆庆典上亮相。《机械工人》冷加工、热加工1959年第10期都以插页画刊报道了机械工业建国十年来的伟大成就,其中就有红旗轿车的身影。该期的国庆专题(见图3b)中还报道说:"红旗牌高级轿车提前三年在第一汽车制造厂成批地试生产出来。首批30辆正在陆续运往北京,向伟大的建国10周年献礼。红旗牌高级轿车的成批试生产,标志着我国汽车制造业的技术水平已经实现了由生产货车到制造高级轿车、由生产单品种到制造多种汽车的飞跃。"(《"红旗"牌高级轿车开始成批生产》,热加工1959年第10期)。

a)"东风牌"轿车出厂
(热加工1958年第7期)

b)"红旗牌"轿车批量生产
(热加工1959年第10期)

图3 从"东风"到"红旗"

宣传一汽用堆焊法制造大型锻模

20世纪五六十年代,堆焊法制造大型锻模是一种先进的制造技术和实践经验,在我国工业建设中发挥过一定的积极作用。

我国许多企业从1954年开始学习苏联堆焊法修复锻模的先进经验,并在此基础上创造了用铸钢堆焊方法制造锻模。据介绍,这种铸钢堆焊方法可以节约大量高级合金钢,生产工艺容易掌握,但是,一般只能制造4t以下的锻模锤,因此尚未被普遍采用。

一汽与清华大学(潘际銮院士是当时清华方面的技术主持人)等有关单

位密切协作，1957年底开始用铸钢堆焊法先后制造成功2t、3t和5t锤锻模。随后，1959年一汽与清华大学又乘胜前进，用同样方法制造成功10t锤锻模。当时用这种锻模制造的5万kW汽轮机叶片在焊缝质量、使用寿命和成本节约等方面都令人非常满意。

时任第一机械工业部副部长的刘鼎同志对该项技术非常重视。《机械工人（热加工）》1959年第8期摘要刊发了第一机械工业部的通知《在铸模制造中大力推广堆焊先进工艺》，该通知要求全国各有关单位立即学习这个经验。在同期上还作了报道：“第一汽车制造厂和清华大学密切合作，用自动堆焊方法，试制成功一套10t锻锤上用的大型铸钢堆焊锻模，并且已经用这套锻模在我国首次锻打出5万kW汽轮机的叶片，使用良好。这是我国金属堆焊在应用范围和工艺方法上的一个新发展”（《铸钢堆焊取得崭新成就　大型堆焊锻模试制成功》，热加工1959年第8期）。

1959年11月17日，第一机械工业部在一汽召开全国锻模制造会议。会议就推广铸钢堆焊法的钢种选择、堆焊工艺等作出指导性意见，刘鼎同志到会讲话。《机械工人（热加工）》记者参会并作了报道（《用铸钢堆焊法制造10吨锤大型锻模　第一机械工业部召开现场会议推广汽车厂经验》，热加工1960年第1期，见图4）。报道中指出：“模锻化是现代机械工业技术革命的重要内容之一。随着模锻化的不断发展，锻模的需求量必将大量增加，及时提供大量锻模是保证模锻化迅速发展的必要条件。铸钢堆焊法就是能够

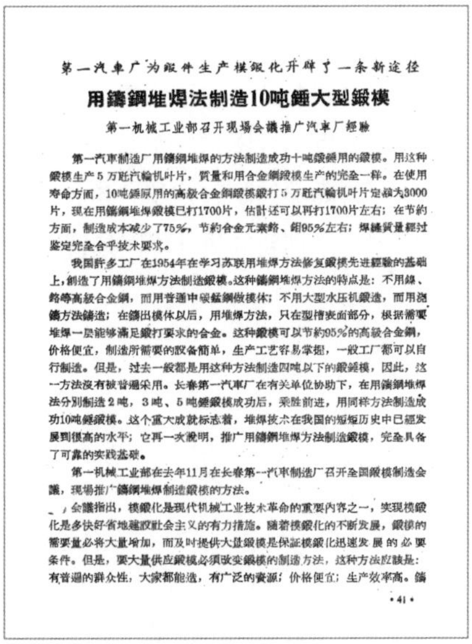

第一汽車厂为鍛件生产模鍛化开辟了一条新途徑

用鑄鋼堆焊法制造10吨錘大型鍛模

第一机械工业部召开現場会議推广汽車厂經驗

第一汽車制造厂用鑄鋼堆焊的方法制造成功十吨鍛錘用的鍛模。用这种鍛模生产5万瓩汽輪机叶片，質量和用合金鋼鍛模生产的完全一样。在使用寿命方面，10吨錘原用的高級合金鋼鍛模鍛打5万瓩汽輪机叶片定額为3000片，現在用鑄鋼堆焊鍛模已打1700片，估計还可以再打1700片左右；在节約方面，制造成本減少了75%，节約合金元素鉻、鉬95%左右；焊縫質量經过鉴定完全合乎技术要求。

我国許多工厂在1954年在学习苏联用堆焊方法修复鍛模先进經驗的基础上，創造了用鑄鋼堆焊方法制造鍛模。这种鑄鋼堆焊方法的特点是：不用鎳、鉻等高級合金鋼，而用普通中碳錳鋼做模体；不用大型水压机鍛造，而用澆鑄方法鑄造；在鑄出模体以后，用堆焊方法，只在型槽表面部分，根据需要堆焊一层能够滿足鍛打要求的合金。这种鍛模可以节約95%的高級合金鋼，价格便宜，制造所需要的設备簡单，生产工艺容易掌握，一般工厂都可以自行制造。但是，过去一般都是用这种方法制造四吨以下的鍛錘模，因此，这一方法沒有被普遍采用。长春第一汽車厂在有关单位协助下，在用鑄鋼堆焊法分別制造2吨，3吨、5吨錘鍛模成功后，乘胜前进，用同样方法制造成功10吨錘鍛模。这个重大成就标志着，堆焊技术在我国的短短历史中已經发展到很高的水平；它再一次說明，推广用鑄鋼堆焊方法制造鍛模，完全具备了可靠的实践基础。

第一机械工业部在去年11月在长春第一汽車制造厂召开全国鍛模制造会議，現場推广鑄鋼堆焊制造鍛模的方法。

会議指出，模鍛化是現代机械工业技术革命的重要內容之一，实現模鍛化是多快好省地建設社会主义的有力措施。隨着模鍛化的不断发展，鍛模的需要量必将大量增加，而及时提供大量鍛模是保証模鍛化迅速发展的必要条件。但是，要大量供应鍛模必須改变鍛模的制造方法，这种方法应該是：有普遍的群众性，大家都能造，有广泛的資源；价格便宜；生产效率高。鑄

·41·

图4　一机部在一汽召开全国锻模制造会议报道
（热加工1960年第1期）

大量供应锻模的制造方法。”

编辑部还特邀第一汽车制造厂的同志撰写技术文章在《机械工人》发表，如一汽工具分厂撰写了《铸钢堆焊锻模手工电弧堆焊经验》和《怎样防止铸钢堆焊锻模手工电弧堆焊时产生的缺陷》两篇文章。前者介绍了焊前机械加工、堆焊工艺、焊后处理等经验，后者介绍了一汽对气孔等常见缺陷的应对处理方法。

《机械工人（热加工）》的连续报道和刊发的技术文章结合起来，对推广堆焊制造锻模经验起到了很好的促进作用。

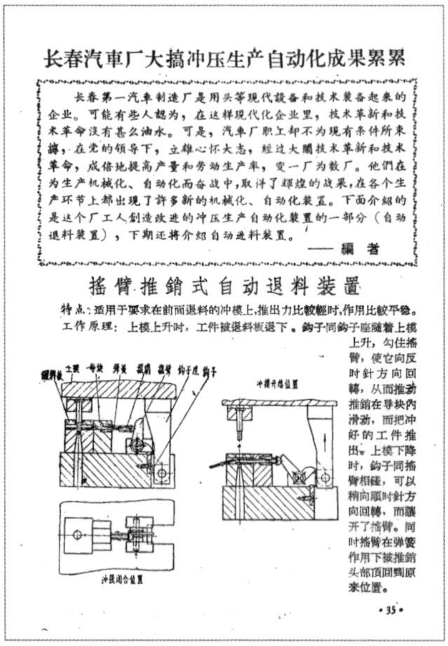

长春汽車厂大搞冲压生产自动化成果累累

长春第一汽車制造厂是用头等現代設备和技术装备起来的企业。可能有些人認为，在这样現代化企业里，技术革新和技术革命沒有甚么油水。可是，汽車厂职工却不为現有条件所束縛，在党的领导下，立雄心怀大志，經过大鬧技术革新和技术革命，成倍地提高产量和劳动生产率，变一厂为数厂。他們在为生产机械化、自动化而奋战中，取得了輝煌的战果，在各个生产环节上都出現了許多新的机械化、自动化装置。下面介紹的是这个厂工人創造改进的冲压生产自动化裝置的一部分（自动退料装置），下期还将介紹自动进料装置。

——編者

搖臂推銷式自动退料装置

特点：适用于要求在前面退料的冲模上，推出力比較輕时，作用比較平稳。

工作原理：上模上升时，工件被退料板退下。鈎子同鈎子座隨着上模上升，勾住搖臂，使它向反时針方向回轉，从而推动推銷在导块內滑动，而把冲好的工件推出。上模下降时，鈎子同搖臂相碰，可以稍向順时針方向回轉，而讓开了搖臂。同时搖臂在弹簧作用下被推銷头部頂回到原来位置。

·35·

图5　一汽冲压生产自动化实践经验推广
（热加工1960年第3期）

一汽冲压生产自动化实践经验推广

此外，热加工编辑部还与一汽冲压车间的通讯员和技术人员进行交流，将该厂冲压自动化方面的成果进行总结提炼，以“长春汽车厂大搞冲压生产自动化成果累累”为题（见图5）在热加工1960年第3、4期分两期连载。编辑部的同志写道：

> 长春第一汽车制造厂是用头等现代设备和技术装备起来的企业。可能有人认为，在这样现代化企业里，技术革新和技术革命没有什么油水。但是，汽车厂职工却不为现有条件所束缚，在党的领导下，立雄心大志，经过大闹技术革新和技术革命，成倍地提高产量和劳动生产率，变一厂为数厂。

这两期分别介绍了一汽生产现场的自动退料装置、自动送料装置、自动化冲模等，共计16种，每种都先介绍其特点，然后结合图样介绍其工作原理。虽然在今天看来，这些装置已经颇显简陋，但是，这种现代化的企业在生产实践中不断进行技术创新的精神仍然是值得我们学习和发扬的。

推广"科列索夫工作法"

建国初期的记忆

2009年是中俄建交60周年,在新华网的有关新闻报道中,我国领导人在庆祝大会上说:"岁月如梭,真情永恒。我们不会忘记,俄罗斯人民为新中国的建设提供过宝贵援助和支持。"当看到这条新闻时,我们有强烈的共鸣。

翻开建国初期的《机械工人》各期杂志,科列索夫、乌纳诺夫、布苏也夫、沃兰佐夫等苏联金属加工能手的名字仍闪闪发光,高速切削、多刀多刃法、电渣焊、电火花加工、高频感应加热、快速锻造等苏联先进技术和实践经验让我们仍记忆犹新,这些人物曾经激励了我国大量的生产工作者,这些技术和经验为新中国的建设作出了重要的贡献。本文介绍的科列索夫及其工作法就是其中的一个例子。

大量的图文报道

科列索夫是当时苏联中伏尔加母机制造厂的先进生产者(见图1),他于20世纪50年代初期创造了一种新式车刀的加工方法,大大提高了普通车床的生产能力,被命名为"科列索夫工作法"。其特点是车刀上有附加切削刃,从而可以大大增加进给量,使劳动生产率获得大幅度提高,为高速切削开辟了更广阔的途径。当时苏联各地都在大力推广高速切削的工作法,科列索夫车刀及工作法立即受到全苏联的重视,在东欧各国也得到成功应用并大力推广。

图1 苏联先进生产者科列索夫
(《机械工人》1953年第6期)

此时的新中国正开始进入大规模生产建设的时期，1953年，我国各厂矿的生产者们以极大的热情，积极学习"科列索夫工作法"并获得巨大的成绩。《机械工人》在期间做了大量的工作。据统计，从1953年第3期到1954年第11期的不到两年间，《机械工人》刊发推广"科列索夫工作法"的技术文章40多篇，同时，还以封面、封二画刊等形式给予图文报道。

《机械工人》1953年第3期刊载了苏联专家帕洛逊撰写的《科列索夫车刀角度的正确选择》一文。4月中旬，《人民日报》发文介绍"科列索夫工作法"后（《苏联工人科列索夫创造新式车刀工作法》，见1953年4月18日《人民日报》），全国掀起一股学习热潮。《机械工人》立即开始对此作系列专题报道（见《机械工人》1953年第6期专题），特请专家及时翻译了苏联工学博士卡普斯金教授撰写的重要文章《科列索夫的金属高速切削法》。

报道各地的实践经验

当时，"科列索夫工作法"在苏联也是一种正在大力推广的方法，而且不断有新的进展，因此，《机械工人》杂志持续跟踪其技术动向，及时向读者报道，如乌拉尔重型机器制造厂刨床工作中的应用（巴库林：《提高进给量的刨削方法》，《机械工人》1953年第7期）、苏联各厂学习的新成就（《苏联工人学习科列索夫工作法》，《机械工人》1953年第10期）、镗孔工作的应用（谢明斯基：《"科列索夫工作法"在镗孔工作中的实际应用》，《机械工人》1953年第11期）等。

国内各厂也迅速试验并加以应用，许多厂的实践经验特别值得向行业内推广，为此《机械工人》作了大量的报道，如东北机械六厂（《机械工人》1953年第7期）、东北机械七厂（《机械工人》1953年第8期）、东北机械八厂（《机械工人》1953年第8期）、北一机床厂（《机械工人》1953年第10期）、沈阳水泵厂（《机械工人》1953年第10期）等都在《机械工人》介绍了其根据各自不同应用推广"科列索夫工作法"的经验。

除了各厂的个体经验之外，当时沈阳、哈尔滨（见图2）等工业重镇大厂密集，他们应用"科列索夫工作法"的实践经验特别多、特别实用，《机械工人》就对此作了集中报道（《科列索夫工作法在沈阳》，《机械工人》1953年第7期；《哈尔滨学习科列索夫工作法的经验》，《机械工人》1953年第8期）。在那个时代，沈阳有大量热爱钻研技术的劳动者，科列索夫创造新型车刀进行高速切削的消息立刻引起了他们的关注。沈阳机械六厂生产者积极钻研，率先取得成功。为了推广这一先进经验，沈阳组织了430多人参加的全市范围的表演大会。这一先进经验逐渐被广泛地应用到各种机床上去，使得沈阳走在了全国的前列。

作为核心引导各地学习和交流

在推广"科列索夫工作法"的工作中,《机械工人》不但邀请专家译介苏联最新进展、联系全国各厂刊发其实践经验,而且作为引导者,发挥了核心力量的重要作用,同时还对重点文章都加"编者按"予以说明。

针对当时情况,编辑部还撰写文章帮助读者解决难题——《结合具体情况,克服学习科列索夫工作中的困难问题》一文后刊登在《机械工人》1953年第8期;邀请专家王一波撰写通俗讲话——《科列索夫新型车刀通俗讲话》,刊登在《机械工人》1953年第7期。

特别是1953年8月29日,编辑部为了配合各厂推广"科列索夫工作法",特邀请北京各厂先进生产者进行座谈学习,当时的中国第一机械工会筹委会的同志也参加了座谈会。北京汽车配件厂、北京第一机床厂、人民机器总厂、华北农具一分厂的同志分别介绍了各厂推广科列索夫工作法的情况和经验,并提出了推广中存在的若干技术问题,希望编辑部及其他厂帮助解决。编辑部随即把这些问题整理刊发在杂志上(见图3),征求解答,取得良好效果(《本刊编辑部召开学习科列索夫工作法座谈会》,《机械工人》1953年第10期)。

a) 封面　　　　　　　　b) 封二画刊

图2　哈尔滨各厂热烈学习"科列索夫工作法"
(《机械工人》1953年第7期)

宣传涌现出的典型人物

在推广"科列索夫工作法"中涌现出不少金属加工技能能手。

锦西化工厂的韦玉玺认真学习苏联先进经验,深入钻研技术,大大提高了劳动生产率(韦玉玺:《我学习科列索夫新型车刀的体会》,《机械工人》1953年第10期)。当时中央重工业部号召所属厂矿全体职工学习韦玉玺的模范行为,为完成和超额完成国家计划而奋斗。

沈阳第一机器厂的马鸣贺技术精湛,1953年夏到莫斯科参加工业展,还向苏联同志表演了高速切削和新近学会的"科列索夫工作法"。他从莫斯科的来信在《机械工人》发表:"我在工作

图3　编辑部召开学习"科列索夫工作法座谈会"
(《机械工人》1953年第10期)

中继续学了苏联的先进经验——科列索夫工作法。中国留苏同志帮助我收集了资料,苏联的研究机关还提供了一把典型的科列索夫车刀帮助我们试验。以后我们又自己磨刀来试验,得到了初步的成功。"(马鸣贺:《我出国表演高速切削法》,《机械工人》1953年第10期)。

东北森林管理局车辆厂的谢贵臣在王崇伦生产革新精神的鼓舞下,创造性地把科列索夫工作法和多刀工作法结合起来,用两把科列索夫车刀同时切削多台的工件,创造了加工台车轴的新纪录(见图4)(《谢贵臣创造性地应用科列索夫工作法》,《机械工人》1954年第3期)。苏联巴库五一工厂乌纳诺夫创造性地应用科列索夫车刀原理创造了另一种新型车刀,进一步提高切削速度和加大进给量(见图5)。谢贵臣与哈尔滨工业大学切削实验室闻知后立即试验,获得成功(谢贵臣:《我怎样试验乌纳诺夫车刀》;陆以恩等:《谢贵臣学习乌纳诺夫车刀的经验》,《机械工人》1954年第4期)。

新中国成立初期,《机械工人》在推广"科列索夫工作法"中作出了重要的贡献,实实在在地为制造业创造了价值。

a) 谢贵臣用两把科列索夫车刀加工多台车轴
(1954年第3期封面)

b) 谢贵臣创造性地应用"科列索夫工作法"
(1954年第3期)

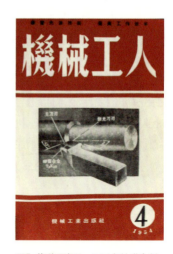

图5 苏联巴库五一工厂乌纳诺夫创造的新型车刀
(1954年第4期封面)

图4 《机械工人》对东北森林管理局车辆厂谢贵臣的报道

《金属加工》与船舶焊接行业

船舶工业的创建和船舶焊接技术的发展

我国焊接技术的发展与船舶制造业有着密切的关系。据记载，20世纪初期，中国专业从事焊接的第一家工厂——中华电焊厂原来就设在上海瑞容船厂水泵间门口，从事外商电力、船厂等修焊业务。从该厂还出现了从事焊接工作的第一个中国人刘墨泉，并培养了中国第一代焊接师傅。但我国的船舶工业以及船舶焊接技术则是在1949年后才得到快速发展的。

新中国成立后，刘鼎等中央重工业部的领导在上海、大连、天津等地船厂考察后开始筹建新中国的船舶工业，经与华东工业部副部长程望磋商，1950年10月1日，中央重工业部船舶工业局在上海成立。

焊接是船舶制造中的关键技术之一，据统计，一条万吨船舶要焊接150km的焊缝。焊接专家指出：

> 焊接技术是现代船舶工程的关键技术之一，船舶焊接工时约占船体建造总工时的40%，焊接成本约占船体建造总成本的30%~50%。船舶焊接技术水平和生产效率是影响船舶制造的重要因素，世界各造船国家都十分重视船舶焊接技术的研究、开发和推广应用（陈家本：《关于我国造船焊接技术发展的思考》，热加工2003年第5期）。

新中国的船舶焊接技术发展历程可分为两个阶段：第一阶段是20世纪50—70年代，在普遍应用常规电弧焊的基础上，从苏联引进了埋弧焊、CO_2气体保护焊及电渣焊等工艺方法；第二阶段为20世纪80年代以来，主要引进和借鉴日本等国的船舶焊接技术，到2000年，常用的船舶焊接方法多达35种。

在我国船舶焊接技术的发展过程中,南北两个百年老船厂——大连造船厂和江南造船厂的情况有一定的代表性。

大连造船厂

大连造船厂始建于1898年,经历了"俄国筹建统治、日本扩张侵占、苏军解放接管、中苏合资经营"等不同时期,1955年改由我国独立经营,1957年定名为大连造船厂。

1954年开始,苏联造船专家分期分批来华,援助我国船舶制造业的建设。大连造船厂受到国家的高度重视。该厂是建国初期我国"156项工程"之一,较早地实行了苏联的企业管理制度,并向全国推广。

20世纪50年代后期,全国各地的船厂都陆续引进并推广苏联的埋弧焊、电渣焊等新技术,这是中国船舶焊接技术发展的重大转折点,并促使船舶制造技术整体进行了相应改革。

江南造船厂

江南造船厂的前身是1865年创办的江南机器制造总局。作为中国民族工业的发祥地,新中国成立前在这里就诞生了中国第一台车床、中国第一艘蒸汽推进军舰和铁甲军舰、中国第一支步枪等。1905年,造船业务开始从江南制造总局中剥离,发展成为江南造船所。

1946年,江南造船所为民生实业公司建造了中国第一艘全电焊结构的"民铎"号轮,开创了我国"由铆钉造船走向焊接造船的历史性转变"。

新中国成立后,江南造船厂获得了新生。1955年底,排水量为2650t的"民主十号"轮船建成(见图1),该船获"一机部产品设计特等奖"。"民主十号"轮船是我国自己设计、自己制造的第一艘沿海客货轮,标志着我国造船工业的新发展(《我国自制的第一艘沿海客货轮下水》,1955年11月29日《人民日报》头版)。江南造船厂还建造了我国第一代潜艇、我国第一艘万吨级远洋货轮、我国第一支远洋综合科研船队等。

江南造船厂在140多年的发展历程中,曾培养了许多焊接技术精英,如在制造万吨水压机中作出重要贡献的唐应斌,就是江南造船厂著名的"焊接大王"。20世纪50年代末,江南造船厂与机械科学研究院等率先开展了CO_2焊接技术的研究和应用,该技术60年代主要在造船等部门得到推广应用。

《机械工人》与船舶焊接

《机械工人》杂志始终关注中国船舶工业的未来,关注船舶焊接技术的最新发展趋势。进入21世纪以来,随着船舶焊接技术的迅速发展,也相应

图1 我国自行设计制造的第一艘沿海客货轮"民主十号"
(冷加工1957年第5期封面)

地加强了报道力度。如2006年5月，由机械工人杂志社主办的"中国焊接与切割市场论坛——船舶焊接市场需求报告会"，受到业内好评。又如，随着2010年上海世博会的临近，江南造船厂随之搬迁，上海开始在长兴岛兴建中国最大的造船基地（见图2）。为此，《机械工人》热加工编辑部于2007年特别策划了"聚焦长兴岛——关注船舶焊接技术"专题，加以深入报道（于淑香等：《长兴岛——承载着中国船舶工业的希望》，热加工2007年第2期）。

自2002年始，全球船舶市场连续6年呈快速发展势头，我国船舶行业也取得了极快地发展。但截至2008年下半年，全球经济增速放缓，各行业都在思考如何主动规避风险，并回归基本层面。中国船舶工业高效焊接技术指导组陈家本主任在接受《金属加工》杂志记者采访时指出：

图2　长兴岛——中国最大的造船基地

> 近年来，我国造船业取得了令人瞩目的成绩，但未来才是考验中国造船业竞争实力的关键时期。高效率、短周期、低成本是船舶焊接技术进步的永恒主题。为此，我们要在减少浪费、保护环境、降低焊接成本和增强效益的理念指导下，创新地推进高效焊接技术。为我国实现由造船大国向造船强国的转变积蓄力量（陈家本：《造船热潮的冷思考》，热加工2008年第16期）。

虽然经过2008年全球经济增速放缓的影响，但近十几年来，我国船舶工业还是取得了良好的成绩。《金属加工》作为行业的专业媒体，也持续关注和报道船舶制造行业以及焊接技术的发展，对相关的焊接新技术、新工艺进行不间断地策划报道，如策划走进山海关船舶生产基地，了解企业焊接技术的应用和发展情况（王颖等：《乘风破浪　创新超越　以服务与质量打造山船品牌——记金属加工杂志走进山海关船舶重工有限责任公司》，热加工2014年第20期）。未来我们还将继续为船舶行业的焊接技术发展贡献力量。

《金属加工》与海洋工程焊接技术

新千年以来的近20年,海洋工程装备异军突起,《金属加工》(原名《机械工人》)也开始持续关注海洋工程装备相关焊接技术发展。

2012年5月7日,工信部网站发布"高端装备制造业'十二五'发展规划"(以下简称"规划")。"规划"将航空装备、卫星及应用、轨道交通装备、海洋工程装备和智能制造装备列为"十二五"期间我国高端装备制造业的五大重点领域。在船舶行业发展持续低迷的大环境下,各种钻井平台、大型浮吊、LNG船、海底管道建设等技术含量高的大型海洋工程装备成为各大企业的创新突破点。

海底管道焊接技术

海洋石油开采已经逐渐从近海向深海发展,海底油气运输管道广泛应用于石油工业。海底管道工作条件恶劣,在设计、制造、选材及焊接施工等方面都有很严格的要求,因此,对高效率海底管道铺设焊接技术的研究非常重要。高压钨极氩弧焊、熔化极气体保护焊、激光-电弧复合焊、电子束焊等都是海底管道中重要的高效焊接方法,有的已经在国内得到深入研究和应用,如"十五"期间,海洋石油工程股份有限公司牵头启动水下干式管道维修系统工程研究;北京石油化工学院承担"水下干式高压焊接"子课题,研制的钨极氩弧自动焊机获得0.1~0.7MPa的Q355管道全位置自动焊接工艺,2006年11月在天津新港附近海域进行海上试验,获得外观良好的焊缝;中海油建造的"蓝疆号"是国内铺管能力和自动化程度最高的大型起重铺管作业船,配备了Serimax公司的高效管道铺设系统,在首次工程作业中,创造了280根/天的铺设记录(占宏伟等:《高效率的海底管道铺设焊接技术》,热加工2010年第6期)。

近年来，北京石油化工学院海洋工程连接技术研究中心开发了海底管道自动焊接系统，为我国早日实现深水管道焊接自动化打下了基础。水下焊接方面，与陆上焊接相比，具有能见度差、气孔多、氢含量高、冷却速度快、压力随水深增加及难以实现连续作业等特点，一般分为湿法焊接、干法焊接及局部干法焊接。从海洋开发远景来看，水下焊接技术有许多方面都需要深入研究，如深海域范围内的高压干法GTAW研究，为保证连续性的水下GMAW焊接方法研究，智能化的无人焊接机器人等（唐德渝等：《海洋石油工程水下焊接技术的现状及发展》，热加工2009年第4期）。

钻井平台焊接技术

在海洋油气开发进程中，海洋钻井平台占据了越来越重要的地位。平台建造中会涉及多种结构、多种材料的焊接，这极大地促进了海洋工程中关键焊接技术的发展。荔湾3-1天然气综合处理平台（见图1）建成并安装成功被评选为2013年中国十大海洋科技进展，标志着我国海油工程在深水超大型油气平台设计、建造能力上取得了历史性突破。该平台的建造，极大地推动了海洋工程焊接技术的发展。荔湾3-1天然气综合处理平台建造质量为28 000t，是国内结构最重、尺寸最大的海洋深水天然气平台，是中国海油深水开发最为重要的一步，具有里程碑的意义。《金属加工》特邀海洋石油工程（青岛）有限公司相关焊接技术人员介绍了项目建造中涉及的超厚板CTOD焊接、大直径大壁厚双相不锈钢焊接等重点工艺，并对所用焊接材料、焊接设备进行了详细介绍（张剑利等：《荔湾3-1天然气综合处理平台关键焊接技术》，热加工2014年第4期）。

海洋石油981深水半潜式钻井平台荣获2014年度国家科技进步特等奖，改变了中国在南海的油气开采历史。该平台于2008年4月在上海外高桥造船有限公司开工建造，是中国首座自主设计、建造的第六代3000m深水半潜式钻井平台。该平台整合了全球一流的设计理念和一流设备，是世界上首次按照南海恶劣海况设计的平台，能抵御百年一遇的台风，选用DP3动力定位系统。平台大量应用不同种类的高强钢，投钢量约为21 000t，再加上国内无建造经验可寻，因此该平台的焊接工作面临很大的挑战，如何顺利完成大量高强钢的焊接工作是亟待解决的问题。为

图1 海上浮托安装荔湾3-1组块
（热加工2014年第4期）

此，《金属加工》特邀上海外高桥造船有限公司相关焊接技术人员介绍了平台建造过程中应用到的超高强钢EQ70焊接工艺及重点焊接设备等内容，剖析了焊接工作在海洋工程建造中的重要地位（韩冰等：《"海洋石油981"超高强钢EQ70焊接工艺》，热加工2015年第6期；李超等：《海洋石油981钻井平台重点焊接工艺及设备》，热加工2015年第14期）。

海洋工程用焊接材料的发展

我国船舶工业正由造船大国向高技术含量、高附加值的海工制造领域推进，一批大型集装箱船、LPG船、LNG船、化学品船与大型破冰船等特种船舶，以及钻井平台、动力定位装置和齿条提升装置的出现，推动了一些新钢种、新结构、新焊接技术和新焊接标准的应用，为此需要选用一些高性能、高质量的焊接材料。

随着船舶和海工产品建造速度的提升，自动化焊接比例会越来越高，适应自动化焊接的材料需求也会随之增加。为了适应现代绿色造船的模式，焊材企业应降低原有产品的烟尘和飞溅，改善全位置焊接性能，改善脱渣性等。开发高技术含量的特种焊材，包括研制高效率金属粉芯药芯焊丝（张少健等：《金属粉芯药芯焊丝YCJMX50C的研制》，热加工2015年第2期）、大热输入焊接材料、双相钢焊接材料（王君民等：《海洋工程用双相与超级双相不锈钢焊条的研制》，热加工2010年第4期）和高强钢焊接材料（A-E. Traizet等：《海洋工程830MPa高强钢焊接材料研究》，热加工2013年第22期；贾军：《海洋工程用80kg级别焊材开发》，热加工2014年4期）。

2019年10月25日，国务院国资委网站发布消息，经报国务院批准，中国船舶工业集团有限公司与中国船舶重工集团有限公司实施联合重组，二者整体划入中国船舶集团。重组之后不仅可以实现行业性重组，推进专业化整合，还可以聚焦产业竞争力提升。未来《金属加工》还将一如既往地关注我国海洋工程领域焊接技术的最新发展动态，为《金属加工》读者、客户提供专业的内容与服务。

《金属加工》与轨道交通装备制造业

近年来，随着我国轨道交通装备制造技术的发展，高速动车组已经成为当今中国在世界上的"金名片"。高速动车组机车车辆制造业毫无疑问成为当前最火热的焦点行业。截至2019年，我国铁路运营网里程达到13.9万km以上，其中高铁近3万km，稳居世界第一，形成了"四纵四横"的铁路运输网，提前完成了国家《中长期铁路网规划》中到2020年全国铁路营业里程将达到10万km以上、主要技术装备达到或接近国际先进水平的目标。

《机械工人》一直关注机车车辆制造业的发展，进入21世纪以来尤其加大了对先进的冷加工、热加工工艺和设备在机车车辆制造业中应用的报道力度。本文中，我们简略回顾20世纪五六十年代新中国机车车辆制造业的发展和《机械工人》在推广机车车辆制造业金属加工生产实践经验中所进行的报道内容，以及2008年以来《金属加工》在为机车车辆制造业先进金属加工技术的推广以及交流所做的一些重点工作。

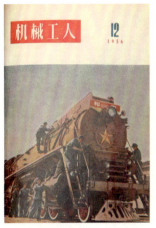

图1 新中国自行设计、制造的"和平号"蒸汽机车
（《机械工人》1956年第12期封面）

行业发展

《机械工人》作为我国机械制造业创刊最早的刊物之一，记录下了新中国成立初期制造的蒸汽机车、内燃机车、电气机车等各种"铁龙"的身影。大连机车车辆厂始建于1899年，新中国成立后，经过技术改造，至1954，该厂实现了蒸汽机车由修到造的历史性转变。1956年，大连机车厂自行设计制造成功"和平号"机车，这是新中国第一台干线蒸汽机车，《机械工人》1956年第12期的封面就是这台"和平号"蒸汽机车（见图1）。

1958年，大连机车车辆厂试制成功"巨龙号"内燃机车，戚墅堰机车厂试制成功"先行号"内燃机车（见冷加工、热加工1959年第10期国庆专刊画刊），长辛店机车厂试制成功"建设号"内燃机车（见热加工1958年第8期

图2 武汉江岸车辆厂为大冶铁矿装配电气机车
（热加工1958年第3期）

封面），它们是新中国最早制造的内燃机车。热加工1958年第3期的封面则是武汉江岸车辆厂为大冶铁矿装配电气机车的生产现场（见图2）。

生产实践

长期以来，《机械工人》还特别关注应用于机车车辆制造业的各种金属加工技术，一直坚持将机车制造业的金属加工先进制造技术和生产实践经验向全行业宣传和推广。

哈尔滨机车车辆厂老英雄苏广铭是全国著名的金属加工技能高手、革新能手，也是《机械工人》的老读者、老作者和老朋友，杂志推广了许多他研制改进的新刀具和先进操作方法，在这里就不重复了。

当全国学习苏联先进经验时，机车制造业也不例外。对于这方面的实践经验，《机械工人》及时作了推广，如哈尔滨机车车辆厂学习苏联短弧双焊法（1953年第3期），江苏戚墅堰机车车辆厂学习苏联碳钢锻件快速加热正火经验（热加工1958年第12期）等。

后来撰写了著名小说《林海雪原》的作家曲波建国初期在齐齐哈尔机车车辆厂负责领导工作。他是一个机械制造技术迷，对金属加工技术有浓厚的兴趣，曾撰写反映工业建设题材的小说——《热处理》。他也是《机械工人》的老作者，撰写了多篇介绍实践经验的文章在杂志发表（如锻造法、夹具改造等，《机械工人》1952年第11、12期，见图3）。前几年《机械工人》记者拜访他的老伴刘波（《林海雪原》书中人物"小白鸽"的原型）时，她还鼓励我们要把杂志办得越来越好！

长辛店机车车辆厂锻造车间边孝正、刘文联合小组作为机车车辆制造业的先进集体参加了1959年全国"群英会"。这个小组特别注意革新技术和采用先进经验，在当时大力推行了跳模锻造、双边作业、胎模锻造、小锤干大活和流水作业等先进操作方法，为所在企业的生产作出了很大贡献。《机械工人（热加工）》1959年第12期"群英会"报道专栏介绍了边孝正、刘文小组的先进锻造法，如"边、刘小组"利用双边、三边结合胎模锻制机车动轮补强板，提高效率两倍多；利用流水作业法锻制货车侧门折页，提高效率40%；尤其是大胆地对机车的锥形、圆形带台或具有平滑曲线的零件进行跳模锻造，大大简化了操作过程，产量和质量都有显著提高。

戚墅堰机车车辆厂修理工厂的技术革新能手庄铭耕在工作中经常动脑筋钻研技术，改进工作方法，他总是有条理、有计划地安排每一天的工作，生产效率很高。《机械工人》1954年第6期专门介绍了他革新技术的事迹，以及改进的操作方法和改造的夹具、刀具等工具（见图4）。《机械工人》1956年第2、3期又以《先进生产者——庄铭耕的经验》分上下两期介绍了

·26·

利用胎型鍛造的方法

齊齊哈爾鐵路工廠·曲　波·

胎型鍛造作業是利用一定形狀的母型，來進行鍛造的方法。這母型也叫胎型。用胎型進行鍛造工作有很多優點，如提高工作效率和產品質量，降低成本，同時低級工人也可以操作。

機車車門軸承的型鍛

是以這方法鍛製（如圖1）①材料加熱後，放在砧上鍛壓扁平；②用專用工具壓凹；③、④把兩端伸成扁方形；⑤工件裝入金型內，打平工件頂

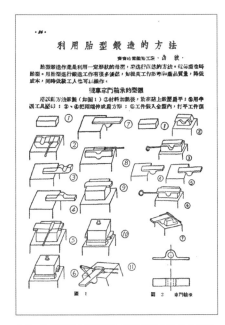

图3　在齐齐哈尔机车工厂担任领导工作的曲波在本刊发表的技术文章
（《机械工人》1952年第12期）

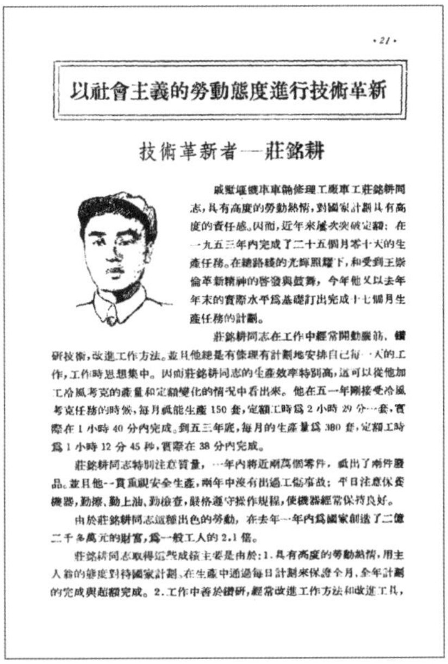

·21·

以社會主義的勞動態度進行技術革新

技術革新者——莊銘耕

戚墅堰機車車輛修理工廠車工莊銘耕同志，具有高度的勞動熱情，對國家計劃具有高度的責任感。因而，近年來屢次突破定額；在一九五三年內完成了二十五個月零十天的生產任務。在總路綫的光輝照耀下，和受到王崇倫革新精神的啓發與鼓舞，今年他又以去年年末的實際水平為基礎訂出完成十七個月生產任務的計劃。

莊銘耕同志在工作中經常開動腦筋，鑽研技術，改進工作方法。並且他總是有條理有計劃地安排自己每一天的工作，工作時思想集中。因而莊銘耕同志的生產效率特別高，這可以從他加工冷風考克的產量和定額變化的情況中看出來。他在五一年剛接受冷風考克任務的時候，每月祗能生產150套，定額工時為2小時29分一套，實際在1小時40分內完成。到五三年底，每月的生產量為380套，定額工時為1小時12分45秒，實際在38分內完成。

莊銘耕同志特別注意質量，一年內將近兩萬個零件，祗出了兩件廢品。並且他一貫重視安全生產，兩年中沒有出過工傷事故；平日注意保養機器，勤擦、勤上油、勤檢查，嚴格遵守操作規程，使機器經常保持良好。

由於莊銘耕同志這樣出色的勞動，在去年一年內為國家創造了二億二千多萬元的財富，為一般工人的2.1倍。

莊銘耕同志取得這些成績主要是由於：1.具有高度的勞動熱情，用主人翁的態度對待國家計劃，在生產中通過每日計劃來保證全月、全年計劃的完成與超額完成。2.工作中善於鑽研，經常改進工作方法和改進工具，

图4　介绍戚墅堰机车车辆厂庄铭耕操作法
（《机械工人》1954年第6期）

他的先进事迹。庄铭耕不断钻研技术和学习苏联先进经验，积累了一套较为完整的经验，被誉为“庄铭耕操作法”。他年年都超额完成生产任务，荣获铁道部“先进的铁路工作者”称号，为铁路系统机械加工工人树立了先进榜样。庄铭耕还应邀先后到北京、沈阳、哈尔滨等十几个城市进行表演，取得了很好的效果，如济南铁道部所属机车修理厂学习了庄铭耕的先进经验后，用于加工机车放水阀盖内面等，大大提高了生产效率。

焊接作为高速铁路装备制造的关键技术之一，各种先进的焊接技术开始大规模地应用于高速动车组的生产。焊接专家指出：

> 焊接工艺是一种重要的工艺，近年来，生产厂投巨资改革工装与设备，大量先进的焊接电源、自动焊接装备和新型焊接材料，在车辆制造业中得到了应用，支撑与维系着车辆制造业的快速发展，提高了车辆制造水平，也是保证产品质量的关键。用现代的组装工装、自动或半自动焊接机械手，保证了产品的组装与焊接质量，同时改善了生产环境，减轻了工人劳动强度（金城：《我国车辆技术与制造工艺的发展》，热加工2009年第16期）。

《金属加工》杂志始终关注机车车辆制造技术发展的未来及最新发展趋

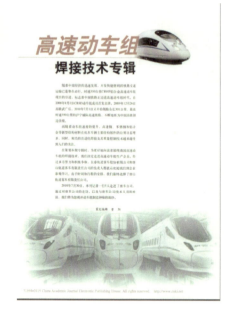

图5 高速动车组焊接技术专题
（热加工2010年第16期）

势。特别是高铁进入线路运行以来，随着轨道交通行业装备制造技术中各种先进的制造技术的应用，也相应地加强了报道的力度以及积极参与策划相关的活动，为轨道交通装备制造技术的进步以及技术人员的交流提供了良好的平台。

2009年开始，《金属加工（热加工）》每年都策划轨道交通装备制造专题，传播报道各种先进的焊接技术，如2010年的高速动车组焊接技术专辑（见图5），《金属加工》杂志记者一行专门走访了中车唐山公司，对动车组的先进焊接技术进行了报道。

此外，2014年、2016年、2019年还专门策划了走进轨道交通行业企业的"轨道交通先进金属加工技术交流会"，为轨道交通装备制造企业间技术人员搭建了良好的技术交流和沟通的平台，对促进企业技术人员的相互学习及轨道交通产业的发展起到了非常重要的作用（见图6）。

未来，《金属加工》杂志将继续加大对机车车辆制造业的报道，请专家分析机车车辆制造业的政策、市场和需求，关注先进的冷加工、热加工工艺和设备在机车车辆制造业中的应用，在一定意义上也是延续了关注机车车辆制造业的传统并加以发扬光大。

图6 2014年轨道交通先进金属加工技术交流会合影留念

助力国产大飞机　《金属加工》持续关注航空制造技术发展

航空航天制造技术代表着世界各国制造业的发展方向，代表了一个国家的最高制造业水平和技术实力，而大飞机则代表了“一个国家竞争力的制高点”。航空航天制造技术一直是《金属加工》（原名《机械工人》）重点关注报道的领域。自2007年3月大飞机立项以来，金属加工全媒体平台加大了对航空制造领域技术的关注力度，策划一系列航空领域加工技术的产业论坛（见图1）、网站专题、“金粉讲堂”专题讲堂、在线论坛等，进行全方位多角度的报道，发挥了金属加工领域品牌媒体的影响力，为行业发展作出了贡献。

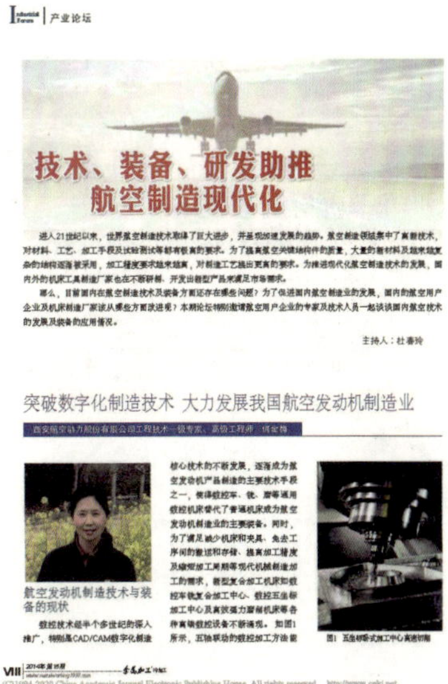
技术、装备、研发助推
航空制造现代化

突破数字化制造技术　大力发展我国航空发动机制造业

图1　“技术、装备、研发助推航空制造现代化”产业论坛（冷加工2014年第15期）

大飞机的战略意义

2007年3月，大飞机立项，2008年5月11日，中国商用大飞机有限责任公司正式在上海举行成立大会，这标志着中国大飞机项目的正式启动。《金属加工》在题为《大飞机项目的启动将带动我国装备制造业快速发展》的报道中提到了大飞机的战略意义：

研制和发展大型飞机，是《国家中长期科学和技术发展规划纲要（2006—2020年）》确定的重大科技专项，它的发展关系到中国在关键领域中技术能力的提升，也将推动中国产业结构的调整，有利于从目前传统劳动密集型产业向高技术产业过渡，更与目前中央正在大力提倡的“自主创新”科技战略方向相一致，它是一个国家核心竞争力的标志。

大飞机项目的实施及实现,不仅会推动我国航空工业的长足进步,也将极大地带动相关装备制造业取得快速发展(见图2,冷加工2008年第16期)。

大型客机制造被誉为"现代工业的皇冠",其产业覆盖机械、电子、材料、冶金、仪器仪表、化工等几乎所有工业门类,涉及数百种学科。国外相关机构调查显示,现代社会大部分技术扩散案例中,60%技术来自航空工业,是典型的高技术、高附加值的高端装备业。发展大型客机项目,对于促进我国航空工业跨越式发展、提高我国自主创新能力,满足我国快速增长的民用航空市场需求有巨大的推动作用。《金属加工(冷加工)》2008年第16期刊登的《大飞机项目的启动将带动我国装备制造业快速发展》一文,论述了大飞机项目对机械制造技术、电子工业级装配技术的提升作用,以及大涵道比涡扇发动机对装备制造业的提升作用。

工业皇冠上的明珠——航空发动机

大型客机制造被誉为"现代工业的皇冠",而航空发动机则被誉为"工业皇冠上的明珠"。航空发动机需要在高温、高寒、高速、高压、高转速、高负荷、缺氧、振动等极端恶劣环境下,到达数千小时的正常工作寿命,这就使得航空发动机的研制有极高要求。

发动机的设计研发及制造,面临着温度、压力、过载等一系列严峻问题,只有最为先进的材料、最为合适的加工方法、科学的设计、合理的使用维护,才能解决这些难题。2013年第15期中《金属加工(冷加工)》策划的"航空发动机制造技术"产业论坛,邀请国内重要的航空发动机制造厂的专家、工程师及技术人员,分别从难加工材料的加工方案、加工工艺的改进以及机床刀具的选择等各方面各抒己见,为中国的航空发动机制造技术出谋献策,共同探讨发动机及其关键零部件的有效加工方法,从而提高我国发动机的制造水平,促进中国航空业的发展(见图3)。

关注航空新型难加工材料

航空零部件是在高温、高压、高转速的恶劣环境下工作,每一种新产品的开发都意味着零件功能、结构、材料的重大变更,也是对切削加工提出的挑战。

航空难加工材料的加工技术关系到航空制造水平的提升。

图2 题为《大飞机项目的启动将带动我国装备制造业快速发展》的报道
(冷加工2008年第16期)

图3 航空发动机及关键零部件先进加工技术相关报道
(冷加工2013年第15期)

《金属加工（冷加工）》2016年第18期特别策划了"航空难加工材料制造技术与装备"专题，邀请特种加工专家、切削专家和航空制造专家解读征服航空难加工材料的各种装备及解决方案。

航空领域零部件大多采用钛合金、高温合金等难加工材料，不但强度、硬度高且韧性和伸长率大，导热性差，加工表面的加工硬化大，可加工性能差。专题以刀具技术为切入点，研究新型航空难加工材料的加工方法，探索机床工具以及特种加工技术在新型航空难加工材料加工中的有效应用。

新媒体全方位、多平台全面报道

除了传统的期刊报道，随着互联网的发展和移动智能终端的普及，以金属加工在线（网站）、金属加工微信公众号及金属加工直播平台为代表的金属加工新媒体平台，也对大飞机的发展及航空制造技术进行了持续报道。

（1）网站专题报道

金属加工在线分别于2013年、2014年策划了"航空制造新技术、新工艺"和"航空发动机先进加工技术"专题（见图4），介绍了航空制造技术现状，邀请行业专家、用户代表分析航空工业零件的制造受到的限制因素及加工需求，发动机制造技术及装备方面存在的问题。同时，以德马吉森精机、埃马克、山特维克可乐满、山高刀具等企业的最新航空制造技术解决方案为典型案例，为航空制造企业提供先进的解决方案。

（2）金属加工微信公众号全方位跟踪报道

2017年5月5日，中国国产大飞机C919实现首飞，这在中国航空发展史上具有划时代的意义。金属加工微信公众号当天在《国产大飞机C919首飞，撬动中国制造业大市场！》一文中以视频+图文的形式报道了首飞的盛况，并介绍了C919在设计上采用的大量先进技术以及大飞机为装备制造业带来的机遇（见图5）。一般来讲，一架大型商用飞机集成300万~500万个零配件，其研制能带动新材料、现代制造、先进动力、电子信息、自动控制、计算机等领域关键技术的群体突破，可拉动众多高技术产业发展，技术扩散率高达60%。因此，C919的首飞及今后的量产不仅为中国航空事业作出了巨大贡献，还能拉动材料及装备制造业突飞猛进的发展。

2017年7月，盛夏高温天，国产大飞机的制造任务丝毫不降温。金属加工微信公众号在《探访国产大飞机制造最"火"车间！》一文中，带大家走进中国商飞上海飞机制造有限公司的热表处理车间，了解大飞机的制造情况。

在专题策划方面，金属加工微信公众号多次策划有关钛合金、复合材料、高温合金等航空难加工材料的加工解决方案专题，邀请山特维克可乐

图4 航空制造新技术、新工艺专题
（金属加工在线2013年）

图5 金属加工微信公众号以视频+图文的形式报道C919首飞盛况

满、京瓷、山高、OPEN MIND等企业分别从刀具、软件等方面为航空结构件的加工提供了高效可靠的加工方案（如2016年7月27日推送的首条、2017年5月31日首条）。针对航空航天叶轮叶片加工难题，我们搜集了多个制造厂商的先进解决方案，分别从软件设计制作模组、耐高温刀具加工工艺、刀具夹紧系统及切削液选用等在航空叶轮叶片加工中的应用进行了详细的视频+图文讲解（金属加工微信公众号2016年8月14日首条发布）。

（3）金属加工直播平台

"金粉讲堂"是金属加工直播平台的拳头栏目，一直以分享金属加工行业实用技术为出发点，帮助企业员工增长专业技能知识、解决操作技术难点。针对航空制造加工技术难点，"金粉讲堂"制作团队邀请了行业专家、企业代表分别从：5轴高性能精加工解决方案、航空发动机机匣的完整加工方案、航空分体式叶盘解决方案、航空发动机零部件高效加工、切削液助力航空航天加工等方面对航空航天典型零部件的加工进行多场在线讲座，每场讲堂观看超过了1.5万人次（"金粉讲堂"第27期，2018年7月26日；"金粉讲堂"第55期，2019年11月21日；"金粉讲堂"第72期，2020年3月12日）。

为实现航空航天制造的转型与升级，需在制造数字化、智能化上下功夫，围绕"数字化、智能化，助推高质高效发展"，"金粉讲堂"于2020年5月24日举办了2020航空航天先进制造技术在线论坛，邀请到了中航工业、中国航发、航天科工等单位重磅专家及装备企业代表分享了专题报告，并进行了现场连线和互动交流。

论坛采用线上直播的方式，打破了以往专家与读者之间无法互动交流的壁垒。大家一致认为，这样的线上论坛对推动行业交流和我国先进制造技术发展很有帮助。而金属加工全媒体平台也将持续关注航空制造领域的发展，在推动我国航空制造技术发展、促进装备应用方面发挥更大的作用。

堆焊技术的发展及实践经验的推广

“堆焊技术自20世纪50年代从苏联引进我国，至今已经走过了近50年的发展历程，不断焕发青春，已经由简单的修复技术发展成为新品制造、旧品再造的重要工艺环节。同其他表面技术相比，堆焊技术创造的产值可以说是最高的，堆焊技术对节能、节材、保护环境的贡献也是最大的”（哈尔滨焊接研究所何实等：《我国堆焊技术发展历程回顾与展望》，热加工2009年第22期）。

1954年前后，我国各厂开始学习苏联的堆焊技术和先进经验，在修复和表面强化领域有了一些应用。当时不少工厂开始采用堆焊方法来修复已磨损的零件和工具，效果很好，《机械工人》对这些工厂的实践经验（见图1）进行了报道。如长春第一汽车制造厂使用堆焊方法修补磨损的锻模，在机械加工和最后热处理之后就可以重新使用（第一汽车制造厂：《堆焊磨损的锻模》，热加工1957年第1期）。上海船舶修理厂则介绍了该厂锰钢材料的挖泥船泥斗销子的电弧堆焊经验（上海船舶修理厂：《锰钢零件的堆焊经验》，热加工1957年第1期）。黑龙江庆华工具厂根据《机械工人》报道的一汽经验，试验成功用气焊法堆焊制造和修理磨具（庆华工具厂：《用气焊法堆焊切边模》，热加工1958年第7期）。1959年，一汽在有关单位协助下，使用铸钢堆焊法制造成功5t锤锻模。1959年11月，第一机械工业部在一汽召开全国锻模制造会议，现场推广铸钢堆焊制造锻模的方法（相关报道参见《第一汽车厂为锻件生产模锻化开辟了一条新途径　第一机械工业部召开现场会议推广汽车厂经验》，热加工

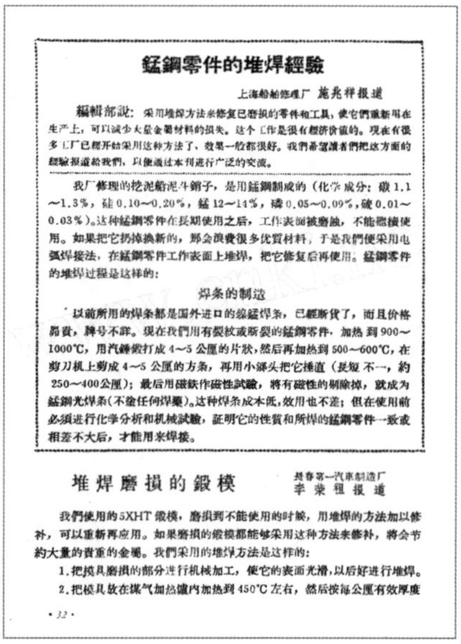

锰鋼零件的堆焊經驗

上海船舶修理厂 施兆祥报道

编辑部說：采用堆焊方法来修复已磨损的零件和工具，使它們重新用在生产上，可以减少大量金属材料的损失。这个工作是很有經济价值的。現在有很多工厂已經开始采用这种方法了，效果一般都很好。我們希望讀者們把这方面的經驗报道給我們，以便通过本刊进行广泛的交流。

我厂修理的挖泥船泥斗銷子，是用錳鋼制成的（化学成分：碳1.1～1.3%，硅0.10～0.20%，錳12～14%，磷0.05～0.09%，硫0.01～0.03%）。这种錳鋼零件在長期使用之后，工作表面被磨蝕，不能繼續使用。如果把它扔掉换新的，那会浪費很多优質材料，于是我們便采用电弧焊接法，在錳鋼零件工作表面上堆焊，把它修复后再使用。錳鋼零件的堆焊过程是这样的：

焊条的制造

以前所用的焊条都是国外进口的鎳錳焊条，已經断貨了，而且价格昂貴，牌号不詳。現在我們用有裂紋或断裂的錳鋼零件，加热到900～1000℃，用汽錘鍛打成4～5公厘的片狀，然后再加热到500～600℃，在剪刀机上剪成4～5公厘的方条，再用小鎯头把它捶直（長短不一，約250～400公厘）；最后用磁鉄作磁性試驗，將有磁性的剔除掉，就成为錳鋼光焊条（不塗任何焊藥）。这种焊条成本低，效用也不差；但在使用前必須进行化学分析和机械試驗，証明它的性質和所焊的錳鋼零件一致或相差不大后，才能用来焊接。

堆焊磨損的鍛模

長春第一汽車制造厂 李荣租报道

我們使用的5XHT鍛模，磨損到不能使用的时候，用堆焊的方法加以修补，可以重新再应用。如果磨損的鍛模都能够采用这种方法来修补，將会节約大量的貴重的金屬。我們采用的堆焊方法是这样的：

1. 把模具磨損的部分进行机械加工，使它的表面光滑，以后好进行堆焊。

2. 把模具放在煤气加热爐内加热到450℃左右，然后按每公厘有效厚度

· 32 ·

图1　推广堆焊技术实践经验（热加工1957年第1期）

1960年第1期)。

在高速切削推广中,上海机床厂为节约高速钢料,降低刀具成本,学习苏联先进经验,采用堆焊法制造各种刀具,解决了焊条制造、堆焊操作和热处理等问题,缓解了该厂高速钢料供应紧张的问题(朱培瑜:《采用堆焊法制造高速钢刀具的经验》,热加工1958年第1期)。鸡西矿山机械厂(热加工1958年第4期)、吉林农机公司(热加工1959年第6期)、山西经纬纺织厂(热加工1959年第8期)等单位也介绍了各自在高速钢堆焊的实践经验。

20世纪70年代,等离子弧堆焊、CO_2保护堆焊等工艺得到发展。70年代初期,哈尔滨焊接研究所研制成功粉末等离子弧堆焊机,1976年,全国第一届粉末等离子堆焊技术推广会在山海关机务段召开。该技术推动了相应的粉末材料及设备的发展。带极堆焊当时是一种高效率、适合于大面积堆焊的新工艺,上海锅炉厂总结了该厂的经验在杂志上发表(上海锅炉厂:《不锈钢带极埋弧自动堆焊》,热加工1977年第11期)。太原机车车辆厂经过努力,试制成功用于矩形平面的CO_2气体保护自动堆焊机,以替代过去修复被磨损矩形平面采用手工堆焊的方法(太原机车厂焊接试验室:《矩形平面CO_2保护自动堆焊》,热加工1978年第10期)。

80年代至90年代,耐磨合金粉块碳弧堆焊技术、大面积耐磨复合钢板堆焊技术等得到开发应用。哈焊所黄文哲等经反复试验,优选出Fe-5耐磨合金粉块,以解决合金成本偏高不易推广的问题。煤炭部在张家口举办了"全国煤炭系统制造厂家推广Fe-5耐磨合金粉块堆焊技术现场会"。1988年4月,建材局与哈焊所在内蒙古举办了第一期全国建材企业易磨损件Fe-5堆焊技术应用培训班,哈焊所黄文哲等专家作了技术报告(见热加工1988年第8期报道)。一些研究院所也与工矿企业合作,加强堆焊技术和材料研究,如上海交通大学焊接教研室与淮南煤矿合作在楔齿滚刀齿面堆焊应用超耐磨堆焊材料(热加工1987年第1期),清华大学机械系与牡丹江电焊条厂合作,研制了新型锰、硼系耐磨堆焊用焊条(热加工1988年第3期),钢铁研究总院的耐磨性与抗裂性兼备的堆焊焊条研制(热加工1999年第1期)等。

21世纪以来,我国堆焊药芯焊带、药芯焊丝的应用和发展很快。以英国焊接合金公司为代表的堆焊焊丝被大量引进,促进了国内堆焊药芯焊丝的发展。同时《金属加工(热加工)》杂志也密切关注国际先进焊丝的引用和发展(如北京科技大学王存、英国焊接合金有限公司维克多·斯太雷:《WA系列药芯焊丝在迎面堆焊领域中的应用》,热加工2003年第8期;SMC国际超合金集团马大卫:《INCONEL625镍基焊丝在防腐阀体堆焊中的应用》,热加工2008年第12期);另外,热加工杂志还报道了大量国内堆焊用焊材的进展,刊登了多篇该领域文章,如上海材料研究所研制成功的S-D18冷热模具堆焊用焊条（热加工2002年第7期），株洲电焊条公司研制的低尘低毒D286高锰钢堆焊焊条（热加工2002年第9期），上海金刚冶金材料公司研制的连铸辊堆焊用氮合金管焊丝（热加工2005年第8期），天津大桥金属焊丝有限公司的热轧辊堆焊用药芯焊丝的研制及堆焊工艺研究（热加工2011年第2期），江苏维特高科焊业有限公司研制成功的一种微裂纹高耐磨药芯焊丝（热加工2020年第1期）等。

我国药芯焊丝真正的生产始于1987年北京焊条厂在郑州机械研究所协助下引进的一条药芯焊丝生产线，至今已历经多年磨砺，正逐渐发展壮大（黄智泉等：《堆焊用药芯焊丝的发展及其应用前景》，热加工2004年第8期）。黄智泉等指出，近年来随着焊接材料研究的不断深入，焊接材料研究越来越重视环保问题（黄智泉：《浅谈堆焊用焊接材料研究中的环保问题》，热加工2006年第8期）。

这一时期，轧辊堆焊也取得了很大的进步。《金属加工（热加工）》杂志相继报道了鞍钢的重型轧辊堆焊技术（热加工1994年第1期），上海司太立的热轧钨材用堆焊复合轧辊（热加工1994年第12期），马钢的热轧槽钢轧辊堆焊修复技术（热加工2004年第6期）、复合冷轧支撑辊的堆焊（热加工2004年第12期），宝钢的大直径堆焊+喷涂工艺辊技术研究（热加工2009年第22期），科威尔有限公司的堆焊技术提升复合轧辊的性能（热加工2013年第20期）等，由此基本可以了解我国轧辊堆焊技术的进展。

1979年，中国焊接学会成立堆焊专业委员会，后更名为堆焊与表面工程专业委员会。2009年，在该专委会成立30周年之际，金属加工杂志社与专委会共同推出"中国机械工程学会焊接学会堆焊及表面工程专业委员会成立30周年专辑"（热加工2009年第22期），以此向奋斗在焊接行业一线的工程技术人员致敬，并且在后续专委会的相关活动中更是一直跟进报道我国堆焊技术的发展，如中国焊接学会堆焊及表面工程专业委员会2015年学术会议（热加工2015年第10期等）。今后，杂志将一如既往地关注堆焊技术的发展及其实践经验的推广。

高速磨削及超高速磨削技术的发展

磨削加工在机械制造业中应用非常广泛，在汽车、航空航天等领域的应用尤其重要，根据其工艺不同可以分为多种形式。经过长期发展，磨削技术正朝高速、高效、精密、智能等方向发展。

高速磨削技术是磨削工艺本身的革命性跃变，是适应现代高科技需要而发展起来的一项新兴综合技术，它集现代机械、电子、光学、计算机、液压、材料及计量等先进科技成就于一体。随着砂轮强度和机床制造等关键技术的进步，砂轮速度大大提高，目前磨削去除率已猛增到了3000mm^3/(mm·s)，甚至更多，可与车、铣、刨等切削加工相媲美，尤其近年来各种新兴硬脆材料，如光学晶体、光学玻璃、陶瓷、单晶硅等的广泛应用，推动了高速磨削技术的迅猛发展。国际生产工程学会（CIRP）已将高速磨削技术确定为面向21世纪的中心研究方向之一（荣烈润：《面向21世纪的超高速磨削技术》，冷加工2010年第13期）。而超高速磨削在发达国家发展很快，被誉为"现代磨削技术的最高峰"，与普通磨削相比，具有极大的优越性。

普通磨削的砂轮圆周速度在45m/s以下，高速磨削在45m/s以上，超高速磨削则在150m/s以上（有的研究机构如德国亚琛工业大学已经达到500m/s）。高速、超高速磨削可以大幅度提高磨削效率，延长砂轮寿命和降低表面粗糙度值，可以对硬脆材料实现延性域磨削，对高塑性和难磨材料也有良好的磨削表现。在普通磨削速度下，磨削镍基合金的磨削力随着磨除率提高而迅速增加，而在超高速磨削速度下，磨削镍基合金的磨削力随磨除率提高而增加幅度很小，进给速度可以达到60m/min（而普通磨削进给速度不能超过1m/min）。有关情况可参考蔡光起撰写的《磨削技术现状与新进展》，刊登于冷加工2000年第11期。

高速磨削技术从苏联传入我国

高速磨削技术是20世纪50年代初期从苏联传入我国的。当时苏联同志来华进行高速磨削表演、传授实践经验是《机械工人》杂志首先予以宣传推广的。如1956年，苏联机械制造业先进生产者代表团访华，其中的团员库尔金是莫斯科汽车工厂的磨削高手，他有近30年的磨削生产实践经验，而且不断改进工艺过程，极大地提高了劳动生产率，因此获得数枚苏联颁发的“劳动荣誉勋章”。库尔金到北京第一机床厂作了高速磨削表演（见图1）。当时北京第一机床厂还是以手工刮研燕尾定位板的燕尾槽，而库尔金使用修整成一定角度的砂轮进行磨削，只需要2.5min，比当时北京第一机床厂的生产效率高47倍（北京第一机床厂报道：《库尔金的高速磨削表演》，《机械工人》1956年第6期）。

20世纪六七十年代，工业发达国家对高速磨削进行了深入的基础研究，取得了较大的突破，80年代，高速磨削技术取得新的进展，德国钴领（GUHRING）制造了世界第一台高效深磨磨床。90年代初，欧洲已经完成了最高速度350m/s的磨削试验。近些年，美国的高效磨削磨床很普遍，其高速磨削的一个重要研究方向是低损伤磨削高级陶瓷。日本高速磨削技术在近二三十年来发展迅速，400m/s的超高速平面磨床也已经研制出来。

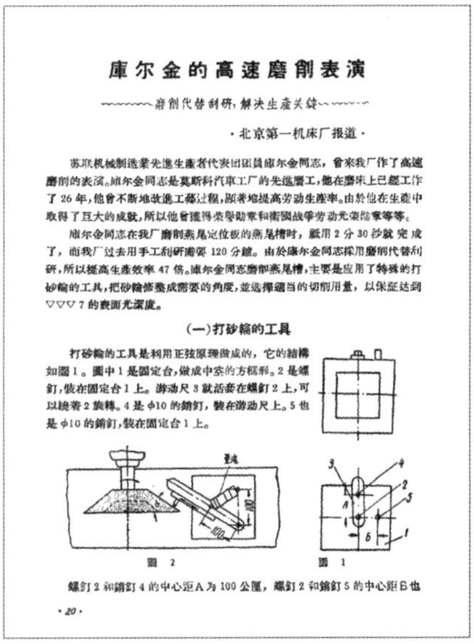

庫尔金的高速磨削表演

——磨削代替刮研，解决生產关鍵——

·北京第一机床厂报道·

苏联机械制造業先進生產者代表团团員庫尔金同志，曾來我厂作了高速磨削的表演。庫尔金同志是莫斯科汽車工厂的先進磨工，他在磨床上已經工作了26年，他曾不断地改進工藝过程，顯著地提高劳动生產率。由於他在生產中取得了巨大的成就，所以他曾獲得荣譽勋章和衛國战爭劳动光榮勋章等等。

庫尔金同志在我厂磨削燕尾定位板的燕尾槽时，祇用2分30秒就完成了，而我厂过去用手工刮研需要120分鐘。由於庫尔金同志採用磨削代替刮研，所以提高生產效率47倍。庫尔金同志磨削燕尾槽，主要是应用了特殊的打砂輪的工具，把砂輪修整成需要的角度，並选擇適当的切削用量，以保証达到▽▽▽7的表面光潔度。

(一)打砂輪的工具

打砂輪的工具是利用正弦原理做成的，它的結構如圖1。圖中1是固定台，做成中空的方框形。2是螺釘，裝在固定台1上。游动尺3就活套在螺釘2上，可以繞着2旋轉。4是φ10的銷釘，裝在游动尺上。5也是φ10的銷釘，裝在固定台1上。

螺釘2和銷釘4的中心距A为100公厘，螺釘2和銷釘5的中心距Б也

·20·

图1　1956年库尔金来华进行的高速磨削表演（《机械工人》1956年第6期）

我国高速磨削技术的长足发展

我国高速磨削领域在20世纪六七十年代也取得了一些进展。1964年，郑州磨料磨具磨削研究所与企业合作进行高速磨削试验，上海机床厂、上海冲剪机床厂等单位在采用高速磨削中也积累了不少经验。70年代，我国生产和改装了数百台高速磨床，在实际生产中已经应用了50～60m/s高速磨削，也进行了80～125m/s高速磨削的试验研究。河南省还成立了高速磨削推广小组，召开过几次高速磨削推广会议。在此期间，《机械工人》杂志根据技术发展状况，向行业宣传推广企业采用高速磨削的实践经验。如1973年5月河南第二次高速磨削推广会议召开后，河南方面应邀在《机械工人》杂志上介绍了高速磨削技术要点和高速磨削砂轮的选择标准（河南省高速磨削推广小组：《高速磨削》，《机械工人》1973年第6期，见图2）；郑州

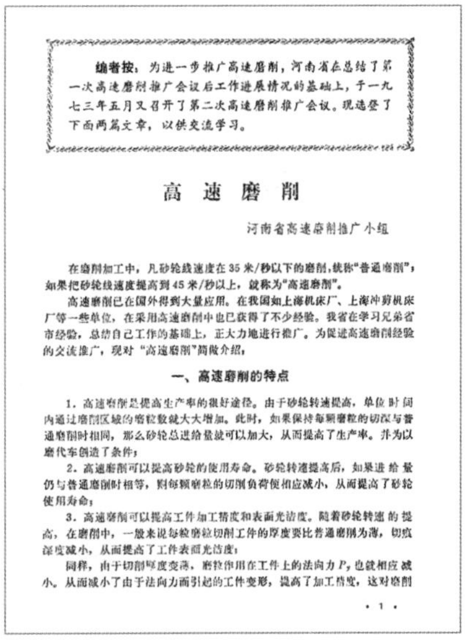

编者按：为进一步推广高速磨削，河南省在总结了第一次高速磨削推广会议后工作进展情况的基础上，于一九七三年五月又召开了第二次高速磨削推广会议。现选登了下面两篇文章，以供交流学习。

高　速　磨　削

河南省高速磨削推广小组

在磨削加工中，凡砂轮线速度在35米/秒以下的磨削，统称“普通磨削”；如果把砂轮线速度提高到45米/秒以上，就称为“高速磨削”。

高速磨削已在国外得到大量应用。在我国如上海机床厂、上海冲剪机床厂等一些单位，在采用高速磨削中也已获得了不少经验。我省在学习兄弟省市经验，总结自己工作的基础上，正大力地进行推广。为促进高速磨削经验的交流推广，现对“高速磨削”简做介绍：

一、高速磨削的特点

1. 高速磨削是提高生产率的很好途径。由于砂轮转速提高，单位时间内通过磨削区域的磨粒数就大大增加。此时，如果保持每颗磨粒的切深与普通磨削时相同，那么砂轮总进给量就可以加大，从而提高了生产率。并为以磨代车创造了条件；

2. 高速磨削可以提高砂轮的使用寿命。砂轮转速提高后，如果进给量仍与普通磨削时相等，则每颗磨粒的切削负荷便相应减小，从而提高了砂轮使用寿命；

3. 高速磨削可以提高工件加工精度和表面光洁度。随着砂轮转速的提高，在磨削中，一般来说每粒磨粒切削工件的厚度要比普通磨削为薄，切痕深度减小，从而提高了工件表面光洁度；

同样，由于切削厚度变薄，磨粒作用在工件上的法向力 P_y 也就相应减小。从而减小了由于法向力而引起的工件变形，提高了加工精度，这对磨削

·1·

图2　20世纪70年代《机械工人》刊登的高速磨削专题（《机械工人》1973年第6期）

柴油机厂成功地改造M8365凸轮磨床，使其砂轮线速度由35m/s提高到50m/s，工效提高一倍多（郑州柴油机厂：《高速磨削在M8395凸轮磨床上的应用》，《机械工人》1973年第6期）。

80年代初，东北大学等进行了大量的高速磨削试验研究，取得了一些研究成果。针对读者对磨削尤其是高速高效磨削技术的需求，《机械工人》邀请业内专家介绍行业的最新发展。上海机床厂磨床研究所李兆高等应邀开设"磨削加工知识讲座"，其中第六讲介绍了高速磨削等高效磨削的技术特点及优点（李兆高等：《磨削加工知识讲座第六讲：高效磨削》，冷加工1982年第6期）。郑州磨料磨具磨削研究所张树声开设"磨削知识讲座"，简明扼要地介绍了高速磨削、高速深切快进磨削等磨削新技术（张树声：《磨削新工艺新技术》，冷加工1988年第5期）。90年代，东北大学开始了超高速磨削技术的研究，并首先研制成功了我国第一台圆周速度200m/s、额定功率55kW的超高速试验磨床，最高速度达250m/s。

磨料、磨削液的国产化

CBN（立方氮化硼）是继人造金刚石之后的一种超硬磨料，1957年由美国GE首先合成，很快就引起工业领域的普遍重视。虽然CBN刀具在金属高速切削领域已经利如宝刀，但是其最广泛和用量最大的领域还是被制成超硬磨具，CBN磨具用于高速磨削，可使磨削效率提高数十倍，磨削质量提高一个等级以上（周德生：《立方氮化硼在机械加工中的应用》，冷加工1998年第4期）。工业发达国家自20世纪70年代开始推广CBN砂轮，90年代已普遍代替普通砂轮进行高速磨削或超高速磨削，而在90年代CBN磨具的应用在我国大部分工厂还是空白，仅应用于一些难加工材料及轴承、工具等行业。鉴于当时国内大部分技术人员对CBN磨具还不够了解，郑州磨料磨具磨削研究所专家田书跃应邀撰写《CBN磨具的选择及应用》发表在冷加工1998年第4期上，介绍CBN磨料及各种结合剂磨具的特性，着重介绍了陶瓷结合剂CBN磨具。目前，除了CBN，超高速砂轮还可以使用刚玉、碳化硅、金刚石磨料等，结合剂除了陶瓷还有树脂或金属结合剂等。磨料和结合剂对磨削速度和质量有着重要的影响。

磨削液是高速磨削中重要的冷却润滑介质，分水基和油基磨削液两种，其冷却性、润滑性、清洗性以及环保性能等是保证高速磨削性能的关键之一，因此国内外都很重视磨削液的研制。20世纪70年代末以来，国内如上海机床厂磨床研究所、广州机床研究所、武汉材料保护研究所等不断研发磨削液，如武汉材料保护研究所研制的WS－20磨削液（冷加工1982年第1期）、上海高桥化工三厂和洛阳轴承厂等单位共同研制的LPG-1磨削液（冷加工1985年第8期），在当时，经过测试各种性能都比较理想，可以替代国外同类产品，对磨削液国产化作出了贡献（夏淦珍等：《进口高效机床及冷却液的国产化》，冷加工1991年第9期）。由于水基磨削液综合效果佳，因此，性能优越的水基磨削液是近年来重要的发展方向。除了通常的磨削液外，还可辅以气态或固态磨削剂。

21世纪以来，高速、超高速磨削加工的关键技术包括高速超高速砂轮技术、主轴及轴承技术、磨削液及其供给技术、磨削状态检测数控技术等都有长足的进展（《磨削加工自动化、智能化及虚拟化》，冷加工2007年第12期）。

超高速磨削技术的发展动向

目前，超高速磨削着重考虑发展大功率的高速主轴、开发适应高速磨削的新型砂轮及加工智能化技术、改进现有磨床结构及开发第三代高速机床、积极开发干式（绿色）冷却润滑技术、冲破音速大关等几大方面。有关情况可参考荣烈润撰写的《面向21世纪的超高速磨削技术》，刊登于冷加工2010年第13期。

随着智能制造技术的发展，智能磨床已成趋势，必将对磨削技术产生影响，新一轮的磨削技术变革已经产生。

总体而言，作为重要的先进制造技术，我国的高速、超高速磨削与国外相比还有很大差距，追赶国际先进水平还有待我国磨削领域同仁付出长期的不懈努力。

持续全方位多角度报道
五轴加工技术

机床在某种程度上代表了一个国家制造业水平的高低，而五轴联动数控机床则象征着机床制造业的最高水准，对一个国家的航空航天、船舶、军工、精密器械、高精医疗设备等行业有着举足轻重的影响力，是数控机床技术制高点之一。

1999年，第六届中国国际机床展（CIMT）展览会上，一批国外和国内五轴联动数控机床登上机床市场的舞台。从这一年开始，《金属加工》（原名《机械工人》）杂志站在五轴联动数控机床这一制高点上，加大了对行业技术进步和产业发展的关注，并进行了持续性的深入报道，见证了这20多年来行业的快速发展历程。

及时报道国内五轴联动机床制造技术成果

20多年来，我国五轴联动机床制造技术已经取得长足的进步，在国际舞台上占据了一席之地。

2005年，北京机电院的五轴联动叶片加工中心获得中国机械工业科技进步一等奖（蒋自力：《北京机电院100周年纪念》，冷加工2007年第10期）。

齐二机床作为中国重型机床龙头企业之一，以体现"国家意志、民族工业"为己任，为国家重点工程建设提供了大量重大关键设备。齐二机床与清华大学合作研制的国际首创我国第一台新型大型龙门五轴联动混联机床等都是著名的"齐二牌"品牌力量（梅峰：《齐二机床落实"东北地区振兴规划"，勇做中国重型机床龙头》，冷加工2007年第10期）。

2008年，北京精雕五轴联动CNC数控雕刻机推广上市，五轴机床的发展进入了高峰期。

济南二机床坚持走自主创新之路,是我国机床界的旗帜之一,在五轴联动数控研发方面更是如此,2009年济南二机床负责开发研制的第一台XKV2745×200型双龙门移动式机械五轴联动数控镗铣床通过国家验收,打破国外技术垄断,解决了我国电力行业急需大型水轮机叶片加工设备的难题。济南二机床集团有限公司董事长张志刚在接受《金属加工》记者专访时,介绍了该厂持续创新取得的成果(朱光明等:《自主创新演绎齐鲁风采——访济南二机床集团有限公司董事长张志刚》,冷加工2009年第11期)。

船舶制造业的核心部件有许多空间曲面类零件,大多是使用大型龙门铣镗床通过多轴联动加工出来的。齐重数控装备股份有限公司经过多年研究,成功研制了五轴车铣中心,对我国船舶制造业核心零件的自主产业化制造作出了贡献(张庆等:《五轴联动加工技术的研发与应用》,冷加工2009年第21期)。

"高档数控机床与基础制造装备"专项成果报道

为了让广大读者更好地了解国家科技重大专项"高档数控机床与基础制造装备"科技重大专项成果,《金属加工》在2012年开设了"重大专项"专栏,重点刊登专项资讯。2011年,由北京市电加工研究所牵头组织完成的"五轴联动精密电火花技术及装备"项目荣获2011年度"中国机械工业科学技术奖"一等奖,其技术达到国际先进水平,填补了国内多个专业研究领域的空白,《金属加工(冷加工)》在2012年第1期对其进行了报道,并在2012年第24期刊登了题为《特种材料复杂型面加工的五轴联动精密数控电火花成形机床验收通过》的详细报道(见图1),以及2016年第14期刊登了题为《解决制造难题的有效手段:电火花成形加工利器》的文章。

2012年第3期《重大专项GJ400系列总线式全数字高档数控产品》一文介绍了沈阳高精数控技术有限公司自主研发的GJ400系列总线式全数字高档数控产品。从2010年5月份开始,该产品陆续在国产高档数控机床上进行了应用示范和批量配套,如与沈阳机床集团生产的带AB轴的高速五轴联动加工中心、五轴联动高速加工中心VMC656rt、五轴联动车铣复合加工中心TCH6580、

图1 专家组听取五轴联动精密数控电火花成形机床项目汇报

数控定梁龙门镗铣床XK2840×160、双立柱立式车床CK5225等高档数控机床进行了配套，并用于加工国产大飞机机身结构件、发电机转子等航空航天、发电设备制造等专项重点应用领域的典型工件，主要指标达到国外高档数控系统的指标要求。

介绍国外企业技术和经验

我国与国际先进制造业强国的技术在某些方面还存在一定差距，《金属加工》注重介绍国外企业的技术和经验，为国内企业提供借鉴，以取长补短，促进企业发展。

瑞士米克朗公司成立于1908年，在机械加工领域积累了数十年的经验，保持着制造五轴联动加工中心的领先地位，并大力开发高速铣削技术。欧洲机床工具协会曾要求米克朗公司写一本专著，介绍其高速铣削的理论、概念、发展和市场理念，他们在高速加工领域的地位可见一斑（周保东等：《米克朗——高速铣削的先锋》，冷加工2002年第6期）。2003年7月，米克朗HSM400U五轴联动高速铣削柔性单元在位于上海的米克朗高速铣削应用中心亮相。HS M400U是世界上第一台五轴联动高速铣削加工中心，该产品曾荣获2002欧洲最佳高速加工大奖。《金属加工》不但及时发布信息，而且还特别邀请米克朗中国应用及培训中心王志胜撰文介绍这一新产品的操作要点，并介绍了该中心自1999年以来在中国进行高速铣削应用技术支持及培训所总结的经验，以供业内专业用户参考（王志胜：《高速铣削加工中心的操作要点》，冷加工2003年第9期）。德国兹默曼公司在航空工业装备制造上具有超群的实力，其高性能铣削技术被世界多家知名航空公司采用，他们认为，其强大的产品研发能力，得益于倾听客户的声音，而高性能的机床不能简单地用价格衡量（梅峰等：《兹默曼的五轴龙门铣着力"大飞机"项目——访德国兹默曼公司市场营销总监Rolf Rohm先生》，冷加工2007年第5期）。

《金属加工》同样注重介绍国外企业的实践经验。美国Brek公司成立于1968年，建立之初只是一个小型加工车间，通过采用辛辛那提公司生产的高速五轴加工机床，逐渐发展成为航空制造业的机械加工部件的重要供应商。他们的成长经验对于中国机械制造业中小企业很有参考价值（《辛辛那提五轴加工机床成就Brek公司》，冷加工2004年第6期）。作为德国最好的中小型五轴联动加工中心制造者之一的HERMLE公司，也在《金属加工》介绍了公司HPC（高性能切削）、HSC（高速切削）等理念及实际应用案例，以及其五轴联动加工中心在模具行业的应用（Michael Reiser等：《高速加工和五轴联动加工在模具行业中的应用》，冷加工2004年第7期）。

《金属加工（冷加工）》2012年第7期《美国航空制造新技术》指出，五轴加工技术的应用成为新趋势。

组织产品应用调查与分析

作为行业品牌媒体，《金属加工》通过邀请行业权威专家撰写分析文章，组织产品应用调查与分析等多种形式，为行业提供专业的决策参考信息。2006年，杂志社举办了"加工中心应用调查"，取得了大量富有参考价值的信息，获得业界赞扬，业内专家还对调查结果和国产加工中心的发展进行了点评。其中，多位专家都对五轴联动机床的发展道路提出了建议。原机械工业部副部长陆燕荪指出，我国大力发展水力发电，估计需要大型水电设备100多台，其中作为世界难题的混流式转子叶片约需要2000个，加工这种叶片必须使用五轴联动数控龙门铣床，而国内制造业是远不能满足这种关键设备的需求的，以至于陆燕荪同志提出了一系列的问题和建议：大家算一下，一台机床一个月才加工两个叶片，一年才能加工24片，2000个叶片需要多少台五轴联动数控龙门铣床？我国的机床厂商能不能去开发这种机床？能不能去开发一些关键设备使用的专用机床？

只有大力发展大型、精密、高速数控机床，我国的机床业才能真正进步。我们如何依托国家重大工程项目来开发机床？能否依托重大项目来做一个市场调查？这些都是我们机床产业发展过程中需要解决的问题（陆燕荪：《满足用户需求做到用户满意》；赵宇龙：《谁是中国加工中心发展的瓶颈》，冷加工2006年第8期）。中国机床工具行业协会名誉理事长梁训瑄在《奋战六十年，我国机床工业进入世界前列》（冷加工2009年第18期）一文中曾经指出：这些至今仍受到禁运的数控五轴联动产品技术，我国都已陆续掌握，如数控五轴联动的重型落地镗铣床、龙门式铣镗床、加工中心等，十年来已一一推向市场，2001年第七届国际机床展览会（CIMT2001）上我国就展出了5种此类商品，并陆续供应市场投入生产使用，当时德国某企业因此类商品进入中国市场需经其政府审查，未能如愿展出，错失商机，事后十分抱怨。而2009年4月的第十一届CIMT2009展会上，我国则更进一步推出40种以上，包括航空航天、造船、冶矿工业用的重型龙门移动式及各种类型数控五轴联动镗铣床和加工中心。

持续报道五轴联动加工技术研究与发展情况

五轴联动加工是难度最大、应用范围最广的数控技术，它集计算机控制、高性能伺服驱动和精密加工技术于一体，应用于复杂曲面的高效、精

图2 《高档数控机床应用技术》
（冷加工2010年第10期）

图3 《五轴加工设备功能部件配置及应用》
（冷加工2016年第5期）

密、自动化加工。国际上把五轴联动数控加工技术作为一个国家生产设备自动化技术水平的标志，尤其是在航空航天、军事工业等领域具有重要影响。

《金属加工（冷加工）》2010年第10期刊登了由大连机床集团数控技术应用试验研究所周庆宝所长撰写的《高档数控机床应用技术》一文（见图2），研究所将数控应用与试验相结合，当时在全国尚属首家。文中针对数控应用发现的问题，如何借鉴国外先进的数控系统发表了看法，对于当时国内五轴联动机床的研发思路起到了积极的启发作用。

《五轴联动车铣中心现状与发展策略》（冷加工2008年第11期）、《五轴联动加工技术的探讨》和《五轴联动加工技术的研发与应用》（冷加工2009年第21期）、《柔性、复合、多轴联动、高精、高速化是多轴联动机床发展的主流》（冷加工2011年第18期）、《国内外五轴加工机床可靠性研究现状分析》（冷加工2015年第18期）、《五轴加工设备功能部件配置及应用》（冷加工2016年第5期，见图3）及《数控机床五轴技术的选择》（冷加工2017年第5期）等一系列文章，持续全方位地报道了国内外五轴联动加工技术的研发热点、选型应用及发展情况，为推动我国五轴加工技术发展作出了贡献。

全面报道展会上展出的五轴加工中心

对历届展会上展出的五轴加工中心，《金属加工》都有详细报道。早期展会上展出的沈阳机床集团的VTM6335立式五轴车铣中心、大连机床集团的BK系列龙门式五轴联动加工中心和VDW系列五轴立式加工中心（冷加工2008年第7期），北京机电院具有双摆转台的小型XKR25五轴联动立式加工中心、四川长征机床集团有限公司的KVC650M立式加工中心（冷加工2009年第13期），济南二机床集团有限公司的XHSV2525×60高架式五轴联动龙门加工中心（冷加工2011年第5期）等国产五轴创新产品在《金属加工》上都有及时、详尽的报道。

《中外机床唱响CIMT2011主旋律》（冷加工2011年第10期）曾全方位、大篇幅地报道了国内五轴联动机床全新的品牌形象及重大专项成果，对沈阳机床（集团）有限责任公司适用于航空企业飞机铝合金及钛合金结构件的高效加工的VMC22120U高速五轴联动加工中心、济南二机床集团有限公司的XHV2525×60高架式五轴联动高速镗铣加工中心、大连机床集团公司的专项产品VHT800五轴联动立式车铣复合加工中心、北京机电院机床有限公司的XKH800型五轴联动航发叶片加工中心及大连科德数控有限公司的KDL-1550FH-STB双车铣主轴五轴立式铣车复合加工中心等进行了重点报道。

此后，关于五轴加工中心的展会报道文章层出不穷，使读者们即使不能亲临展会，也能身临其境般地看到展会上涌现出的各类五轴加工新设备、新技术。

全方位报道五轴联动加工技术在各行业和领域的应用

《金属加工》坚持推广实践经验，注重介绍和推广技术应用与产品实用信息，对于五轴联动加工技术在各行业和领域的应用上自然也不例外。

（1）航空制造业　形状复杂的航空结构件必须使用五轴联动数控机床才能加工，因此五轴联动加工技术在航空工业得到了广泛的应用。美国、俄罗斯等国一家飞机制造公司即拥有几百台五轴联动数控铣床。五轴数控加工中心大量应用在机匣、叶片及整体叶轮等零件的加工中。

《金属加工》近年来刊登了多篇五轴联动加工技术在航空制造业方面应用的高技术含量文章，使读者能够了解其具体应用，获得更多可借鉴的实践经验。《航空发动机零件高效加工对机床工具的要求》（冷加工2011年第3期）、《航空航天制造领域对机床工具的需求》（冷加工2013年第8期，见图4），指出了航空航天领域高效加工机床工具的发展方向。《航空发动机五轴数控加工技术应用分析》（冷加工2016年第5期）给出了提高航空发动机五轴加工技术应用水平的多项具体策略。《用于航空复杂结构件加工的五轴机床研发分析》（冷加工2016年第5期）、《航空异形薄壁零件数控加工工艺》（冷加工2013年第15期）和《五轴机床框架类零件的加工》（冷加工2020年第2期）等分别从设备研发和加工工艺的角度介绍了五轴加工技术在航空制造业中的应用。

图4　《航空航天制造领域对机床工具的需求》
（冷加工2013年第8期）

（2）模具行业　五轴联动高速加工在效率、精度及质量方面的优势，使高速加工在冷、温锻模制造方面得到越来越广泛的应用，江苏森威精锻有限公司介绍了其应用经验（张骏等：《五轴联动高速铣加工在冷、温锻模制造方面的应用》，热加工2010年第23期）。

《五轴加工中心在汽车模具制造中的应用》（冷加工2013年第10期）、《五轴加工技术在汽车模具制造中的应用》（冷加工2016年第5期）等详细介绍了五轴加工技术在汽车模具制造中的应用。

（3）医疗器械行业　《哈默五轴联动机床在医疗器械行业的应用》《加工各种牙科材料和牙科修复体的紧凑型五轴精密机床ULTRASONIC 10》（冷加工2011年第13期）等，详细介绍了五轴机床在医疗器械行业的应用。

（4）钟表行业　有一些特殊形状的钟表零件对制造装备有很高的要

求。广东珠三角地区机械制造业为制造高档钟表、提高产品档次和品质，引入三维技术，参照瑞士生产高档钟表的工艺，适应多品种小批量市场需求，直接采用多轴甚至五轴加工中心制造高档钟表，保证了产品的风格造型。深圳职业技术学院工业中心经过一年多的实践，建立了一套完整的系统，实现了钟表产品从概念、外观到结构加工的数字化及一体化，适应了市场的需求，代表了钟表行业的发展方向（李玉炜：《五轴联动加工中心在钟表行业中的应用》，冷加工2000年第9期）。

（5）彩色玻壳行业　在彩色显像管玻壳生产中，直接决定图像质量的模具是屏凸模。21世纪初，深圳赛格三星公司采用五轴加工中心机床，经过两年多的实践，将屏凸模曲率控制在0～0.05mm，实现了屏凸模曲面设计和整理的快速准确要求，产品综合合格率基本达到当时的世界同行业先进水平（韩曙光：《五轴加工中心在彩色玻壳行业中的应用》，冷加工2001年第5期）。

（6）叶轮叶片加工　叶片是汽轮机、航空航天发动机等的核心部件之一。叶片型面为空间曲面，形状复杂，叶根圆角由多个变直径的圆弧组成，有的叶身中部还带有阻尼台。当叶片有阻尼台或者加工两端有干涉时，用五轴联动叶片加工中心采用螺旋加工法来加工叶片，无论从加工质量还是加工效率方面均有质的飞跃。《五轴联动叶片加工中心发展现状及其结构特点》（冷加工2011年第2期）详细介绍了五轴联动叶片加工中心的发展现状和机床的结构特点，指出开发具有自主知识产权的五轴联动叶片加工中心意义重大。《五轴联动叶片加工中心及自动线》（冷加工2016年第15期）指出，发展国内优良品质的五轴联动叶片加工中心，降低叶片加工机床的成本，满足叶片行业生产的需要，是整个叶片行业的迫切要求。

喷水推进装置是高速船推进系统，其中喷推叶轮是其核心部件，是典型的难加工材料。北京航空航天大学与武汉船用机械厂合作，吸取样件加工中的经验教训，对叶轮整个数控加工工艺等进行技术研究，改进了喷推叶轮五轴数控加工工艺方案，在生产中切实满足了需求（丁凡等：《喷推叶轮五轴数控加工方法的研究与实现》，冷加工2004年第4期）。

此后，《基于UG的多轴加工技术在叶轮中的应用》（冷加工2008年第14期）、《叶轮五轴数控程序的编制与仿真》（冷加工2010年第17期）、《五轴加工机床在三元叶轮加工中的应用》（冷加工2015年第15期）及《叶轮叶片五轴联动加工解决方案》（冷加工2017年第19期）等一系列关于叶轮叶片加工的文章，向读者展示了叶轮叶片加工技术不断发展的研究成果。

今后，《金属加工》将继续关注五轴加工技术发展，推动其设备研发和技术应用。

瓦尔特：站在百年创新的新起点

成为一个百年企业需要面临多少挑战？对瓦尔特（WALTER AG）来说，可能包括初成立时的动荡不安、发展初期的艰难妥协、从德国走向全球的大胆布局、从家族管理到出售公司的长远考虑、经济奇迹期的正确决策以及经济衰退期的稳中求进。时间并没有给瓦尔特额外的优待，图宾根工厂甚至在2006年遭遇了一场大火，但瓦尔特总能在危机中找到新的机遇，在机遇中更是善于乘势制胜。如今，瓦尔特已成为金属加工行业的标杆性企业，在《金属加工》杂志创刊70周年之际，让我们跟随瓦尔特的发展历程，探索其屹立百年的内在驱动力。

百年底蕴，创新先行

1919年，Richard Walter在杜塞尔多夫创办了瓦尔特硬质合金股份公司（WALTER HARTMETALL GmbH），并于1920年申报了第一项专利：氮化硼合金。1926年，Richard Walter又将他的碳化钨硬质合金Dynit推向市场并申请了专利，这项发明造就了1927年第一把硬质合金铣刀的诞生，从而为公司的进一步发展打下决定性的基石。在接下来的几十年里，陆陆续续又有约200项专利被申报注册。

"创新"这个关键词一直根植在瓦尔特的基因里。1974年，第一款采用可转位刀片的玉米铣刀上市；一年后，Novex 2000刀具系统的推出又竖起了可转位刀片时代的一个里程碑；1989年，瓦尔特推出刀具管理软件Tool Data Management（TDM），让人们首次能够通过模块化系统高效地管理刀具，并在瓦尔特迈向系统供应商的道路上作出了重大贡献。

刀具材料在金属加工中具有巨大潜力，材料开发也是瓦尔特的一大优势。Tiger·tec®（老虎）系列刀片是其标志性的创新产品。2001年，Tiger·tec®全球首款批量生产的双色硬质合金可转位刀片上市，其出类拔萃的生产效率提升能力令人心悦诚服。2009年，瓦尔特又推出车削和铣削用刀片材质Tiger·tec® Silver（银虎），距离完美刀具材料又近了一大步，此系列刀片与2012年推出的新一代铣刀Walter BLAXX（黑锋侠）强强联合，在金属切削加工领域树立起多项标准。2016年，位于德国图宾根的瓦尔特新能效中心落成，并推出了革命性涂层技术Tiger·tec® Gold（金虎），采用这种涂层的刀片（见图1）在刀具寿命、生产效率、工艺可靠性方面均获得了惊人的提升。2018年，新一代刀具Xtra·tec® XT（Xtended Technology）上市，继续书写瓦尔特的创新历程。

践行Engineering Kompetenz承诺

Engineering Kompetenz即优势技术能力，是瓦尔特的品牌承诺，反映在瓦尔特整个经营活动和所有产品中：用于车削、孔加工、铣削和螺纹加工的高品质标准刀具以及客户定制刀具和量身定制的整体解决方案。这一承诺也得到客户的认可，例如作为博世的长期合作伙伴，瓦尔特4次获得博世公司"首选供应商"证书，证明了其杰出的产品质量、创新能力和可靠及时的供货。

图1　Tiger·tec® Gold系列刀片

1996年，瓦尔特以合资的方式正式进入中国市场，瓦尔特中国（Walter China）一直伴随着中国制造业的发展而快速成长，以Engineering Kompetenz服务中国客户。瓦尔特（无锡）有限公司是瓦尔特集团在中国的唯一全资分公司，中国无锡工厂是全球7个生产基地之一，以最高的德国水准生产标准产品供应全球市场，并专门针对亚洲市场生产非标产品。2016年，在瓦尔特中国20周年庆典上（见图2），无锡威孚高科技集团股份有限公司（以下简称威孚高科）、芜湖玉柴联合动力股份有限公司（以下简称联合动力）、中航国际航空制

图2　瓦尔特中国20周年庆典

造工艺应用中心（以下简称工艺中心）等各领域的客户齐聚一堂，开启与瓦尔特合作的新篇章。

在汽车零部件领域，中国汽车零部件行业的领军企业之一威孚高科，有一张专为瓦尔特而设的办公桌；瓦尔特为威孚高科定制的十几款非标刀片，则做到了常年备库。与此同时，瓦尔特还持续优化自己的产品，例如通过推出更先进的四刃槽刀取代原来的三刃槽刀，不仅提高了加工稳定性，大大降低了报废率，而且使得刀片的寿命更长、加工效率更高。除此之外，瓦尔特还参与到威孚高科的整个生产系统和生产流程之中，为提升威孚高科的加工水平和效率、降低其生产成本持续不断地贡献力量。

在内燃机领域，身处中国内燃机领域前三甲的玉柴集团一直保持着与瓦尔特的精诚合作。联合动力自2011年投产之时，就大量采用瓦尔特的产品，这来源于瓦尔特与玉柴集团总部长期合作所获得的良好评价。由于联合动力采用高强度蠕墨铸铁材料，因此给刀具加工带来了极大挑战。但在孔加工方面，瓦尔特的蒂泰克斯X.treme和XD系列产品钻头一直发挥着重要作用，为加工蠕墨铸铁材料提供了有效的解决方案。效率、质量和稳定性是内燃机加工企业选择刀具的三大因素，而这些恰恰是瓦尔特技术的竞争优势所在。

在航空领域，瓦尔特与中航国际航空发展有限公司签署的全面战略合作协议，标志着双方确认正式结成战略伙伴关系。瓦尔特是工艺中心在刀具领域重要的合作伙伴，在刀具、应用和解决方案上给工艺中心提供了最大的支持，双方共同挖掘中航工业客户在工艺提升和质量改进方面的实际需求，合作完成工艺提升项目。

开启第二个百年的新征程

2019年，瓦尔特在德国图宾根总部开启了"百年创新与Engineering Kompetenz"的100周年庆典活动（见图3），正式迎接第二个百年的机遇和挑战，摆在面前的，是快速发展的数字化浪潮、"工业4.0"趋势。作为百年企业的瓦尔特自然少不了战略眼光和进取意识，他们早已在布局第二个百年。2016年，瓦尔特收购了专注于工业生产领域软件解决方案的Comara GmbH。2017年，瓦尔特推出Walter Nexxt，通过实用的数字化解决方案、定制化的流程优

图3　瓦尔特100周年庆典

化和数字化的生产辅助系统,系统记录和分析加工过程中所产生的数据,并沿着整个价值创造链开发创新的解决方案,从而提高生产效率。Comara联合Walter Nexxt,为瓦尔特数字化产品的扩张和向工业4.0的高速推进作出重要贡献。

而在位于图宾根的瓦尔特新能效中心(见图4),瓦尔特切削加工专家正致力于研发新的基于数字化的解决方案,他们希望实现在实际生产条件下测试和继续研发各个工艺流程,并让客户直接参与行业特定切削解决方案的研发,与客户一起现场体验、测试并分析刀具、加工工艺和数字应用程序,借助增强现实技术显现复杂的切削工艺,展示客户工件的整个生命周期并研发客户定制的原型。随后原型在加工现场投入使用,没有时间延迟,也没有复杂的测试,这就是实时工程(Real-life Engineering)。在探索智能制造的过程中,瓦尔特正逐步展示其全生命周期的服务。

当百年历史浓缩在纸面,不难发现瓦尔特始终葆有不怠的创新力,其先进产品和技术推动着甚至在某些方面引领着金属加工行业的发展。公司创始人Richard Walter的研究热情和创新能力百年来得到了很好的传承,也拥有了新的活力。如今站在百年创新的新起点,相信瓦尔特将一如既往地成为新赛道上的领跑者。

图4　瓦尔特新能效中心

肯纳金属：一场始于碳化钨硬质合金的切削革命

在切削刀具的发展历史中，创新是永不停歇的主旋律。从刀具材料来看，高速钢、硬质合金、陶瓷、金属陶瓷再到超硬刀具，材料技术的进步开发了切削刀具的更多可能。而为了能让刀具的性能得到更好的发挥，换刀系统、解决方案等全方位服务也日新月异。

肯纳金属（Kennametal）最初就是建立在技术突破的基础上，80多年来，"创新"一直是肯纳金属发展历程中最亮眼的关键词之一。基于先进的材料科学知识、扎实的研发功底、丰富的应用经验，肯纳金属始终保持着其技术领先地位，并在全球化的浪潮中与中国制造业的发展洪流交汇。冶金工业出版社1986年出版的教材《硬质合金使用手册》（见图1）中，已经出现了Kennametal的产品信息；在中英文词典中查询"Kennametal"，还会出现"钴碳化钨硬质合金"的释义。

肯纳金属的故事，正是要从这硬质合金讲起。

从基体到涂层，创新始于材料研发

1938年，美国一位冶金学家Philip M. McKenna经过多年潜心研究，发明了碳化钨硬质合金，用于切削工具后大大提升了钢的切削效率，推动了从汽车生产到飞机再到整个机械行业金属加工的发展。利用这项发明，Philip创办了McKenna Metals Company（后来公司更名为Kennametal Inc.），自此拉开了肯纳金属这场切削刀具创新革命的序幕。成立初期，肯纳金属积极寻求新方法来开发碳化钨合金的韧性和耐磨性，并在20世纪40年代中期，开创性地将硬质合金刀具应用到采矿业，因此带动了采矿机械的持

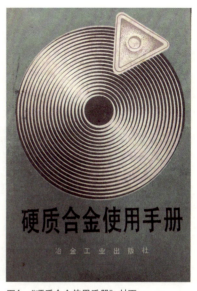

图1 《硬质合金使用手册》封面

续发展。

由于具有硬度高、耐磨等一系列优良性能，硬质合金逐渐成为一种十分重要的刀具材料，广泛应用于切削铸铁、有色金属、钢材等。随着制造工业的飞速发展，新的工程材料对切削刀具提出了新的要求。

陶瓷材料在硬度高、耐磨性好的基础上，因其优异的高温力学性能，成为高速切削、干切削的理想刀具材料。基于刀具材料研究方面的知识积淀和敏锐嗅觉，肯纳金属领导了用于加工特殊航空材料的硅-氮塞隆（sialon）陶瓷材料的研发，并取得了专利权。肯纳金属将研制出的这种陶瓷材料命名为Kyon 2000，主要用于高速粗加工航空材料镍基合金，并于1981年在第四届欧洲机床工具展览会上首次展出，其大进给量和极高的切削速度，使当时的生产率再上一个台阶。1985年，作为Kyon 2000的延伸产品，Kyon 3000上市，主要用于铸铁的加工。这两种材料，使用至今一直保持着稳定的优越性能。

基体材料并不是提升刀具性能的唯一途径，20世纪六七十年代，化学气相沉积、物理气相沉积技术相继出现，为刀具的革新带来了新的突破点——涂层。涂层刀具可以将基体材料和涂层材料的优良性能结合起来，既能提高刀具的耐磨性，又不降低其韧性，可显著提高刀具寿命。肯纳金属再次站在了技术革新的前列。1970年肯纳金属成为第一个开发用于涂层刀片的富含钴基体材料的厂家，推出的KC850材质，有独特的硬质合金涂层，广泛应用于长屑材料加工，广受市场欢迎。此外，肯纳金属还是第一个使用物理气相沉积工艺为硬质合金刀具涂层的厂家，如KC730等；也是第一个将金刚石涂层用于硬质合金刀片并商业化的厂家，1993年就开始将金刚石涂层硬质合金刀片用于有色金属高速加工。

基于深厚的材料技术基础和蓬勃的创新活力，肯纳金属的刀具产品不断创造着切削加工的新纪录，年年推出新的产品：2017年的BE多功能模块化钻头，将整体硬质合金钻头和模块化钻头的优质性能完美结合，以全新的钻削理念，为客户节省加工成本；2018年推出的Harvi Ultra 8X高进给玉米铣刀创造了钛合金移除率的世界纪录，让大家感受到其震撼且高效的切削能力；2019年上市的拥有多项专利的HARVI™ TE四刃多功能整体硬质合金立铣刀（见图2），只需一种刀具就能完成多种金属材料的加工，而且更快速高效，为铣削设定了新的性能标准，荣获了2020年度爱迪生金奖-应用技术类（爱迪生奖是表彰优秀的创新产品和创新发明者的奖项）。

图2　HARVI™I TE整体硬质合金立铣刀

从可转位刀片到快速换刀系统，不断突破

除了刀具材料的发展，刀具结构的变化也在提升切削加工的效率和自动化水平方面发挥着不可磨灭的作用。其中焊接刀片到机夹可转位刀片的发展，可以说是刀具发展史中的一次革命。1946年，肯纳金属开发出Kendex产品线——机械夹持的可转位刀片系统。相比于传统焊接刀片，机夹可转位结构具有换刀时间短、定位精度高、刀具寿命长等优点，对增强刀具技术与自动化加工技术的匹配性有重要意义。机夹可转位刀片大大减少了一线工人自磨刀具的时间，但这还远远不是效率的终点。

20世纪80年代，肯纳金属继续挖掘刀具装卸时间、对刀调整时间和工具管理调配时间的潜力，随之诞生了KM™快换式刀柄系统。经过30年左右的研发与完善，如今的快速换刀系统代表了多样化、高速和高精度的趋势。

2018年，肯纳金属推出了一款全新的KM™产品线——刀塔快换夹紧单元，致力于重新定义快换式产品的应用规则。刀塔快换夹紧单元是机床快速换刀系统和机床刀具之间的连接桥梁。这个连接性的桥梁既具有良好的刚性，又有极好的灵活性，使快换式刀具变得更加简洁易用，降低客户更换新产品的成本和顾虑。

随着高效加工需求的不断增长，机床刀具正在变得越来越复杂，每一次缩短非生产性时间的突破背后，是对提升效率永无止境的追求。

从刀具产品到解决方案，革新服务理念

进入21世纪，刀具发展关注的已不仅仅是刀具本身，刀具厂商除了要提供高质量产品，更要有能力提供解决方案和便捷服务，与客户共同成长。而开拓创新、坚定不移和密切关注客户需求正是肯纳金属自建立伊始的一贯作风。肯纳金属自1991年进入中国市场以来，一直致力于将前沿技术和产品引入中国，为用户提供优质的服务和解决方案，满足用户的需求。1998年，肯纳金属在上海建立了硬质合金刀具制造厂。随着市场需求的提升和产量的不断提高，为了扩大生产，2006年，肯纳金属在天津投资逾8000万美元建立了工厂，为肯纳中国及亚洲的客户提供高品质的产品。

肯纳金属的服务始终围绕着客户需求。2012年，肯纳金属在上海成立了高效解决方案中心，并在上海外高桥设立了肯纳金属物流配送中心，占地1600m^2，专注于服务中国客户，大幅缩短了交货时间。据统计，肯纳金属Toolboss刀具管理系统供应链服务为客户减少切削刀具库存50%以上，减少刀具成本达30%，减少管理成本达90%，减少停机时间达60%。2016年，肯纳金属将位于天津的修磨中心迁移到上海且扩大了规模，更名为"快速响应

中心"。这一系列投入和举措，为肯纳金属近距离服务中国客户做好了产品和人才储备。

在刀具解决方案的赛道上，肯纳金属在智能化和数字化方面也先行一步。2012年IMTS（美国芝加哥国际制造技术展览会）上隆重推向市场的NOVO是一款功能强大的数字应用工具和解决方案，将刀具选择、工艺设计、库存情况、购买产品、单位工件成本管理以及生产率优化等功能整合在一起，改变了传统的工作流程，使整个工作流程更准确、高效。

2018年，肯纳金属推出了First Choice即首选优品（见图3）的概念，帮助用户在纷繁复杂的刀具里快速、准确、有效地挑选出加工所需的刀具产品。首选优品从5万多种肯纳金属刀具产品中精选出应用最为广泛、性能最为卓越的产品，覆盖了市场上80%的材料以及80%的加工应用。在全球化、数字化、智能化的趋势下，肯纳金属仍在探索助力中国装备制造业的多元可能。

回望80多年的发展历程，肯纳金属从碳化钨硬质合金开始，一直致力于发展新的刀具技术和新的加工理念，密切关注客户需求，不断开发先进产品，在一次次切削技术的变革中，肯纳金属始终立于创新高地。

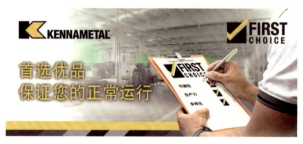

图3 首选优品

山高刀具：勇攀金属切削的高峰

在制造业的生产环节中，金属加工是不可忽视的一环；而在金属加工中，刀具企业则承担着十分重要的角色。从单一的刀具销售，到提供全面解决方案，刀具企业也随着制造业的发展不断提升着自身的价值，用完善的解决方案确保高精度加工和高质量输出。"山至高处人为峰"，山高（Seco）作为全球知名的金属切削解决方案供应商，可以说是站得高、望得远。在《金属加工》创刊70周年之际，我们和山高一起，回顾其发展壮大的攀登之路，展望未来更高的金属切削之峰。

植根瑞典，扬名全球

从1873年Fagersta Bruks AB在瑞典法格斯塔创立，到1932年公司开始小规模地生产名为Seco的硬质合金产品，再随着1974年山高硬质合金部门独立，山高正式成立，山高已牢牢植根于瑞典的历史之中。随后，山高开始迅速扩张，目前在全球75个国家/地区开展业务，通过全套的制造解决方案帮助当地的客户发展业务，这些解决方案包括先进的产品、应用专业知识、技术支持和服务等。

因其在金属加工方面的强大实力，山高还被冠以"铣刀之王"的美誉，先进产品不胜枚举。以2010年上市的山高双面王铣刀（见图1）为例，双面16刃设计带来出色的经济性，高速钢定位销配合精磨定位槽有效延长刀具寿命，在粗加工和精加工应用中均可实现优异的生产率，是市场上非常受欢迎的面铣产品之一。

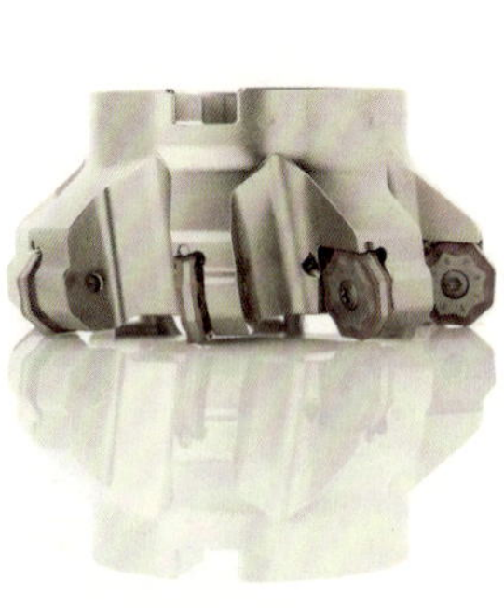

图1 双面王铣刀

图2 飞龙系列立铣刀

在航空领域，整体硬质合金飞龙Jabro Solid系列（见图2）则深受客户认可。自2009年第一次推出JS510及JS550系列之后，十多年来，飞龙系列一直在不断壮大，目前全面的产品可为用户提供完整的解决方案。多功能，高性能，全面覆盖各种加工应用领域，适应不同的加工策略。目前，山高新一代飞龙立铣刀已经有超过800种通用产品。这些高通用性产品相比上一代产品，寿命提高30%，加工速度提高20%，应用范围更广泛。得益于优化的几何结构和包含特殊刃口处理的新涂层工艺，生产率大大提高。推出至今，"飞龙"系列立铣刀已经在各行各业的机械加工领域广泛应用。

融入中国制造业的发展进程

山高于1993年进入中国，1995年在上海外高桥保税区注册成立山高刀具（上海）有限公司（见图3），是首批采用人民币结算的外资公司。2011年，山高在浦东机场综合保税区成立中国分拨中心，是首家实体注册、自主经营的外商分拨中心，这是山高长期投资中国市场的一个重要举措，可在中国实现48h快捷交货。2019年，山高收购了本土刀具公司OSK（昆山欧思克精密工具有限公司），从而在本地也有了整体硬质合金刀具的产能，基本实现了山高集团初步的全球产能布局，也使得山高能够更快响应中国市场的需求，提供更多高品质、高稳定性产品来服务客户。

在中国的20多年里，山高在航空航天、汽车、能源等重点行业不断耕耘，致力于利用山高全面的金属切削专业知识和全球经验，为客户提供提高生产率和收益率的先进技术和解决方案，助力中国制造业的发展和升级。

2017年，山高成立了7人"航空小组"，从加工策略、非标产品解决方案到编程模拟，为中国航发成都发动机集团某机匣零件提供了完整的加工方案，显著提升了加工效率。这种合作模式创业内标杆，并一举赢得5年战略合作协议。现在，越来越多的整体提效项目正在开展，尤其是航空发动机高温合金类机匣整体方案，在行业内已有明显的领先优势。

2019年，山高与中国航发集团某发动机制造企业达成合作，针对其难加工材料的高效加工难题，提供刀具解决方案和技术服务，并签订了相关咨询服务合同。经过现场试切，一举超过预定提效30%的设定目标，有些工序提效甚至达到300%，得到了客户的充分认可。

图3 上海总部

中国一直是山高重要的战略性市场，山高将持续拓展和巩固在航空、汽车、能源及通用机械等领域的技术创新和领先优势，不断为客户贡献更高品质、更智能化的产品及服务，为制造业转型升级赋能，并在此过程中继续丰富自身价值。

着眼未来，持续发展

当今社会，人才是行业持续发展至关重要的一环。山高非常重视教育与培训，并将回馈社会视为企业责任的一部分。

近年来，山高赞助了一系列国内数控赛事（见图4），支持技能人才的培养。2018年，作为"第八届全国数控大赛"的刀具供应商，山高为大赛提供了涵盖各种加工应用的刀具以及现场技术支持，协力为参赛者提供一个施展才能的舞台。此外，山高也鼎力支持"第六届全国职工职业技能大赛"，并连续两年支持"全国智能制造应用技术技能大赛"，不仅提供指定刀具，以高性能、高可靠性助力选手稳定发挥，更是在现场提供技术支持，全力保障大赛顺利进行。

在高校合作方面，山高在清华大学设立奖学金已有13年，并通过为清华制造工程系实验室提供实验刀具、为清华机械系本科生提供实习基地等多种形式资助学生开展科研项目。这些人才，将为制造业的发展提供新的动力。

环境保护更是与可持续发展紧密相连。作为一家全球化的制造企业，山高一直采取积极和结构化的可持续发展战略，制定有关保护环境、降低能耗、提高效率等方面的规范与准则，致力于将可持续发展的理念贯彻到业务运营与日常生活的方方面面。例如，由于硬质合金刀片的原材料金属钨是一种稀缺且不可再生的资源，为了促进这一资源的长期可持续利用，山高从2011年便开始执行对硬质合金的回收计划（见图5），截至目前，已在全球回收了超过22.7万kg粉末硬质合金。

图4 赞助国内数控赛事

可持续发展是全球化的趋势，而制造业正面临越来越多的社会责任。山高还有一个更大的目标，就是做到让山高90%的材料都是可回收的，这不仅针对内部的生产环节、包装、产品等，也包含了供应商与客户。山高的目标不仅是让自己变得更加可持续化，同时也希望帮助客户实现可持续化，通过和客户协作开展循环商业模式，回收再利用产品，让双方都能获益。山高相信，制造的未来在于可持续性。

图5 硬质合金回收项目

在探索金属切削技术的过程中，山高已经登上一座又一座高峰。但正是因为见过高处的风景，才越发明白一山更比一山高。制造业的发展不断给金属加工提出新的要求，也正是因为如此，才不断推动着技术的前进。金属切削之峰日新月异，山高则是实力雄厚、持之以恒的攀登者。

如今制造业逐渐走向数字化时代，山高迎头而上，积极推进数字化转型。在山高网上商店，用户不仅可以快速下订单，还可以实时访问产品、定价、折扣和当地可用库存信息，全面满足用户自动化、数字化生产的需求。山高于2019年正式推出的咨询服务（Seco Consultancy）更是一个着力点。利用80年积累的加工知识和丰富的卓越应用经验，山高希望能为客户鉴别生产浪费、量化改进潜力，有效实施改进方案，帮助客户持续改进产业绩效，与客户一起，在这场新的"登山"竞赛中脱颖而出。

我国数控刀具40年

《金属加工》（原名《机械工人》）长期以来一直关注刀具行业的发展，报道先进刀具技术，传播刀具应用经验。

40年前，在我国改革开放之初，西方发达国家工具工业经历了一场从生产传统标准刀具到现代高效刀具的深刻变革。我国由于发展水平局限、信息不对称等客观因素和企业追求眼前利益、贻误发展时机等主观因素，没有迎头赶上，差距拉大，直到进入21世纪之后才奋起直追，取得较大进展（沈壮行：《现代高效刀具发展初具规模 实现制造强国之梦仍任重而道远》，冷加工2008年第17期）。

改革开放初期以引进为主

改革开放以后，我国开始较多地从欧美、日本等引进数控机床和加工中心，随着使用而出现刀具严重短缺的矛盾。当时，有的企业由于无法更换数控刀具而停产；有的企业则以普通刀具代替，导致加工精度大为降低；有的企业则奔波争取外汇引进更多数控刀具。数控刀具国产化成为一个行业必须严肃面对和谋求解决的问题。

1988年常州西夏墅工具厂金胜利在《机械工人》杂志发表文章，指出数控刀具使用的实际情况，"国家在引进高档机床所花的外汇中约有10%是工具费。仅上海一地，至1987年随机刀具引进费用就花去988万美元。如以全国计，则花的外汇就更多。再加上国内和国外企业合作生产的数百台数控机床和加工中心，尚急需配套。这些如都要引进，则国家和企业将不胜负担"（金胜利：《数控刀具国产化已迫在眉睫》，冷加工1988年第8期）。

20世纪80年代以来，西夏墅镇人在刀具国产化的道路上奋勇前进，取得了令人瞩目的成绩，创造了"西夏墅刀具"品牌。13年前，《新华日报》曾作过题为《中国工具名镇：常州西夏墅镇》的专题报道：

> 走进西夏墅镇，令人眼睛一亮的是，这里一个又一个的工具生产企业，办得红红火火。镇党委书记谢建南和镇长季晓东欣喜地告诉记者，目前，全镇拥有各类工具生产企业300多家，从业人员8000余人，拥有从国外引进的先进设备100多台套，具有国内较先进的研发能力、制造设备和生产技术，工具产品在全国市场覆盖率达30%以上，其中硬质合金可转位铣刀的市场占有率在50%以上。西夏墅已成为中国有名的工具之镇。工具产业，已成为常州一张亮丽的名片。
>
> 西夏墅刀具品种齐全，特别是在非标准刀具领域，西夏墅的产品可谓包罗万象。"焊接刀具领域，如果在西夏墅找不到的产品，那么在全国任何地方也很难找到"成为对全镇刀具产品的一种行业概括语言（《西夏墅工具：常州一张亮丽的名片》，2007年7月30日《新华日报》）。

几十年过去了，今天的常州西夏墅已经成为中国刀具名镇，西夏墅生产的刀具产品尤其是硬质合金可转位铣刀等，在全国占有相当可观的市场份额，西夏墅刀具人的勇气和勤奋值得我们尊敬。

进入21世纪后数控刀具交流频繁

如前所述，我国数控刀具行业是进入21世纪之后才开始奋起直追的。21世纪以来，从世界范围看，人类社会正处于制造技术快速发展时期。切削加工作为制造技术的主要基础工艺，也进入了以发展高速切削、开发新的切削工艺和加工方法、提供成套技术为特征的发展新阶段。在数控加工技术的带动下，金属切削刀具已进入数控刀具发展阶段，显示出"三高一专"（高效率、高精度、高可靠性和专用化）的特点（赵炳祯、沈壮行：《21世纪初我国切削加工与刀具技术展望》，冷加工2001年第12期）。

2002年，《机械工人》先后在全国范围内进行了"数控系统千人调查"和"切削刀具应用调查"，收集了宝贵的第一手数据，并邀请业内资深专家对此作了分析和评述。中国机械工业联合会特别顾问陆燕荪作为机械行业的老领导充分肯定了这些调查，他在接受《机械工人》记者专访时着重强调，各种功能部件占整机产品成本构成的70%以上，数控刀具、功能部件的性能成为整机性能水平的标志（栗延文等：《关注我国数控系统的明天——访机械工业联合会副会长陆燕荪》，冷加工2002年第8期）。

在此基础上，《机械工人》举办了"刀具专家论坛"，邀请刀具制造商和广大用户切磋交流，一石激起千层浪，在中国刀具行业引起广泛回响。王虹提出了"中国的刀具，路在何方"之问题，她沉重地说，"中国的刀具业是经过了血与火的洗礼的……当现代切削加工向我们工具业内人士提出并不过分的要求的时候；当长期依赖进口，基于国内数控刀具与进口刀具在技术、服务、品质和宣传上的差距存在顾客信任度威胁的时候……我们的中国刀具应当冷静思考，求差异，抓品质，创品牌，重服务，不要过早地亮出你的价格底牌。那样，你会无力抓技术进步，而跌入另一个深渊。"（王虹：《对中国数控刀具的思考》，冷加工2002年第12期）。

中国工程院艾兴院士根据《机械工人》"切削刀具应用调查"指出，"近几年来，我国高速加工机床技术发展较快，但从这次'切削刀具应用调查'来看，高速刀具技术相对落后得多，数控刀具和刀柄系统主要依赖大型跨国公司，国产的很少……加速工具工业的发展乃是建设制造业强国面临的一项十分重要的任务。与此同时，我们应该加强高速切削刀具技术应用的培训工作。"（艾兴：《发展高速切削 采用先进刀具》，冷加工2003年第9期）。

五年后的2008年，中国金属切削刀具技术协会和金属加工杂志社举办了"第二届切削刀具用户调查"，为我国刀具行业的发展提供了新的决策参考。

此后2014年及2018年《金属加工》又分别举办了"第三届切削刀具用户调查"和"第四届切削刀具用户调查"，并且都举办了盛大的调查结果发布暨颁奖典礼，将切削刀具行业的企业及专家代表聚集在一起，促进了业内人士的交流。

借助机床工具展会传播先进刀具信息

随着行业的发展，特别是进入21世纪以来，机床工具展会规模越来越大，水平越来越高，展出的数控刀具堪称琳琅满目，所展示的刀具产品及先进切削技术全面反映了当前世界切削加工技术的发展趋势和特点。

在机床工具博览会上，各厂商参展的数控机床用刀具种类、规格繁多，数量庞大，往往令人眼花缭乱，不得要领。因此，为了便于参观，能在较短时间内掌握相关展品信息的要点，《机械工人》特别邀请成都工具研究所专家梁彦学等撰文介绍数控刀具材料的发展，如超硬材料（金刚石、表面改性涂层材料、TiC基类金属陶瓷、立方氮化硼等），W、Co涂层和细颗粒（超细颗粒）硬质合金，含Co类粉末冶金高速钢；刀具结构的发展，如数控工具系统、孔加工刀具、数控铣刀、车刀及拉削刀具等的发展（梁彦学等：《数控刀具及其发展趋势》，冷加工2001年第4期）。

针对参展专业观众的需要，展会的丰富信息资源需要消化吸收，近年来中国国际机床展（CIMT）后，本刊都邀请行业专家对参展的先进刀具及技术加以点评，如国际精密工具工程技术研究中心赵炳祯的《应用先进刀具建设制造强国——第八届中国国际机床展刀具展品回顾》（冷加工2003年第7期），自贡硬质合金有限公司羊建高的《对发展我国数控刀具的思考》（冷加工2003年第9期），北京理工大学于启勋的《百花齐放　推陈出新——CIMT2005的刀具点评》（冷加工2005年第8期）等，业内专业观众对此受益匪浅。

2011年的CIMT机床展体现了三个变化，一是刀具管理系统在多个国外展台上让用户体验；二是刀具刃磨设备增多，用户关注机械刃磨经济价值和必要性；三是紧固件质量直接影响刀具产品质量，不容忽视（魏莹：《从CIMT2011看国内外"刀尖艺术"的展现》，冷加工2011年第11期）。

笔者通过参观这些国内外刀具心里颇有感触：与很多行业的发展历程一样，刀具行业发展至今，已经从早期落后的刀具制造技术中走了出来，逐渐转变为生产、研发、技术支持及售后服务等成体系的技术服务行业。另外，这次展会（注：CIMT2013）给笔者印象最深的是位于W2馆的松德刀具，松德为观众带来了"巨无霸"——主轴连接式4200mm大直径镗刀。松德刀具一直以创新为动力，大胆挑战只有国外制造大直径镗刀的现实，通过不断的努力尝试，研发出国产第一个主轴连接式大直径镗刀，代替传统大直径铣削的加工方式，大幅提高了工作效率，为中国制造业撑起一片蓝天（张常乐：《工欲善其事，必先利其器——CIMT2013数控刀具一瞥》，冷加工2013年第13期）。

国产刀具企业同机床企业一样，这几年也在突飞猛进的发展中，而且很多企业都具有自己的特色，比如松德的阻尼减振刀具、华锐的铣刀等，株洲钻石的产品线比较全，其产品品质性能可与日系相媲美（黄英：《看CIMT2017国内外品牌刀具同台竞技》，冷加工2017年第10期）。

中国数控刀具之路任重道远

中国数控刀具还面临许多难题。沈壮行曾经分析总结了我国现代高效刀具（数控刀具）与发达国家历史差距的形成及其经验教训，他指出："我国工具工业今天已经发展到一个新高度。同时又站在一个新起点上，面对着更加艰巨的现代化历史征程，任重而道远。我们回顾走过的道路，规划未来的发展，一个基本的出发点就是，必须用全球化的视角来制定发展战略，不存在第二种选择。我国广大工具企业必须清醒地看到这一点"（沈壮行：《现代高效刀具发展初具规模　实现制造强国之梦仍任重而道远》，冷加工2008年第17期）。

中国数控刀具企业发展迅猛

中国数控刀具起步较晚，在技术上国外先进水平存在一些差距，但整体上有着明显的优势：价格合理，供货及时，用户可以面对面地与刀具制造商交流经验，按照自己的意图定制各种非标刀具，这些优势都是用户关注的焦点。

以数控机床为主的精密切削中，毛坯加工余量很小，进给量也不可能放得太快，提高生产效率的主要途径就是高速切削，这恰恰是一些涂层刀具的强项。株洲钻石、厦门金鹭、成都千木等一些质量过硬的国产刀具，历经风雨，质量有了很大的提升，以稳定的切削性能赢得了用户的青睐（侯祖刚：《国产数控刀具的优势理念》，冷加工2014年第6期）。

株洲钻石切削刀具股份有限公司以实际行动践行"振兴中国刀具工业""引领中国刀具发展"理念。自2001年建立第一条数控刀片生产线后9年的时间里，数控刀片年产量从2001年的200万片增长到3060万片，增长了14倍多（熊浩东：《十年磨砺勇亮剑》，冷加工2011年第4期）。2015年之后，株洲钻石进入自主创新阶段，基础研究和应用研究双管齐下，拥有材料、结构及涂层等的设计研发能力，还自行研发热处理、涂层设备，以获得更高的工艺自由度。如今，株洲钻石正积极导入IPD集成产品开发体系（李一帆：《从无到有的数控刀片，从弱到强的中国制造》，冷加工2020年第1期）。

2011年，厦门金鹭在刀具业务的投入达到7.6亿元，2012年继续投入4亿元，2012年8月，厦门金鹭特种合金有限公司切削刀具招商大会在厦门隆重召开，标志着厦门金鹭全面进军刀具市场，致力于打造国际一流刀具供应商。2018年，推出金属陶瓷车削新品、铸铁车削新品、整体孔加工刀具产品、工具系统及可转位孔加工刀具等产品（李亚肖：《厦门金鹭切削刀具产品推介会成功举办》，冷加工2018年第12期）。

2016年，森泰英格（成都）数控刀具有限公司全新推出刀片、钻头、丝锥、硬质合金铣刀及超硬刀具等刀具消耗品，一改业界对森泰英格"只做不直接参与切削的刀具"的惯性认知。这是配合森泰英格2014年提出的"引领高端刀具国产化"总战略，继"非标刀具超快捷""液压夹具森泰英格'能'"之后，2016年又推出"刀尖上的森泰英格"。至此，森泰英格真正拥有综合刀具产品，具备整体解决方案能力（《"刀尖上的森泰英格"在引领高端刀具国产化的路上跨越前行》，冷加工2016年第11期）。

2019年4月26日，三韩精密刀具制造有限公司和青岛理工大学强强联合，共同成立"三韩数控刀具智能制造研究院"，成为国内刀具行业第一个吃螃蟹者。研究院成立后，以服务国家战略需求、服务社会经济发展、服务技术创新、提升刀具产业优势为总目标。在技术研发层面，面向航空航天难加工材料高性能刀具进行研究，并自下而上构建智能制造生产体系（李一帆：《国内首家数控刀具智能制造研究院在宁波成立》，冷加工2019年第6期）。

区域性刀具协会重塑中国刀具市场格局

2015年12月18日，东莞市数控刀具行业协会成立，2016年6月16日，苏州市切削工具业商会成立大会隆重举办，2016年6月18日，宁波数控刀具行业协会动员大会也如期展开。中国刀具行业区域性半官方半民间性质组织正在形成一股强有力的新势力，逐渐改变中国刀具行业的格局。最近几年，受中国经济"新常态"影响，中国刀具行业正面临重新洗牌的格局：尽管国际性大品牌在中国依旧占据难以撼动的领先地位，但优势逐渐削弱。国内刀具企业呈现出两极分化现象，一方面，以前靠走量、拼价格的低端刀具产品企业日子越来越难过；另一方面，一开始即专注于技术和创新的刀具企业已经在自己专注的细分领域小有所成，逐渐缩小甚至达到世界同类产品水平（李维：《区域性刀具协会将重塑中国刀具市场格局》，冷加工2016年第15期）。

2016年11月，首届东莞国际刀具节举办，东莞有数控刀具生产及贸易企业2300多家，刀具从业人员30 000多人，年交易额超过100亿元。东莞刀具广泛应用于3C、模具和汽车零部件等领域，为东莞及整个华南地区制造业的发展作出了重要贡献（韩景春：《首届东莞国际刀具节盛大开幕，共话"中国制造2025"刀具崛起之路》，冷加工2017年第1期）。

2017年，东莞的数控刀具产业形势发展良好，受制造业回暖、3C智能终端和汽车制造等行业需求旺盛的影响，据不完全统计，前三季度全行业订单比2016年同期增长近25%，发展势头领跑区域刀具市场。据了解，第二季度甚至出现了一些刀具厂订单饱和、供不应求的现象（韩景春：《千名数控刀具人汇聚东莞共享行业新时代盛宴》，冷加工2018年第1期）。

从无到有的数控刀片，从弱到强的中国制造

——访株洲钻石切削刀具股份有限公司党委书记、总经理李屏

撕下2019年日历的最后一页，崭新的2020年在无数期待中到来，《金属加工》（原名《机械工人》）至此也迈入创刊的第70个年头。1950年，我国制造业百废待兴，《机械工人》肩负着推广先进金属加工技术的使命，在相关领导和广大机械工人的期待下诞生。70年来，《金属加工》有幸见证了我国制造业克服种种困难、飞速发展的历史进程，而在这宏大的历史洪流中，有无数大或小的水流奋勇向前，奏响中国制造业创新奋进的主旋律。其中一道奔腾不息的水流，便是我们今天要讲述的国产刀具的代表企业——株洲钻石切削刀具股份有限公司（简称"株洲钻石"）。

在《金属加工》创刊70周年之际，株洲钻石切削刀具股份有限公司党委书记、总经理李屏先生（见图1）特别分享了公司自建厂以来，与中国制造业共同发展的历程。

第一条数控刀片生产线

1954年，"一五"计划第二年，作为"一五"期间，"156项

图1 株洲钻石切削刀具股份有限公司党委书记、总经理李屏

工程"之一，株洲硬质合金厂（以下简称"株硬厂"）正式成立，建立新中国第一条硬质合金生产线。与此同时，另一项重点工程——长春第一汽车制造厂正在兴建，相隔千里的两地各自燃起机械工业的星星之火，又在某个时刻相互辉映，闪耀在历史星河中。

20世纪80年代，株硬厂认识到自身与世界硬质合金技术水平的差距，决定引进国外生产线，学习先进生产技术。1988年，中国第一条数控刀片生产线（见图2）在株硬厂正式建成投产，大大提升了硬质合金工业技术水平，并生产出中国第一片可转位数控刀片。此时，恰逢长春一汽等国内汽车厂也开始寻求与国外车企的合作，引进生产线，株硬厂生产的数控刀片，当时就主要供给国内的车企。

第一家数控刀片企业

迈入21世纪，经过10多年的探索和实践，株硬厂不仅全面消化、吸收了引进技术，而且进行了大胆创新，为谋求企业更大发展作了大量的人才和技术储备。2001年，株硬厂决定建造一条高起点、高标准、高性能的硬质合金刀具生产线，当时有两个选择，一是依托于株硬厂内部，在老区投产，这样会减少买地、建厂等很多复杂流程，但也存在着改制改革困难等问题；二是从零开始，异地建造。经过激烈的争论，最终决定在异地设厂，以全新体制运作，并成立了钻石工业园（见图3）建设指挥部，李总被任命为指挥长。

图2　中国第一条数控刀片生产线投产

2002年，新的硬质合金数控刀片生产线顺利投产，其在环境、装备、工艺技术和质量标准等方面均按当代硬质合金数控刀片生产先进水平设计建设，为我国开发高附加值的硬质合金数控刀片和刀具打下了良好基础。同年6月，我国第一家数控刀片企业——株洲钻石从此诞生。员工持股的崭新模式将员工与株洲钻石的命运紧密联系起来，奠定了企业健康、长远发展的基调。

图3　钻石工业园奠基

株洲钻石建成后，先后有多家国外刀具厂商前来洽谈合资，虽然最终都未谈拢，但在谈判过程中，株洲钻石了解到了先进技术、装备，并不断自我更新。李总回忆到，最开始株洲钻石处于模仿阶段，模仿已有刀片的槽型、结构等；2010—2015年间进入创新阶段，能够研究出刀片关键、有效的设计点并将其保留，在此基础上进行创新；2015年之后，株洲钻石进入自主创新阶段，组建起200多人的研发团队，基础研究和应用研究双管齐下，拥有材料、结构、涂层等的设计研发能力，还自行研发热处理、涂层设备，以获得更高的工艺自由度。如今，株洲钻石正积极导入IPD集成产品开发体系，将产品分为核心、规模、战略三个产品线，与市场需求对接，以市场为导向研发产品。从模仿到自主创新，株洲钻石所经历的，或许也是我国制造业创新奋进的缩影。

如果说技术水平是硬实力，那么企业管理可以称得上是软实力，两者缺一不可。随着株洲钻石业务的扩大，2006年，公司引入了SAP系统，规范财务管理，并率先开始尝试电子商务。2015年，株洲钻石开始进行CTPM全员生产管理，将设备的生产计划、维护保养等全都纳入规范流程，并通过计算机实现将订单自动分配给设备。李总透露，株洲钻石还将进一步推动从自动化到智能化的转型。

从株硬厂到株洲钻石一路走来，李总亲身经历了很多历史性的时刻，比如钻石工业园建成投产、国家级研发中心落成、硬质合金国家重点实验室成立等，但当我们问到李总有没有记忆最深刻的成就，李总的回答却是没有，因为每一件事都经过了前期十分充足的准备，一切都稳扎稳打，没有突如其来的惊喜，但有按部就班的成功。我们想，株洲钻石（见图4）这些年来的稳步发展，一定离不开李总这样一位踏实稳健且有长远眼光的"掌舵人"。

第一片走出国门的数控刀片

株洲钻石很早就已经放眼国外市场，因为他们认识到国内市场容量有限，而且国外有更先进的技术，不断与高端市场交手，才能在市场的要求下不断改进。

2006年，株洲钻石的欧洲、美国全资子公司成立。第一次进军欧洲市场，株洲钻石对自己的产品抱有极大的信心，发出100多万片刀片，然而开辟新市场当然不如想象中那么简单，结果也让人颇受打击，这批产品大部分没有销售出去。也正是这次教训让株洲钻石认识到，虽然国外企业也有降成本的需求，但打价格战的前提是保证质量。严谨的德国人不允许质量上的瑕疵，这是原则问题，无法退让。痛定思痛，株洲钻石没有退缩，而是愈挫愈勇继续积极经营欧洲市场。他们汲取优秀企业经

图4 如今的钻石工业园

验,提升产品质量;引进国际人才,更好地适应当地市场。时至今日,株洲钻石在欧洲市场已经打开一片天地,取得了年销售额将近3亿元的业绩,同时还获得了德国北威州的"最佳投资奖"。2019年5月,株洲钻石在欧洲新设立了切削演示技术服务中心,开始全新征程。

助力中国制造,提供"中国方案"

视线回到国内,株洲钻石和国内知名汽车企业合作,完成了汽车动力生产线的全线刀具配套,这标志着株洲钻石产品系列的完整性和提供解决方案的能力又上了一个台阶。从建立初期供给数控刀片,到如今有能力完成全线配套,株洲钻石在汽车行业持续钻研。近年,国内汽车行业下滑,很多刀具企业都在积极开拓新市场,李总却认为,这对国内的刀具企业来说其实是新的机会。车企形势大好时,降低成本并不是迫切的问题,而当形势下滑时,他们的国产替代需求可能会更强烈。事物皆有两面性,从一个角度看,这是危机,而从另一个角度看,则是契机。

同样地,市场需求也是一把双刃剑,当市场需求猛增、产品供不应求的时候,避免产品质量的波动是关键。株洲钻石用了两年多时间,从原材料检测、生产工艺规范、提升检测标准等各方面着手,严格把控产品质量。即使在供不应求的阶段,也能保证产品质量的稳定,而稳定的刀具质量则是机械工业朝自动化、智能化发展的基础。

展望未来,李总预测:国产刀具经过近些年的快速发展,可能即将迈入竞争激烈的十年,但正如家电行业的竞争一样,最后受益的将是国内的刀具行业。大浪淘沙,株洲钻石已经做好迎战的准备,同时也期待着国内刀具行业在市场竞争的过程中繁荣发展,攀上更高峰。

感应加热60年

感应加热是一种重要的金属加工热处理技术，具有加热速度快、工件变形小、节能环保、易于实现自动化等优点。

自1935年苏联和美国应用曲轴颈感应淬火工艺后，感应加热逐渐扩展应用到其他领域，20世纪50年代，电力电子技术的发展推动了感应加热技术的应用。60多年来，《金属加工》（原名《机械工人》）对感应加热技术在四个阶段的技术发展和实践经验都给予了宣传和推广。这四个阶段是20世纪50年代苏联援助阶段，六七十年代自力更生阶段，改革开放以来技术引进阶段，2000年以后的技术创新阶段（沈庆通：《感应热处理的发展回顾与期望》，热加工2019年第7期）。

我国从20世纪50年代中期开始引进感应加热技术，首先应用于机床与纺织机械制造业，随后又较多地应用于汽车、拖拉机制造业。长春一汽、沈阳中捷友谊厂、山西榆次经纬纺织机械厂等是我国最早引进感应加热设备的企业。

建国初期，《机械工人》非常关注各地新建大厂应用最新金属加工技术的情况。以纺机行业为例，经纬纺织机械厂是新中国第一个新型纺织机械厂（也是新中国最早建设的现代化大厂之一），该厂的前身原在上海，1950年，中央决定在山西榆次筹建新厂，1951年开建，1954年建成投产。《机械工人》首任主编林家燊曾在经纬纺织机械老厂工作，杂志记者在榆次报道了建设中的工厂（见图1），还特别注意了该厂采用的感应加热设备、机床等金属加工设备，经纬纺织机械厂进行高频感应加热设备效能试验的情景因此登上了1954年第4期的封面（见图2）。当时新建的一汽、一拖的热处理车间使用了较多苏联高频电流科学研究

图1 新中国第一个新型纺织机械厂
（《机械工人》1954年第4期封二画刊）

院等设计的感应加热设备，“这些工艺与装备的设计对带动行业技术改造与新工厂设计均起了一定的示范作用”（沈庆通：《感应加热进展50年》，热加工2006年第7期）。

《机械工人》特别注意推广实践经验。如1958年，东北机器制造厂在制造国家急需的大型氮肥设备——氮氢气压缩机时，除创造了著名的“蚂蚁啃骨头”方法，他们还大胆地把工频感应加热方法运用到大型零件淬火、焊接件焊缝局部退火等方面，取得了良好效果，其实践经验即通过《机械工人》加以推广（王友良等：《电加热解决了大型零件热处理关键——工业频率感应加热热处理》，热加工1960年第2期，见图3）。

20世纪六七十年代，我国工业走自力更生之路，感应加热技术也取得了一些发展，《机械工人》对这些技术进步也给予了宣传，如西安变压器厂试制我国第一台20t无芯工频感应熔炼炉（《机械工人》1976年第7期）。但是，我国感应加热技术的快速发展是1978年改革开放以后的事了。80年代，我国从工业发达国家开始引进较多先进的感应加热成套设备。90年代以来，我国经过技术创新，在感应加热电源、淬火机床、感应器设计与制造等方面都取得了长足的进步。

与行业发展同步，《机械工人》自改革开放以来也加大了对感应加热领域的宣传推广，尤其是近20年来，《金属加工（热加工）》相继策划了“感应加热设备市场分析调查”“节能减排论坛”“感应加热保定行”等活动，并注意对淬火机床、感应加热与节能、锻压感应加热、汽车制造中的感应加热等专题作长期连续的报道。

如淬火机床设备，《机械工人（热加工）》1980年第6期特辟“淬火机床专辑”，较为全面地介绍淬火机床的方方面面，并请原一机部第六设计院的技术专家廖厚德对大连机床厂的程控半自动高频通用淬火机床、天津机床研究所与天津第九机床厂等单位设计的万能淬火机床等七种感应热处理装备加以较为详细的介绍，有的产品还是各厂即将投产的新产品（见图4）。此后，编辑部一直不定期请专家介绍淬火机床的发展状况与趋势。

又如，节能是感应加热设备的优点之一，《机械工人

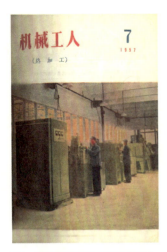

图2 经纬纺织机械厂进行高频感应加热设备效能试验（热加工1957年第7期封面）

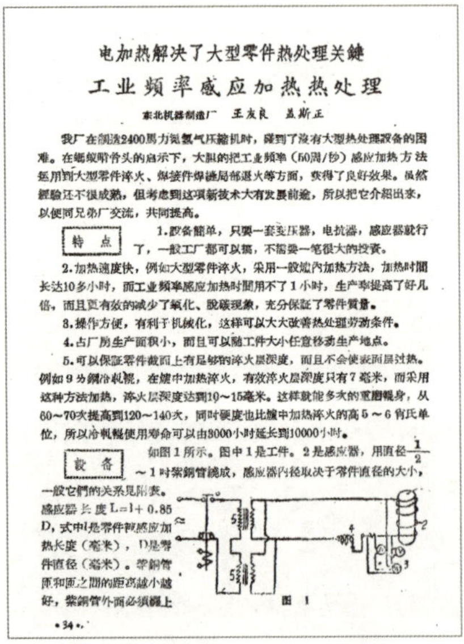

电加热解决了大型零件热处理关鍵

工业频率感应加热热处理

东北机器制造厂 王友良 盖斯正

我厂在制造2400馬力氮氢气压縮机时，碰到了沒有大型热处理設备的困难。在螞蟻啃骨头的启示下，大胆的把工业频率（50周/秒）感应加热方法运用到大型零件淬火、焊接件焊縫局部退火等方面，获得了良好效果。虽然經驗还不很成熟，但考虑到这項新技术大有发展前途，所以把它介紹出来，以便同兄弟厂交流，共同提高。

特点

1.設备簡单，只要一套变压器，电抗器，感应器就行了，一般工厂都可以搞，不需要一笔很大的投資。

2.加热速度快，例如大型零件淬火，采用一般爐内加热方法，加热时間长达10多小时，而工业频率感应加热时間用不了1小时，生产率提高了好几倍，而且更有效的减少了氧化、脫碳現象，充分保証了零件質量。

3.操作方便，有利于机械化，这样可以大大改善热处理劳动条件。

4.占厂房生产面积小，而且可以随工件大小任意移动生产地点。

5.可以保証零件截面上有足够的淬火层深度，而且不会使表面层过热。例如9分鋼冷軋輥，在爐中加热淬火，有效淬火层深度只有7毫米，而采用这种方法加热，淬火层深度达到10～15毫米。这样就能多次的重磨輥身，从60～70次提高到120～140次，同时硬度也比爐中加热淬火的高5～6肖氏单位，所以冷軋輥使用寿命可以由3000小时延长到10000小时。

設备

如图1所示。图中1是工件。2是感应器，用直径$\frac{1}{2}$～1吋紫銅管繞成，感应器内径取决于零件直径的大小，一般它們的关系見附表。

感应器长度L=l+0.85D，式中l是零件被感应加热长度（毫米），D是零件直径（毫米）。紫銅管原和面之間的距离越小越好，紫銅管外面必須繞上

图 1

•34•

图3 东北机器制造厂的感应加热实践经验（热加工1960年第2期）

（热加工）》早在1981年第12期就介绍国外发展用中碳钢齿轮高频淬火代替渗碳淬火工艺的节能效果（谢燮揆：《用感应加热代替渗碳工艺节能》）。此后，感应加热与节能一直是杂志持续关注的重点领域之一。《金属加工（热加工）》2009年第3期又开设"节能减排论坛——感应加热篇"，以期加强感应技术的研究与应用，推动企业的节能减排工作。

业内专家以《机械工人》为园地发表文章，传播知识，有的专家已经连续耕耘了一二十年。如感应加热领域的著名专家沈庆通，从1993年在热加工杂志连载发表《表面淬火用感应器的设计与制造》起，26年来先后在《机械工人》发表20多篇文章，许多读者通过他的文章了解了感应加热技术的发展历程、最新工艺与装备等。

图4　淬火机床专辑图片
（热加工1980年第6期）

行业、企业、读者以杂志为交流的平台。如西安博大电炉公司的李韵豪，20世纪70年代在学校时就阅读《机械工人》，从1978年加入感应加热行业，他所在的公司从90年代至今在《机械工人》上作宣传，使业内用户通过《机械工人》认识了他们，他撰写的《锻压工业的感应加热》从热加工2007年第1期开始连载发表，后在2016年第3期起连续12期连载了《有色金属及其合金塑性变形感应加热》系列讲座，2020年第1期又开始将连续12期连载《铸造工业的感应加热》系列讲座，引起了行业读者、专家的广泛关注。作为《金属加工》的读者、作者、客户，他把杂志比喻为"为企业搭起一座产品推广的桥梁""为作者与读者之间搭起了一个相互了解的桥梁"（李韵豪：《桥》，热加工2008年第7期）。

除了李韵豪的感应加热系列讲座不断连载，特别是近十年，《金属加工》还加强了对感应加热行业的报道和关注力度。2012年，苏联杰出的感应加热专家A.E.斯鲁霍茨基（А.Е.СЛОХОЦКИЙ）教授诞辰百年，A.E.斯鲁霍茨基教授对感应加热行业的贡献巨大，《金属加工（热加工）》在2012年第1期制作了"百名铭记"栏目（见图5），访谈了我国感应加热行业最早接触感应加热且对行业作出贡献的汤景明、沈庆通、鲍国庆、冯伟年、林智信等专家，他们讲述了A.E.斯鲁霍茨基教授对中国感应加热行业的点滴贡献。2012年1月30日—31日，在俄罗斯圣彼得堡电工大学，举行了A.E.斯鲁霍茨基教授诞生100周年纪念活动，李韵豪等专家前往参加，还专门把2012年第1期《金属加工（热加工）》带到了俄罗斯，获得了俄罗斯感应行业专家的认可。

图5 "百年铭记"栏目策划
（热加工2012年第1期）

1964年吉林省机械工程学会筹建"感应加热技术委员会"并召开了第一次全国感应加热学术会议。此后召开过第二、三、四次学术会议，后来热处理学会下设立了"感应热处理委员会"，曾在无锡、天津、杭州、洛阳、上海等地举办了感应热处理学术会议，2006年后感应加热学术会议中断了交流。2013年11月22日—25日，金属加工杂志社扛起了感应加热行业技术交流的大旗，由《金属加工（热加工）》牵头，在北京举办了"高端感应热处理技术交流会"（见图6），此次交流会议参会代表多达140余人，设国内外技术报告、专家技术答疑交流和专业的展览会参观等活动，老一辈感应热处理行业专家朱会文、林信智、冯伟年、轩维克、李学仁、赵长汉、李韵豪等多年后再一次难得相聚，易孚迪、艾玛、西马克艾洛特姆、Eldec、Fluxtrol、应达、埃博普、高周波株式会社等国外设备商和恒精、升华、科诺、天高、科创、保定红星、三恒、荣泰、十堰恒进、十堰高周波等国内设备供应商都来到了会上进行技术交流。

此后，"高端感应热处理技术交流会"形成了系列持续会议，每隔一年举办一次，来分享交流国内外的感应热处理技术，2015年在上海举办第二届，2017年在北京举办了第三届，2019年在河南洛阳举办了第四届。2019年，作为我国感应热处理行业发展的见证者和参与者，89岁高龄的行业专家沈庆通对行业贡献巨大，也是我国感应加热行业最德高望重的专家，《金属加工（热加工）》在2019年第7期特制作了"行业情怀"栏目（见图7），与行业专家、学者一同回顾了沈庆通对感应加热行业的贡献，给感应加热行业带来技术交流的同时促进了行业之间的感

图6 2013年高端感应热处理技术交流会
（热加工2014年第1期）

图7 "行业情怀"栏目策划
（热加工2019年第7期）

情交流，该策划专辑在微信朋友圈引起了广泛的关注。值得一提的是，在"第四届高端感应热处理技术交流会"上，金属加工杂志社与一拖工艺材料研究所在中国一拖为沈庆通颁发了"感应热处理行业终身成就奖"。

在《金属加工（热加工）》2019年第7期的《感应热处理的发展回顾与期望》一文中，沈庆通回顾了我国感应加热技术发展中的几个里程碑，并谈了他对我国感应加热行业如何缩小与工业发达国家差距的看法，最后，他勉励行业同仁：希望我们用"华为与苹果比高低"的精神，使我国热处理技术更上一层楼，20年后，不是我们向国外找差距，而是国外热处理行业向中国找差距！

为了这个共同的目标，我们与感应加热行业一起在努力着。

一朵灿烂的焊接技术之花
——为新中国建设作出巨大贡献的电渣焊技术

电渣焊是一种用电流通过熔渣而产生的电阻热作为电源的熔化焊接方法，于20世纪40年代后期由苏联巴顿电焊研究所发明。1951年，苏联最先将电渣焊技术用于工业生产。在新中国焊接事业的开创初期（即20世纪50年代），电渣焊技术传入中国，在五六十年代为我国工业建设作出了巨大贡献，至今在一些领域继续发挥着作用。

《机械工人》是最早宣传推广电渣焊技术的科技期刊之一，对电渣焊的生产实践经验进行了半个多世纪的持续报道。在本文中，我们将回顾新中国金属加工史中辉煌的电渣焊这一页。

向电渣焊进军

我国引进并推广电渣焊技术与当时的国家建设需要是分不开的。1955年6月，第一机械工业部在哈尔滨工业大学召开"第一次全国焊接专业会议"，会议决议指出：

> 机械工业的发展对焊接工作已经提出日益增长的要求。一两年来焊接的应用由修补零件和制造不重要的结构转入制造若干重要的和大型的产品。焊接工作的基础原来很差……必须努力学习与推广苏联先进经验，掌握新技术，改变焊接生产中技术水平落后的现状，才能适应国家建设的需要（潘际銮：《中国焊接事业发展历程》，中国焊接学会，2007）。

1957年初，哈尔滨锅炉厂应用电渣焊技术焊接锅炉锅筒筒体纵缝，成为我国最先引进电渣焊设备和技术的企业。

《机械工人（热加工）》1958年第10期第一篇文章《向电渣焊进军》（见图1）说道：

> 随着冶金、电力等工业的飞跃发展和机械工业武装自己的需要，重型机器需要量很大，如果只靠少数有大型铸锻设备的工厂来提供大型铸锻件是不可能的。电渣焊是“化大为小，并小成大”的一种非常有效的、新的焊接工艺，是一项多快好省、自力更生解决大型铸锻件不足的好办法。

该文介绍了电渣焊的原理及电渣焊方法等，以及新中国建厂最早的电焊机制造厂——上海电焊机厂1957年末试制的电渣焊机。

后来，《机械工人（热加工）》编辑部邀请哈尔滨锅炉厂的方卫民工程师撰写《谈电渣焊（上、下）》（热加工1959年第5期），较为详细地介绍了电渣焊的基本原理、焊接工艺过程、电渣焊设备以及板极电渣焊、熔化嘴电渣焊和手工电渣焊等应用方式等。

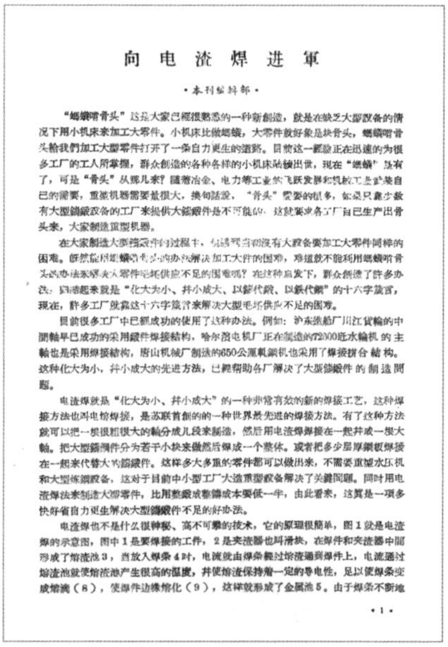
向电渣焊进軍

·本刊编辑部·

“螞蟻啃骨头”这是大家已經很熟悉的一种新創造，就是在缺乏大型設备的情况下用小机床来加工大零件。小机床比做螞蟻，大零件就好像是块骨头，螞蟻啃骨头給我們加工大型零件打开了一条自力更生的道路。目前这一經驗正在迅速的为很多工厂的工人所掌握，群众創造的各种各样的小机床陆續出世，现在“螞蟻”是有了，可是“骨头”从那儿来？隨着冶金、电力等工业的飞跃发展和机械工业武装自己的需要，重型机器需要量很大，換句話說，“骨头”需要的很多，如果只靠少数有大型鑄鍛設备的工厂来提供大鑄鍛件是不可能的，这就要求各工厂自己生产出骨头来，大家制造重型机器。

在大家制造大型鑄鍛件的过程中，也遇到当初沒有大設备要加工大零件同样的困难。既然能用螞蟻啃骨头的办法解决加工大件的困难，难道就不能利用螞蟻啃骨头的办法来解决大零件毛坯供应不足的困难吗？在这种启发下，群众創造了許多办法，归納起来就是“化大为小、并小成大、以鑄代鍛、以鉄代鋼”的十六字箴言，现在，許多工厂就靠这十六字箴言来解决大型毛坯供应不足的困难。

目前很多工厂中已經成功的使用了这种办法。例如：沪东造船厂川江貨輪的中間軸早已成功的采用鍛件焊接結构，哈尔滨电机厂正在制造的72000瓩水輪机的主軸也是采用焊接結构，唐山机械厂制造的650公厘軋鋼机也采用了焊接拼合結构。这种化大为小，并小成大的先进方法，已經帮助各厂解决了大型鑄鍛件的制造問題。

电渣焊就是“化大为小、并小成大”的一种非常有效的新的焊接工艺，这种焊接方法也叫电熔焊接，是苏联首創的的一种世界最先进的焊接方法。有了这种方法就可以把一根很粗很大的軸分成几段来制造，然后用电渣焊焊接在一起并成一根大軸。把大型鑄鋼件分为若干小块来做然后焊成一个整体。或者把多少层厚鋼板焊接在一起来代替大的鑄鍛件。这样多大多重的零件都可以做出来，不需要重型水压机和大型炼鋼設备，这对于目前中小型工厂大造重型設备解决了关鍵問題。同时用电渣焊法来制造大型零件，比用整鍛或整鑄成本要低一半，由此看来，这算是一项多快好省自力更生解决大型鑄鍛件不足的好办法。

电渣焊也不是什么很神秘、高不可攀的技术，它的原理很簡单，图1就是电渣焊的示意图，图中1是要焊接的工件，2是夹渣器也叫滑块，在焊件和夹渣器中間形成了熔渣池3，当放入焊条4时，电流就由焊条經过熔渣通到焊件上，电流通过熔渣池就使熔渣池产生很高的温度，并使熔渣保持着一定的导电性，足以使焊条变成熔滴（8），使焊件边缘熔化（9），这样就形成了金属池5。由于焊条不断地

·1·

图1 《向电渣焊进军》（热加工1958年第10期）

此后，全国掀起电渣焊热潮并延续两三年，其间焊接完成了一批冶金、发电、锻压方面急需的产品，如水轮机转子、主轴、轧机机架及水压机立柱等。

哈焊所、哈工大焊接专业的重要贡献

20世纪五六十年代，哈尔滨焊接研究所（当时称第一机械工业部焊接研究所，以下简称“哈焊所”，成立于1956年）和哈尔滨工业大学（以下简称“哈工大”）焊接专业在推广电渣焊技术方面起到了重要作用。武汉大学章应霖教授20世纪五六十年代在哈焊所工作，他向《机械工人》杂志记者回忆道：1958年秋，在第一机械工业部领导的推动下，哈焊所组织技术人员自制装置突击试验，初步掌握了电渣焊技术。后来刘鼎部长还视察了突击试验的成果。当年9月，第一机械工业部在哈尔滨举办第一期电渣焊技术训练班。10月，哈焊所会同哈工大的师生组成推广队分别到全国各地作示范推广。此后不久就有不少厂和技术人员提出使用电渣焊解决当前困难的设想和要求。1958年冬，在哈尔滨召开了全国电渣焊专业会议总结经验，进一步对该技术加以推广。

哈焊所和哈工大有关人员也在杂志上介绍了手工电渣焊技术在焊补灰铸铁件和球墨铸铁件上的应用，如《手工电渣焊在焊补灰铸铁件上的应用》《用手工电渣焊焊补球墨铸铁件》（热加工1959年第5期）等文章。

清华大学与石景山钢铁厂的合作

1958年,清华大学与石景山钢铁厂应用电渣焊焊接轧机机架,这是电渣焊在冶金行业最早的重要应用案例之一。《金属加工》记者2009年9月曾赴清华大学焊接馆采访了当年这一项目的主持人潘际銮院士。据潘院士回忆道,1958年11月中旬,清华大学与石景山钢铁厂合作,并在第一机械工业部机械制造与工艺科学院研究院、冶金工业部建筑科学研究院的参加下,成功地完成了用板极电渣焊焊接φ800mm轨梁轧钢机架。这项工作在当时无论从焊接断面大小、工作组织规模以及试验的分量来说,都是国内空前的(见图2)。

清华大学焊接教研组撰写了《800轨梁轧钢机机架的电渣焊》(见图3a),发表在《清华大学学报》1959年2月第6卷第1期上。石景山钢铁厂则撰写了《化大为小 以小拼大——φ800轧钢机机架的分块铸造》(见图3b),发表在《机械工人(热加工)》1959年第2期上。两篇文章基本同时刊发,但各有侧重。

万吨水压机与电渣焊

我国电渣焊最具代表性的应用是20世纪五六十年代万吨水压机的研制,机械工程技术专家刘鼎和沈鸿在其中发挥了重要作用,

a) 设备照片

b) 现场交流

图2 清华大学与石景山钢铁厂合作照片
(照片由潘际銮院士提供)

a)《清华大学学报》1959年刊出的文章

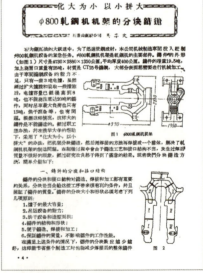
b)《机械工人》刊出的文章
(热加工1959年第2期)

图3 清华大学与石景山钢铁厂的合作发文

关于这些方面，参见本书中的《"南沈北刘"与万吨水压机》。在这里，仅作两点补充。

其一，随着万吨水压机的研制，培养了许多电渣焊专家，比如江南造船厂著名的技术工人唐应斌就是其中的杰出代表。1964年，国际焊接学会正式接纳我国为会员。翌年，我国第一次正式参加国际焊接学术会议。据潘际銮院士向《金属加工》记者介绍，我国首次向国际焊接学会提交的论文有三篇，其中唐应斌、宋大有的《电渣焊在12 000t锻造水压机中的应用》是宣读的唯一一篇，得到一致好评。

其二，《机械工人》还继续关注万吨水压机的运行使用情况。20世纪90年代初期，万吨水压机在上海重型机器厂（以下简称"上重"）服役30年后，电气系统老化、主要部件焊缝开裂现象时有发生，只得被降级、监控使用。为此上重决定对其进行全面大修改造，活动横梁的重制是此次工程中的最主要项目。《机械工人（热加工）》1994年第1期刊登的《万吨水压机活动横梁的焊接》（上重沈良梁、姜鸣峰撰写）对大修情况作了介绍。

"南唐北梁"——电渣焊生产实践经验

《机械工人》特别注意报道金属加工领域的生产实践经验，这是其与众不同的办刊特色之一。以上，我们已经提到了江南造船厂的唐应斌。接下来，再介绍一下与唐应斌齐名的哈尔滨锅炉厂的梁彦德。

如前所述，哈尔滨锅炉厂是我国最先引进推广电渣焊技术的企业。20世纪50年代中期，哈锅的梁彦德创造了多项重要的焊接方法和设备，如法兰圈板极电渣焊、深熔焊法及碳弧气刨等，极大地提高了生产效率，为企业的发展作出了重要贡献。《机械工人（热加工）》以《革新焊接技术的一员闯将——梁彦德优质高产节约全面红》为题（见图4）对他的事迹做了宣传报道，介绍了其法兰圈板极电渣焊的实践经验。

20世纪五六十年代，梁彦德是与唐应斌齐名的焊接能手，被称为"南唐北梁"。1962年，中国机械工程学会焊接学会成立，"南唐北梁"都被选为中国机械工程学会焊接学会第一届（1962—1981年）的理事。

当时，《机械工人》推广了全国各地电渣焊的生产实践经验，如北京第一机床厂应用手工电渣焊对大型灰铸铁件进行焊补，武汉重型机床厂铸造分厂电渣焊小组的大型铸铁件的电渣焊补，德阳东方电机厂的大型转轮的管极电渣焊应用，上海锅炉厂研制的移动式电渣焊升降架，首钢改造埋弧焊机用于对12.8t大法兰工件进行电渣焊，第一重型机器厂对轧钢厂300t转炉耳轴电渣焊裂纹的分析及处理……从首都到东北，从华东到西南，全国各工业重镇的冶金、发电、重机等行业现场的生产实践经验都得到了充分的推广。

图4 《机械工人》杂志报道焊接高手梁彦德
（热加工1959年第12期）

电渣焊在21世纪

随着焊接技术的发展,20世纪70年代后,电渣焊在大多数领域被窄间隙埋弧焊或气体保护焊替代。关于这点,武汉大学章应霖教授在回答《机械工人》记者时说道:"随着低合金高强度结构钢的发展和广泛的应用,以及结构的壁厚减薄,采用电渣焊的必要性和迫切性随之降低。另外,用电渣焊焊接的构件必须进行正火处理,有时不适应于某些合金钢材的要求。"关于电渣焊技术的应用现状,章应霖指出,"在现在的技术水平下,我认为用电渣焊这种方法拼焊制造特大型铸件毛坯还是可取的,在需要的条件下此工艺也还是制造大型碳素钢构件的一种选择。此外,这种工艺的变异应用——电渣重熔是制造高性能重要部件毛坯的重要实用手段。在这方面它具有独特的优势。"

进入21世纪,电渣焊技术仍然发挥着作用,以下举三个例子。

其一,2006年,中冶天工钢构容器分公司承担世界最大的不锈钢生产基地——太钢300万t/a不锈钢扩建工程,其中建筑钢结构的箱形梁(柱)焊接量大,其隔板要求采用熔嘴电渣焊。该公司焊接能手范绍林借鉴《机械工人》以前刊登的有关电渣焊实践经验,成功地完成了这一任务。2006年,范绍林被中冶冶金科工集团命名为焊接首席技师。他回忆说,自1970年工作,自己在长期工作实践中一直受益于《机械工人》刊登的焊接工艺方法和实践经验(范绍林:《〈机械工人〉助我成长》,热加工2008年第10期)。范绍林既受益于《金属加工》,又将在该项工程中的实践经验撰文《建筑钢结构箱形钢梁(柱)隔板熔嘴电渣焊工艺方法》在热加工2007年第7期发表,该项成果还申报了中冶集团公司工法。

其二,据2008年北京奥运会主会场"鸟巢"钢结构分部副总工程师戴为志在接受《金属加工》记者采访时介绍,代表了当时建筑钢结构焊接技术发展趋势的"鸟巢"工程,主要采用了6种焊接方法——焊条电弧焊、埋弧焊、CO_2实芯焊丝气体保护焊、CO_2药芯焊丝气体保护焊、电渣焊和栓钉焊,其中电渣焊主要用于BOX构件筋板的焊接(于淑香、张淑杰:《访"鸟巢"钢结构分部副总工程师戴为志》,热加工2008年第10期)。

其三,在钢结构工程建设过程中,箱形梁钢结构主要以厚板高强钢为主,对于焊工操作较小的空间,可通过采用非熔嘴式电渣焊的方法解决,达到高效焊接的目的(宋统战:《非熔嘴式电渣焊焊缝质量影响因素的分析及解决方法》,热加工2011年第10期)。

在新中国焊接事业的发展历程中,电渣焊技术曾经发挥了重要的作用,这是我们金属加工人永志不忘的。

一本出版于1954年的金属加工技术"口袋书"

在《金属加工》(原名《机械工人》)70年的发展历程中,杂志的开本曾经随着行业的发展而多次改变,1950年创刊时是32开本的小册子,到1993年改刊为16开本,后来又陆续改刊为大16开本、双封面。杂志开本等外观形象虽有改变,但是《金属加工》始终坚持"服务领域、办刊宗旨、内容特色"三不变,这些已经是读者朋友们比较熟悉的了。在本文里,我们要谈谈《机械工人》曾经编辑出版的64开本的"口袋书"。

在创刊后的20世纪50年代初期,针对当时国家恢复和发展生产的需要,《机械工人》非常重视在工矿企业中普及和交流各种实用的金属加工生产实践经验,在杂志上陆续发表了许多技术"小窍门",因为这些"小窍门"都是实际工作中的点滴经验,一般都简便实用,所以受到广大读者的欢迎。很多读者都认为,这些小窍门能帮助他们解决实际工作中的问题,并给他们在改进工作中起到了启示作用,因此很多读者投函《机械工人》编辑部,要求把这些小窍门汇编成一个专辑,以便随时参考。根据读者的要求,我们把这些"小窍门"辑录出版,比如,1954年出版的《机械工人小窍门辑》(见图1)。

这本小书是当时本社书刊互动的一个小例子,书中共收录了113种金属加工冷加工的"小窍门",覆盖了车、铣、刨、钻、钳及钣金等领域。每条"小窍门"一般只有一页,少数几条也不过两页(而且这两页还是对开的,很方便读者阅读),每条都配上绘制清晰的插图,文字简洁,叙述清楚。作为64开本的这种小书真正是实用的"口袋书",放在衣服兜里随身携带,平时乘车上班路上、在车间工作遇到相关的问题、工余休息和出差在外等各种场合都可以随时方便地拿出来翻阅。这本小书从1954年出版后就供不应求,不断重新印刷。我们还有一本第五次印刷的版本,印数是2.9万~3.9万册,可

图1　1954年《机械工人小窍门辑》

见在当时读者中受欢迎的程度。

同样，在金属加工热加工领域，我们也为读者辑录出版了这种64开本的"口袋书"，如1958年的《机械工人小经验辑（热加工）》（见图2），共收录刊物上发表过的100种热加工小经验，包括铸造、锻压、焊接和热处理等，其特点也是"简单实用，一看就懂"，同样受到了读者的热烈欢迎。

值得一提的是，在《机械工人小窍门辑》这本"口袋书"里，有近一半文章的作者都是梁训瑄先生。梁老是《机械工人》50多年的老朋友了，20世纪50年代的他还是校园里的一名学生，学习之余就撰写系列金属加工技术方面的"小窍门"文章，投在杂志上发表。一晃60多年过去了，梁训瑄已经故世，他生前是我国机床工具行业著名的老专家，中国机床工具工业协会的名誉理事长，依稀记得每次杂志社的编辑、记者在会议或展会等活动上遇到梁老，他都是那么的热情。2008年年初，本刊改刊更名为《金属加工》时，梁老在贺词中就写道："我是《机械工人》20世纪50年代创刊时期的年轻撰稿人和之后长期的忠实读者，我当时那些稿件还由杂志社编成小窍门辑的小册子出版了。我以能通过《机械工人》这个媒体成为机械工业从业人员中的一员而荣幸。"梁老这种老作者兼老读者对杂志的深厚情意让我们深受感动，也令我们感到有责任把杂志办得更好，努力使之成为金属加工领域的长青品牌媒体。

图2 1958年出版的《机械工人小经验辑》

陶瓷刀的推广与应用

陶瓷刀具有许多独特优点，如高耐热性、很高的硬度和耐磨性能、良好的高温力学性能等，可以加工传统刀具很难加工甚至不能加工的超硬材料。有专家预测，陶瓷将成为21世纪最重要的刀具材料之一。

20世纪初，国外就开始尝试将陶瓷材料试作切削刀具使用，但直到20世纪50年代，陶瓷刀具材料才开始得到较大发展。苏联是使用陶瓷刀具最早的国家之一，1947年就有数种陶瓷刀应用于工业中。

我国1953年研制出第一代Al_2O_3陶瓷刀，由于强度和韧性低，所以未能推广使用。20世纪60年代后，研制成功数种陶瓷刀片，经工厂使用取得较好效果，至70年代末，才开始系统研究开发和规模生产。

表演高速切削

1956年4月，全国机械先进生产者会议在北京召开。会议期间，苏联代表团团员、高速切削能手沃兰佐夫就使用苏联制造的陶瓷刀进行了高速切削表演，这让我国与会的金属切削能手们大开眼界。《机械工人》记者现场观看了沃兰佐夫的陶瓷刀高速切削表演，除了以画刊作了图文报道（见图1）外，还撰文作了较为详细的技术报道。

出席全国机械工业先进生产者会议的代表们，围绕着一台1A62车床，苏联代表团团员沃兰佐夫作了卓越的高速强力切削表演。沃兰佐夫是苏联最高苏维埃的代表，是苏联最优秀的先进车工之一。

图1　与会代表聚精会神地观看沃兰佐夫利用陶瓷刀表演高速切削
　　　（《机械工人》1956年第5期封二画刊）

沃兰佐夫用自己的快速卡头迅速地装卡好带黑皮的锻件毛坯，熟练地调整机床。开车了，转速最高达到1200r/min，工件飞快地旋转起来，车刀迅速地移动。随着车刀的移动，毛坯上出现了一圈圈闪着金属光辉的表面。切屑一大片一大片地流下来，变成深蓝色和金黄色。立刻，车刀就走到头了，他熟练、迅速地退回车刀，用油石研了一下刀刃，又继续车几刀，工件就加工好了（本刊记者：《快速装卡高速切削——记沃兰佐夫的卓越表演》，《机械工人》1956年第5期）。

组织专题推广

1958年，一机部新技术宣传推广所等单位在哈尔滨曾组织全国20多个工厂学习和使用陶瓷刀。《机械工人（冷加工）》1959年第3期对陶瓷刀作了专题介绍和推广，专辑开篇语中写道："早在1932年，苏联首次应用陶瓷刀切削瓷质半成品、塑料和有色金属制品。最近几年来，苏联大力研究并创造了多种新型的陶瓷材料，为扩大陶瓷刀的应用范围创造了良好的条件。用作切削刀具的陶瓷同一般陶瓷不同，但它们同属非金属材料，用它来切削金属是刀具史上的一次重大革新，具有深远的意义。1953年，我国积极学习苏联先进经验，在应用陶瓷刀上取得了一定成就，积累了一些经验。目前，南京电磁厂和上海大中电瓷厂已正式生产，并能适量供应。"

为便于读者们学习和掌握这项新技术，编辑部根据有关资料编写了一篇长达12页的文章，分为《陶瓷刀的性能》《陶瓷刀几何角度的选择》《切削用量的选择》《陶瓷刀的结构》《陶瓷刀的刃磨和研磨》及《陶瓷刀使用注意事项》等版块。

关注研究进展

20世纪80年代以来，我国陶瓷刀具材料的研制取得不少进展。

中国工程院院士艾兴是我国著名的切削加工和刀具材料专家，他首创融合切削学与陶瓷学于一体的陶瓷刀具研究和设计的理论新体系，他领导的刀具材料研究组是我国较早进行陶瓷刀具研制的研究团队。80年代初，艾兴率领小组经过几年的努力，研究成功了组合陶瓷SC－4和金属陶瓷LT－55两种陶瓷刀具新材料（艾兴等：《组合陶瓷刀具材料》，冷加工1984年第3期，见图2）。

清华大学研制成功复合氮化硅（Si_3N_4）陶瓷刀具，具有良好的切削性能，是一种新型优良复合陶瓷刀具（罗振璧等：《复合氮化硅陶瓷刀具》，冷加工1983年第9期）。

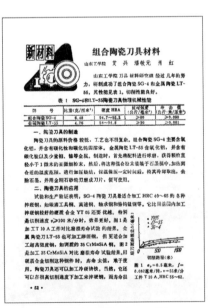

图2 艾兴教授文章《组合陶瓷刀具材料》
（冷加工1984年第3期）

中南矿业学院研制成功AG2刀片是通用性较大的陶瓷刀片，由冷水江市陶瓷工具厂生产，研究人员撰文介绍AG2复合陶瓷刀片与硬质合金刀片切削淬火钢、高强度钢的比较（黄汉泉等：《陶瓷刀具的应用及效果》，冷加工1985年第9期）。

近二三十年来，陶瓷刀具的发展很快，《机械工人（冷加工）》一直关注并及时报道该领域的最新进展（如成都工具研究所：《陶瓷刀具的发展》，冷加工1984年第7期；株洲硬质合金厂田润科：《陶瓷刀具材料发展与应用》，冷加工1993年第10、11期；清华大学齐龙浩：《陶瓷刀具的进展与应用》，冷加工1995年第7、8期；山东大学刘战强：《陶瓷刀具材料的新进展与应用》，冷加工2006年第10期）。

注重推广应用

除关注研究进展外，《机械工人（冷加工）》特别注重报道推广各地厂矿应用陶瓷刀具的生产实践经验。值得一提的是，冷加工1994年专门设置了"陶瓷工具应用专栏"（由长沙工程陶瓷公司协办）；1994年全年连载刊登了多篇陶瓷工具应用的文章，包括首钢特殊钢公司的《可转位陶瓷圆弧刃端铣刀》（第2期），邢台冶金机械轧辊股份有限公司的《晶须增韧陶瓷刀车削轧辊》（第3期），太原重型机器厂的《陶瓷刀具在淬火表面高速精铣上的应用》（第4、5期），大连组合机床研究所的《陶瓷刀具在加工中心及组合机床上的应用》（第8期）等。

加快科研成果转化

在世纪之交的2000年，艾兴院士撰文回顾了国外陶瓷刀具材料的发展概况、我国陶瓷刀具发展历程，并呼吁建立陶瓷刀具研究新体系，加速开发新型陶瓷刀具，他指出：

> 切削加工是现代制造技术的最重要的基础技术，而现代陶瓷刀具则是先进制造技术的强有力的武器。生产实践已经证明，推广应用现代陶瓷刀具，将获得巨大的经济效益。
>
> 目前，陶瓷刀具面临很大的挑战，主要是成本高，使用条件也苛刻，性能分散性较大，可靠性差，科研成果转化为生产力还很不够，所以，在量大面广的工件材料加工中，除高速切削范围外，显示不出陶瓷刀具的优越性。
>
> 我国要加速推广使用陶瓷刀具，目前的主要目标是提高质量，降低成本，提高可靠性，将科研成果迅速转化为生产力，增加品种，迎接面临的挑战（艾兴：《陶瓷工具的发展及应用》，冷加工2000年第9期）。

陶瓷刀具材料已被认为是效率最高、最有发展前途的刀具材料。陶瓷刀具可以实现以车代磨、以铣代抛的高效"硬加工技术"以及"干切削技术"，提高零件加工表面质量。随着新型刀具材料的不断出现，特别是陶瓷刀具材料的开发，研究得到了一些新的成果：Bernhard Karpuschewski研究出在真空下热压烧结制得TiB2－TiC复合陶瓷刀具材料，研究了纳米镍、钼添加剂和烧结升温速率对力学性能和粒度特征的影响。Guangming Zheng研究出赛隆Si_3N_4陶瓷梯度纳米复合陶瓷刀具，通过车削铬镍铁718合金的试验后，得到梯度陶瓷刀具的切削寿命明显高于常用的刀具（袁帅：《陶瓷刀具的应用及其发展》，冷加工2015年第6期）。

倪志福、“群钻”与《机械工人》

倪志福，一个我国金属加工领域响亮的名字。倪志福钻头，一朵我国金属加工技术的灿烂之花。从20世纪50年代至今，《机械工人》对倪志福和“倪志福钻头”进行了长达半个世纪的关注和报道。

“倪志福钻头”

1953年10月，时为北京永定机械厂的青年钳工倪志福创制了一种新型钻头（见图1），其基本特征为“三尖七刃锐当先，月牙弧槽分两边”，生产效率和使用寿命均大幅提高，被称为“倪志福钻头”。

1964年8月，北京（国际）科学讨论会举办，31岁的倪志福同志登上国际讲坛，宣读了《倪志福钻头》一文。随后，该文在《机械工人》（见图2）、《机械工程学报》和《科学通报》上发表。这三本刊物一本是金属加工生产实践领域影响最大的技术刊物，一本是代表机械工程技术领域最高水准的学术刊物，一本是自然科学基础理论研究领域的权威学术刊物，此举在我国科技领域引起极大的反响。

1965年5月，全国先进工具经验交流会在北京召开，倪志福等一批全国著名劳模在交流会上作了表演。倪志福表演时，盛利为他调整机床，表演后，苏广铭等老英雄都热烈地向他表示祝贺。在今天，“倪志福”这个名字所代表的正是那批金属加工技术精湛的老劳模们（见图3，图中右起依次为盛利、金福长、宿天和、朱恒、倪志福、朱兆金），他们为我国机械工业的发展立下了不可磨灭的功绩。

新型鑽头　　中央第二机械工業部新技术宣傳推广所报道

某厂青年鉗工倪志福同志，在1953年10月改进了鑽头的几何形狀，創造了一种新型鑽头。这种鑽头的生产效率高，使用寿命長，最适合於鑽削鋼料，特别是塑性較大的合金鋼料。这种鑽头磨制方便，一般鉗工15分鐘就可学会，所以在我厂已获得广泛应用。

新型鑽头的几何形狀　倪志福同志所創造的新型鑽头的几何形狀，和普通鑽头的几何形狀比較起来（如圖1），有如下的四个特点：

1)新型鑽头的头部磨有兩个月牙形的分屑槽；

2)新型鑽头的头部是平的，只是中心比兩旁稍高；

3)新型鑽头的横刃，約为普通鑽头横刃長度的 1/3；

4)新型鑽头外緣后角比普通鑽头大3°左右。

这种鑽头的头部尺寸和角度如附表所示。在鑽深孔（L/D≥8）时，新型鑽头的头部要加磨第二頂角，即磨出 $2\varphi_1=70°$（如圖2），以延長鑽头的寿命。

圖 1　　圖 2

新型鑽头的优点　1)新型鑽头由於横刃經过修磨，横刃長度縮短为普通鑽头横刃長度的 1/2～1/3，並且横刃处的前角减小，所以降低了軸向降低。另外，由於鑽头头部具有兩个月牙形分屑槽，切屑排出比較順利，切屑塑性変形降低，所以鑽头的扭轉力矩也降低了。根据試驗的結果，在鑽削鋼料时，軸向力降低了 1/2～1/3，扭轉力矩約降低 1/3～1/4。在鑽削鑄鉄时，扭轉力矩降低不

·10·

图1　倪志福钻头与普通钻头的几何 形状比较（《机械工人》1956年第12期）

图2 倪志福与"倪志福钻头"
（《机械工人》1965年第1期）

图3 1965年，倪志福等在全国先进工具经验工具展上
（《机械工人》1965年第8期封面）

"群钻"：群众智慧的结晶

1965年，倪志福同志建议将"倪志福钻头"改名为"群钻"，因为它是群众智慧的结晶，实现了领导、专家和群众的三结合。

倪志福同志担任领导以后，仍一直关心群众技术协作和金属加工技术创新。1977年10月，北京先进刀具表演大会在北京第一机床厂等四厂同时进行，时任中共北京市委第二书记的倪志福同志前往参观，还亲自进行不锈钢断屑群钻操作表演（见图4）。

《机械工人》一直关注"群钻"技术的发展，从1956年第12期《新型钻头》报道倪志福创制的新型钻头开始，宣传报道了许多倪志福同志和北京永定机械厂群钻小组的实践经验文章。据统计，从1979年第10期到1982年第4期，北京永定机械厂群钻小组就在《机械工人》发表了9篇文章，既包括群钻小组对"群钻"研究和实践的最新进展，如《加工不锈钢和耐酸钢的断屑群钻》《钻铸帖精孔群钻》《钻钛合金群钻》等，也包括20世纪80年代改革开放初期，全国各地掀起学习科学技术的高潮，群钻小组撰写的《群钻问答一百例》在《机械工人（冷加工）》1980年第7~12期选登连载，简明概括地介绍了"群钻"的实践与认识的基本内容。

北京理工大学于启勋教授是中国切削技术领域资深专家，1956年，当时在北京工业学院金属切削专业任教的于启勋被组

图4 1977年，倪志福进行群钻操作表演
（冷加工1977年封二画刊）

织上派到北京永定机械厂讲课，与当时在该厂工作的倪志福同志见面，由此开始合作。倪志福同志在生产实践中创制了新型钻头，于启勋从切削力、刀具寿命、刀具磨损、钻孔加工精度、钻孔表面质量、分屑排屑试验、金相分析和钻头几何角度等方面进行试验，在取得的数据上加以理论概括。后来，倪志福、于启勋、周淑英、王育民等合作并由于启勋执笔撰写了《倪志福钻头》，1963年由国防工业出版社出版。于启勋数十年来研究"群钻"理论和应用，取得了丰硕成果，作为《机械工人》的老朋友，于启勋注意在杂志上介绍"群钻"的新进展，1999年，于启勋撰写《群钻的特征和使用性能》介绍"群钻"产生的历史背景、特征及使用性能，随后，他又与北京永定机械厂柳德春等同志合作撰写了《群钻技术的发展》，介绍了新材料的"群钻"、新结构的"群钻"、钻型的发展、"群钻"的刃磨等最新情况。

推广"群钻"各地应用，发展"群钻"的实践经验

《机械工人》除宣传倪志福、北京永定机械厂群钻小组、于启勋等研制"群钻"的最新进展外，还非常关注全国各地学习"群钻"的实践经验，如"群钻"的应用、对"群钻"的改进、在"群钻"基础上的创新等。据我们的不完全统计，1958—2010年，杂志共刊登该领域的文章约30篇。

早在1958年第9期，《机械工人（冷加工）》就报道了原国营伟建机械厂生产者综合分屑槽钻头和倪志福钻头的优点，改进钻头几何形状，而创制的一种新型钻头，他们称之为"综合钻头"。《机械工人（冷加工）》的这些宣传报道既推动了"群钻"技术的普及和发展，也促进了不少机械行业发明人才的成长。北京起重机器厂的"全国技术能手"贺士起就是一个典型的例子。贺士起在不同时期在杂志发表了《新型大钻头》（冷加工1992年第6期）、《怎样磨好钻头》（冷加工1995年第11期）、《七尖十一刃大钻头》（冷加工2001年第10期）等文章，所介绍的既有他刃磨"群钻"积累多年的宝贵经验，也有他在"群钻"基础上的创新。合肥重型机器厂邹德骏《可调自动进刀孔夹具》（冷加工1981年第8期）、南口机车车辆车辆厂全国劳模郑文虎《用麻花钻钻削深孔》（冷加工2003年第12期）等都是应用或实践的好文章。

上海理工大学附属工厂孙家宁早在1956年读到《机械工人》1956年第12期发表的介绍文章，就照着图样刃磨，并引入课堂，从此开始对"群钻"的研究和应用，至今已经60多年。2010年第1期，孙家宁应邀撰写《新中国60年来群钻的发展与展望》，全面地介绍了我国"群钻"技术的历史、现状和未来。

"感谢你们关心《机械工人》!"

倪志福同志一直关注和支持《机械工人》,他先后出席了杂志创刊30周年、40周年和50周年纪念大会。1990年10月,沈鸿老部长代表编辑部向倪志福同志颁赠了"《机械工人》荣誉通讯员"证书。倪志福同志一直把自己当作杂志社的自家人,2000年10月,《机械工人》创刊50周年大会在人民大会堂召开,倪志福同志一进休息室(见图5)见到来宾就以东道主的身份说:"感谢你们关心《机械工人》!"

图5 倪志福参加《机械工人》创刊50周年纪念大会

新世纪谈钻孔技术创新之路

2000年是《机械工人》创刊50周年,在总结过去、走向未来的世纪之交,一方面,杂志社编辑了《倪志福与〈机械工人〉》画册(见图6),详细记录了杂志自创刊以来对倪志福同志事迹及"群钻"技术的文字和图片报道;另一方面,倪志福同志特意撰写了《谈钻孔技术创新之路》一文,回顾了群钻技术的历史经验和创新方向,他在文章中说道:

图6 倪志福同志与何光远同志一起翻看《倪志福与〈机械工人〉画册》

近十年来，我国一些大学的教授和研究人员，结合生产需要，针对群钻及其钻孔机理、数控刃磨作了许多试验研究工作。应该看到，钻头尤其是群钻的刃磨较复杂，手工刃磨已不适应现代化生产要求。回顾过去的技术推广和开发工作，已表明经济适用、效能好的钻头刃磨机床的设计开发难度是很大的；这也说明进一步实现钻头和群钻刃磨机械化、自动化，要寄希望于体现设计、研制与使用者密切合作的产、学、研结合，领导的支持促进（冷加工2000年第1期）。

2001年12月5日，倪志福的"多尖多刃群钻"获得了国家知识产权局实用新型专利权的确认。2003年，倪志福荣获首届"中国十大科技前沿人物"称号。

倪志福与"群钻"不仅代表着我国金属加工技术载入史册的辉煌过去，也代表着我国金属加工技术不断创新的灿烂未来。

走在时间前面，做时间的主人
——金属加工领域的全国著名劳模王崇伦、苏广铭

王崇伦和苏广铭，他们与马恒昌一样，是20世纪50年代我国金属加工领域技术精湛、受人敬仰的全国著名劳动模范，而且与《机械工人》有着深厚的情谊。

"走在时间前面的人"——王崇伦

王崇伦（1927—2002），辽宁省辽阳人，全国著名劳动模范，曾为鞍钢工人，后历任鞍钢工会主席、中华全国总工会副主席、哈尔滨市委副书记，分别于1956年和1959年荣获"全国先进生产者"称号。

1953年，我国开始实施第一个五年计划，鞍钢的生产建设在突飞猛进地发展。王崇伦所在的鞍钢机修厂工具车间接受了试制卡动器的任务，他大胆地构想用刨床代替插床，制造一个圆筒形的工具胎（见图1），从而把插床的垂直切削转变成刨床的水平切削，发明了"万能工具胎"，一年完成了几年的生产任务，提前跨进了1956年，成为全国最先完成第一个五年计划的一线工人，从此被誉为"走在时间前面的人"。当时《人民日报》为此发表了《发扬王崇伦的工作精神，提前完成国家计划》的社论，号召全国工人学习王崇伦的先进事迹。《机械工人》1954年第1期就作了专题宣传，并特别配发了由王崇伦撰写的题为《王崇伦创造万能工具胎》的文章进行推广（见图2）。1959年，王崇伦出席全国"群英会"，会议期间，受到党和国家领导人亲切接见，毛泽东主席称赞王崇伦是"青年的榜样"。20世纪60年代初，王崇伦与鞍钢老英雄孟泰一起大搞技术革新，克服了许多"老、大、难"问题，实现了100多项革新，先后突破十几项重要技术难题。新华社《永远的丰碑（87）》以《走在时间前面的人：王崇伦》为题对王崇伦作了报道。

图1 王崇伦和"万能工具胎"（《机械工人》1954年第1期封面）

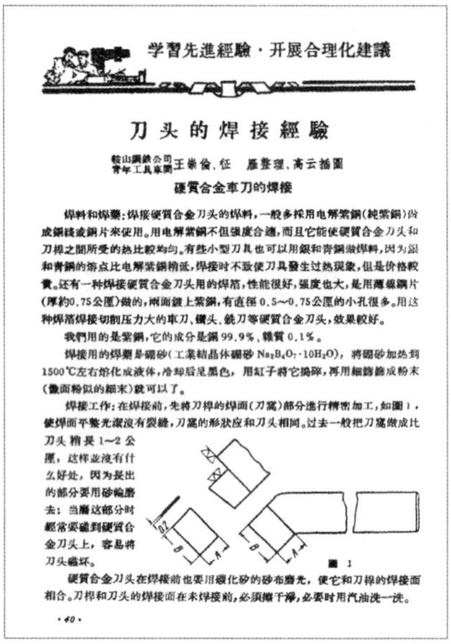

学習先進經驗·开展合理化建議

刀头的焊接經驗

鞍山鋼鉄公司青年工具車間 王崇倫、任 羅整理、高云插圖

硬質合金車刀的焊接

a）《机械工人》1956年第7期

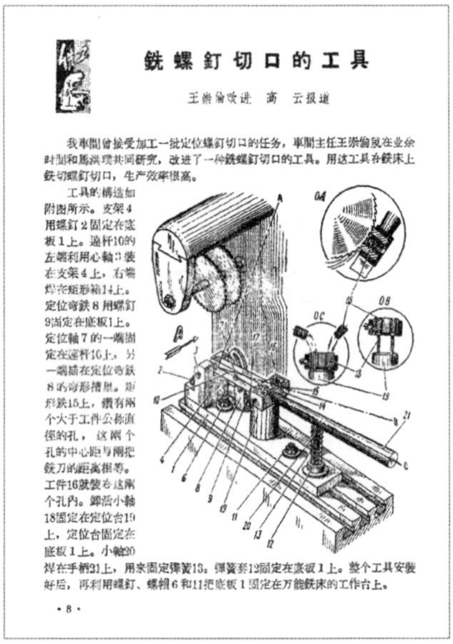

銑螺釘切口的工具

王崇倫改进 高 云报道

b）冷加工1957年第7期

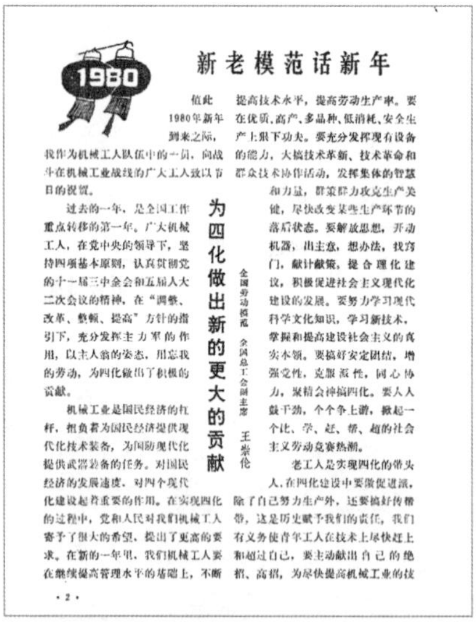

新老模范话新年

为四化做出新的更大的贡献

全国劳动模范 全国总工会副主席 王崇伦

c）冷加工1980年第1期

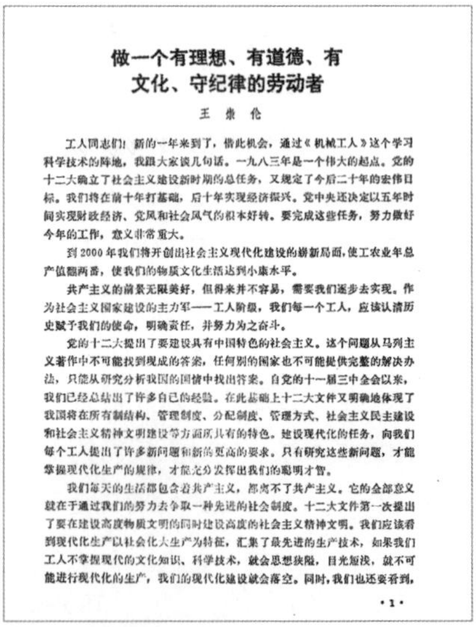

做一个有理想、有道德、有文化、守纪律的劳动者

王崇伦

d）冷加工1983年第1期

图2 王崇伦同志不同时期在《机械工人》发表的部分文章

"时间的主人"——苏广铭

2007年9月,在我国工业重镇——哈尔滨市举办了"正大杯"哈尔滨市建国以来最具影响力劳动模范的评选活动。这次活动由哈尔滨市委宣传部、市总工会等部门联合开展,引起了工业界内外的浓厚兴趣。据黑龙江省媒体报道,这次活动"依据知名度高,社会导向性强;业绩卓著,贡献突出;兼顾不同行业的不同代表;具有时代特征的基本原则确定候选人,并通过公众网上投票和短信投票",最后评选出"哈尔滨市建国以来最具影响力劳动模范"10人,其中金属加工领域的著名劳模"时间的主人"——苏广铭、"刀具大王"——孙茂松都以高票当选。此外,"焊接王牌"——梁彦德、著名焊接专家——林尚扬院士、刀具革新高手——顾凯、焊接领域的"跨国工人"——武永合、哈尔滨车工状元——王英武等也荣获"提名奖"(共19人)。

苏广铭(1913—2005),山东省平原县人,全国著名劳动模范,哈尔滨车辆厂铣工,后任工人技师、工程师,曾任黑龙江省总工会副主席、省职工技术协作委员会主任。1956年、1959年被授予"全国先进生产者"称号。1959年,周恩来总理在人民大会堂设国宴招待参加全国"群英会"的劳模们时对苏广铭说:"哈尔滨车辆厂是个老厂,你回去要带头搞设备改造啊。"周总理的期望成了苏广铭终生奋斗的信念。苏广铭一生热爱技术革新,据统计,从1956年起的24年间,他在车间里、机床旁实现技术革新320项,最多一项革新可以使工效提高88倍。他研制发明了"玉米铣刀""错齿片铣刀"。1965年,他创下4min加工一块轴瓦的当时全国最高纪录,被誉为"时间的主人"。

图3 苏广铭和他心爱的铣床
(冷加工1958年第5期封面)

苏广铭工作的哈尔滨车辆厂建于1898年,是一个百年老厂,在哈尔滨的城市发展史具有重要的地位,被专家称为"哈尔滨近代工业的发端""哈尔滨产业工人的摇篮"。2002年年底,哈尔滨车辆厂原址拆迁,引起了哈尔滨市关于工业遗产保护的讨论。据《黑龙江日报》报道,拆迁中,苏广铭用过的机床(见图3)面临被弃置的可能,哈尔滨市的一位民营企业家听说后当即决定买下,并准备将其与他购买的其他老机床一起捐献给黑龙江省科技馆。该企业家说:"这台铣床记载着中国工业的发展史,非常珍贵!"这台铣床1928年产于德国,苏广铭20世纪50年代将其改造为全自动铣床,曾随他进京表演。当时苏广铭一直为哈尔滨车辆厂拆迁的消息而难过,当得知他使用过的铣床得到完好归宿,感到非常欣慰。

《机械工人》从20世纪50年代就对苏广铭革新刀具作了大量宣传和报道(见图4、图5)。苏广铭对本刊有很深的感情。1981

图4 《机械工人》对苏广铭同志的报道
(冷加工1958年第4期)

a) 冷加工1959年第4期　　b)《机械工人》1973年第1期　　c) 冷加工1980年第1期

图5　苏广铭同志不同时期在《机械工人》发表的部分文章

图6　1981年，《机械工人》创刊30周年纪念大会上苏广铭（前排右五）、田景奇（前排右七）等与编辑部部分同志合影

年，《机械工人》创刊30周年纪念大会在北京举办，老英雄苏广铭率先发表了感人至深的讲话，回忆在"文革"的逆境中仍想着《机械工人》和革新技术的情景（见图6）。

1953年，作者魏巍曾经写过一首赞扬王崇伦的诗发表在《人民日报》上，这首小诗带有那个时代的历史痕迹，虽然现在已经进入21世纪了，但是王崇伦、苏广铭等全国劳模那种与时间赛跑、热爱技术革新的精神仍然值得我们继承和发扬。我们把魏巍这首幽默的小诗抄录在最后，作为本文的结束。

时光老人，您说他老不老？
戴着一副老花镜，胡子眉毛全白了。
可是他乘着一匹追风马，
提着一大包日历，年年月月在我们前面跑。
追呀！追呀！
累得人腰疼腿酸，干瞪两眼追不上，
你没听见人们嚷："工作太多时间少。"
可是，有一个小伙子的腿脚真少见，
现在是一九五三年，他一九五六年的工作开始了。
老人一看着了急，胡子一翘多么高，
用拐杖打得追风马喷着白唾，
没追上小伙子，老花镜也不知什么时候丢掉了。
气得他日历包一丢，一声长叹："咳！你们毛手毛脚，什么也不听我安排，社会主义由你们自己去提早！"

北京金属切削名宿史洪志与桂育鹏

北京的金属切削高手

20世纪五六十年代的北京，涌现出了不少全国著名的金属切削高手，当时北京永定机械厂发明"群钻"的倪志福，北京二七机车车辆厂的"切削细长轴"的能手史洪志，北京人民机器厂的"刀具大王"桂育鹏等就是其中的代表人物。《机械工人》对他们的先进事迹和实践经验的宣传报道曾经起到极大的影响，发挥了积极的作用。

著名金属切削技术专家、北京理工大学于启勋教授说道：

> 20世纪50年代初，苏联援助中国，派遣很多先进工作者和操作能手来华表演高速切削和推广先进刀具。《机械工人》是唯一系统报道这一活动的期刊，连续刊登了各地高速切削表演的消息，并报道了苏联先进刀具的几何参数和切削性能。中国众多工厂推广苏联经验，并有创新，出现了一批先进工作者和先进工具，如倪志福钻头、史洪志的高速车削细长轴、桂育鹏的强力切削……《机械工人》连续多期报道了他们的经验和技术要点，对推广先进经验和提高切削加工的劳动生产率发挥了重要作用（于启勋：《〈机械工人〉我事业上的伴侣》，冷加工2008年第1期）。

关于倪志福同志，前面已经作过介绍，在这里，我们介绍一下史洪志和桂育鹏同志。

车细长轴的高手史洪志

史洪志原在北京二七机车车辆厂工作，后来曾担任北京市领导工作。史洪志的拿手绝活是车削细长轴。那还是在"文革"时期，虽然各方面都很困难，但是读者们仍然渴望了解新技术，渴望学习实践经验，《机械工人》设置的"老师傅谈经验"栏目因此深受读者的喜爱。当时有句俗话"钳工怕眼，车工怕杠"，车削加工细长轴是比较困难的。史洪志等人经过多年研究改进，摸索出一套快速车削细长轴的方法。《机械工人》1973年第1期在"老师傅谈经验"栏目中，对史洪志等人的经验进行了较为详细的介绍（北京二七机车车辆工厂：《快速车削光杠》，《机械工人》1973年第1期，见图1）。后来，史洪志撰写的《高速车削细长轴》列入机械工业出版社《机械工人学习材料》丛书，并在1975年由机械工业出版社出版（见图2）。

"刀具大王"桂育鹏

桂育鹏原是北京人民机器厂车工、技术员，后任北京工具研究所工程师、北京技术交流站副总工程师。据不完全统计，从1952年起，他先后实现技术革新300多项，改进刀具150多项，研制新型刀具80多种。

当时，全国推广"科列索夫工作法"等高速切削法，桂育鹏也学着磨了一把，但是效果不佳，有人嘲笑说："金鞍要配玉马，像你这种只能给西太后车痰桶的老皮带车床，还要挎洋刀，岂不是猪鼻子插葱——装象吗？"桂育鹏毫不灰心，经过琢磨，结合实际，创制了75°综合强力车刀。由此，他悟到：学习外国先进技术，必须结合自己的特点，绝不能生搬硬套。

后来，他在参观奇基列夫表演时受到启发，试制成功高速梯形螺纹车刀。1956年、1959年，桂育鹏两次被评为"全国先进生产者"。1957年，冷加工第1期就发表了桂育鹏撰写的《机械夹固挑扣刀》（见图3），介绍了其结构、切削用量、优缺点及存在的问题等。1959年，北京人民机器厂工会的同志又专门总结了桂育鹏革新改进的三种刀具——强力割刀、大型强力车刀、一刀成形的高速挑扣刀（中国第一机械工会北京人民机器厂委员会：《桂育鹏改进的三种车刀》，冷加工1959年第12期，见图4）。

20世纪80年代，桂育鹏到日本等国访问，看到国外的先进铣刀，他想：难道中国人就不能赶超人家吗？回国后他经过努力成功研制出45°粗精结合的机夹端铣刀，并撰文在《机械工人》进行了介绍（桂育鹏：《45°粗精两用机夹端铣刀》，冷加工1980年第9期）。

桂育鹏回忆自己学习技术的经历道："从《机械工人》创

图1 史洪志车削细长轴的经验
（《机械工人》1973年第1期）

图2 史洪志的实践经验编辑成册后
由机械工业出版社1975年出版

刊时开始，她就成了我的良师益友。1948年我14岁进工厂当学徒，在那'教会徒弟饿死师傅'的年代，为了养家糊口想学一点技术是很难很难的，那时根本找不到适合工人的读物。但新中国成立后，自从有了《机械工人》这本杂志，我才有了良师益友，可以说爱不释手、形影不离、有空就学。""无论是解决生产难题还是参加技协和刀协活动或写书，我从来没有离开过《机械工人》的帮助和指导。"（桂育鹏：《我和〈机械工人〉一起成长》，冷加工2008年第1期）。

倪志福、史洪志、桂育鹏是新中国金属加工史上的重要人物，他们是北京金属切削界的骄傲。

劳模寄语

1980年1月新年之际，编辑部邀请了一批全国著名劳动模范作新年谈话。

史洪志勉励读者要立志改革、刻苦钻研、努力学习，他根据自己几十年的经验总结道：

> 一项发明创造、一项革新成果、一项设备改造、一项刀具改革之所以出现，首先得是由敢于立志改革的人，冲破旧的传统观念，破除迷信，通过实践，刻苦努力完成的（史洪志：《努力学习 勇于创新》，冷加工1980年第1期）。

桂育鹏谈了许多个人实践经验和心得，他说：

> 在1979年胜利的凯歌声中，我们迎来了80年代的第一春。除旧布新，感慨万端，讲点什么呢？还是让我谈谈我和祖国一起成长的一点体会吧！
>
> 刀尖虽小，威力很大，刀头上的学问很深。
>
> 技术发展是无止境的（桂育鹏：《给青年工人同志的新年寄语》，冷加工1980年第1期）。

现在是2020年，10年前桂育鹏同志的话依然令人振奋："在2009年胜利的歌声中，我们迎来了21世纪头10年的第一春，同时，我们将迎来杂志创刊60周年大庆。"

一年之计在于春，当把时间调到杂志即将迎来创刊70周年大庆之际，我们依然如昨昔，继续传承老前辈们的创新精神，不断开拓创新，作出新的贡献。

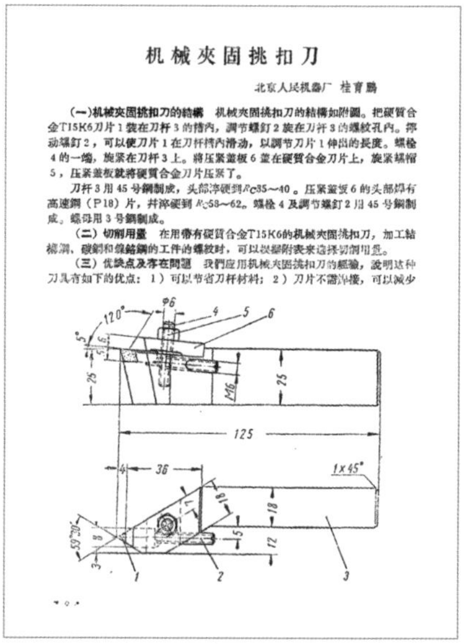

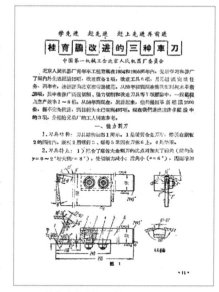

图3 桂育鹏介绍机械夹固挑扣刀
（冷加工1957年第1期）

图4 《桂育鹏改进的三种车刀》
（冷加工1959年第12期）

从"南沈北刘"、万吨水压机到"国之重器"8万t模锻液压机

刘鼎与沈鸿是我党著名的、优秀的工程技术专家,在我国机械工程技术领域享有很高的威望。同时,刘鼎和沈鸿也是《机械工人》发展史上具有重要影响的两位老领导,在回顾他们对我国机械工业发展的卓越贡献时,我们心中充满了崇敬、亲切与自豪之情!

刘鼎和沈鸿:我党著名的机械工程技术专家

刘鼎(1902—1986)是我国军事工业的创始者和杰出领导人之一,被誉为"军工奇才"。他早年参加革命,经孙炳文和朱德介绍加入中国共产党,在革命战争时期就主持我党军事工业的建设。

沈鸿(1906—1998)在1937年抗日战争爆发后,毅然带着自己工厂的几部工作母机从上海奔赴延安,投身兵工事业,为抗战作出了很大贡献。1942年,荣获由毛泽东主席亲笔题写"无限忠诚"四个大字的特等劳动模范奖状。

不论是在革命战争时期,还是新中国成立后的建设时期,刘鼎和沈鸿都曾多次精诚合作。如解放战争时期,刘鼎率领沈鸿等技术骨干在晋察冀边区建立军事工业基地,沈鸿领导晋察冀工业局机械研究室设计制造生产专用机床。1947年夏秋之交,按朱德总司令指示,刘鼎利用所辖两个研究机构研制攻坚战急需的武器弹药,其中一个就是沈鸿领导的炮弹和引信研究室。1949年9月,刘鼎任中央人民政府重工业部副部长,随后即由刘鼎任团长、沈鸿任副团长,率汪道涵等同志组成重工业考察团前往东北、华北、华东等地考察重工业,为即将成立的新中国恢复工业生产作准备。

新中国成立后,刘鼎、沈鸿与刘仙洲等前辈共同发起重建了中国机械工程学会,刘鼎、沈鸿二人也曾先后担任学会的理事长。1958年,刘鼎和沈鸿受中央委任,分别在南、北主持万吨水压机的研制,其间也互相协助解决技术难题。

电渣焊和"蚂蚁啃骨头"

1959年,新中国成立10周年,时任一机部副部长的刘鼎撰写了题为《机械工业10年的辉煌成就》的文章,《机械工人》冷加工、热加工两刊1959年第10期都发表了该文,文中写道:

> 我国机械工业在发展中非常重视采用和推广新技术和先进工艺方法。譬如电渣焊工艺的广泛采用;失蜡铸造和其他精密铸造以及球墨铸铁近几年来也得到了推广;粉末冶金和无切屑加工技术已获得多方面的实效;高速切削、强力切削以及各种先进刀具在全国各地已经普遍采用;电加工的进一步探索已经在多方面进行中。我们在掌握世界先进技术的同时,还创造了不少适合我国具体情况的经验和方法,例如"蚂蚁啃骨头",我国古老铸造工艺"泥型铸造"的新发展等。

此时,万吨水压机正在制造中,电渣焊工艺和"蚂蚁啃骨头"方法都在发挥着关键作用。《机械工人》在这两种技术推广中也起到了重要的作用。电渣焊由苏联巴顿焊接所发明,20世纪50年代初在苏联也是刚刚用于生产,是当时先进的焊接新技术。"蚂蚁啃骨头"是指在缺乏大型设备的情况下用小机床来加工大零件,这是东北机器制造厂的老工人在制造氮肥生产设备时发明的,刘鼎在该厂检查时深受鼓舞,并把这种方法命名为"蚂蚁啃骨头"。

经过编辑部策划,《机械工人(冷加工)》1958年第10期以"蚂蚁啃骨头"为主题,《机械工人(热加工)》1958年第10期以电渣焊为主题,分别发表了《大力推广"蚂蚁啃骨头"和土机床,解决关键设备不足的问题》《向电渣焊进军》等系列文章。"蚂蚁啃骨头"方法的诞生地东北机器制造厂专门发表了总结实践经验的文章,当时还是年轻人的潘际銮院士发明的板极电渣焊技术在杂志上也得到了宣传。

"南沈北刘"主持制造万吨水压机

1958年,为打破国外封锁,提供工业部门急需的特种大型锻件,我国确定制造两台1.25万t级自由锻造水压机,分别由刘鼎和沈鸿主持。

刘鼎主持的一台万吨水压机由沈阳重型机器厂(以下简称"沈重")和第一重型机器厂(以下简称"一重")为主设计制造,安装在一重。为积累经验,先在沈重试制了2000t水压机(见图1),最后决定这台水压机采用3缸4

图1 刘鼎(右一)在沈重试制的2000t水压机前

柱铸钢件组合梁结构,其中立柱横梁和底座的制造与安装是整个制造过程中的关键。根据当时的生产技术条件,立柱分为3段,用单重88t的合金钢锻造,然后采用电渣焊接而成;3个横梁用10个大型铸钢件用机械方法结合起来。这台水压机于1962年制成,1964年投产。

沈鸿主持的一台万吨水压机(见图2)以江南造船厂为主制造,安装于上海重型机器厂(以下简称"上重")。受当时上海条件限制,这台为全焊接结构,6缸4柱,横梁为厚钢板焊接结构。由于缺乏大型加工设备,采用"蚂蚁啃骨头"的办法加工大型零部件;电渣焊在4根立柱和3个横梁的焊接中起到了关键作用,技术精湛的焊接工人唐应斌因此也成为全国著名劳模。这台水压机1962年制成投入生产。

这两台万吨水压机的成功制造,成为我国装备制造业里程碑式的历史事件。

令我们自豪的是,刘鼎和沈鸿两位都与《机械工人》有很深的渊源。刘鼎是杂志的创建者,沈鸿一直支持本刊的发展,他们多次参加机械工人杂志社举办的重要活动(见图3),并对杂志发展多次给出重要的指导。刘鼎和沈鸿主持成功制造万吨水压机已经成为社会共同的精神财富。

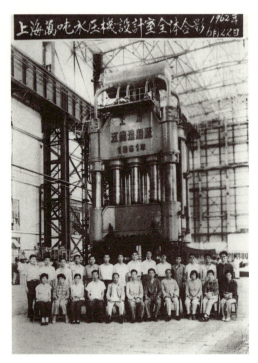

图2 沈鸿(前排左五)在上重万吨水压机前

图3 刘鼎(右)和沈鸿(左)在《机械工人》创刊30周年纪念大会上

"国之重器" 8万t模锻液压机

时至今日，我国在政治、经济、军事和科技等方面都取得了历史性的巨大成就，同时又面临着新形势下进一步发展国家综合实力和加强国防建设的新任务。大型飞机研制已列入"国家中长期科学和技术发展规划纲要（2006—2020年）"重大专项。"研发飞机大型整体优质锻件的锻压装置必须立足国内"，两院院士师昌绪审时度势，组织各方专家30余人历时一年多次论证，最后决定建议国家批准立项制造一台世界上最大的8万t锻压机。2013年4月10日，8万t模锻液压机在中国第二重型机械集团正式投产。

8万t大型模锻液压机的建成投产，打破了制约我国航空航天和装备制造业发展的瓶颈，对改变我国大型模锻件依赖进口，实现大型模锻产品自主化、国产化，变锻造大国为锻造强国具有十分重要的战略意义。

热加工2014年第23期《航空工业模锻装备的应用及其发展趋势》一文有详细的描述，作者系国家科技部科技评估中心专家、国防科工局国防科技工业精密塑性成形技术研究应用中心专委会专家曾凡昌研究员，文中更是对8万t以下吨位压力机，如西南铝3万t模锻液压机、三角航空4万t模锻液压机等，以及国内外行业情况进行了详细的回顾（见图4）。

a) 二重8万t模锻液压机　　b) 西南铝3万t模锻液压机　　c) 三角航空4万t模锻液压机

图4　我国大型模锻液压机
（热加工2014年第23期）

此外，汽车模锻万吨线引发行业关注，取代模锻锤生产曲轴、前轴等部件已成为产业发展趋势。"十二五"末国内有接近20条万吨线依次到位，大型模锻件竞争加速，来满足迅速扩产的需求（《万吨线翻番增长、大型模锻件竞争加速入红海》，热加工2012年第1期）。近年来，中国锻压行业的发展，引发国内外行业同仁瞩目，如济南二机床大型高速冲压生产线跻身国际高端市场，令国人所骄傲。未来，《金属加工人》将谨记前辈教诲，作为工业媒体，不断奋进，为我国锻压行业发展呐喊鼓劲。

一个封面，一张剪纸，一帧机械工业历史的剪影

自2008年起，《机械工人》更名为《金属加工》，杂志社制作了"封面的历史，创新的征程"专题插页。在这幅插页中，我们通过创刊号等具有特殊历史意义的刊物封面的变化，表现了杂志不断创新、与时俱进、竭诚为读者服务的发展历程。

在2008年第11期"我心中的《金属加工》征文"中，读者刘安明先生在其题为《回眸〈机械工人〉 寄语〈金属加工〉》的文章中饱含感情地写道：

《机械工人》是什么，是共和国的基石，是挥汗如雨的场面。当战舰启航，当机车奔驰，当火箭冲破云天，我们都会想起《机械工人》。珍惜《机械工人》就是珍惜机械战线给人民带来的宝贵财富和那段历史。

确如许多朋友所注意到的，《机械工人》70年来的1650多期封面具有丰富的内涵，从一个侧面记载了我国自1950年以来机械工业的发展，堪称是我国机械工业历史的一帧帧剪影。在本文中，我们就从中采撷出一帧赠给读者朋友们。

这是《机械工人（热加工）》1958年第8期的封面（见图1），其设计别出心裁，将封面顺时针旋转90°，分为上下两格，下格是题为"首都工人向党献礼"的剪纸。在我国的杂志尤其是科技期刊中，像

图1　热加工1958年第8期封面

这样设计的封面实属罕见,颇具收藏价值。

从该期封二的说明中可知,剪纸的作者张鹤鸣和庄平是当年京城的剪纸名家。剪纸的图案是首都机械制造领域的献礼队伍,都属于首都车辆制造行业,充当这个队伍带头大哥的自然是火车头,上面标有"长辛店机厂制"字样;其次是小轿车,标有"井冈山"字样;最后是拖拉机,标有"巨龙"字样。根据年份和字样,可知这幅剪纸上的图案分别是1958年长辛店机车厂研制的中国第一台内燃机车、北京第一汽车附件厂(北京汽车制造厂的前身)研制的第一辆北京产轿车和五四七厂(河北燕兴机械公司的前身)研制的中国第一台拖拉机。

"建设号"机车——中国第一台内燃机车

该期杂志封面剪纸中的第一辆机车没有标出品牌,只有"长辛店机厂制"6个字。长辛店机车厂1958年试制出我国第一台内燃机车,封面剪纸上的机车应该就是这台内燃机车。

据资料记载,我国自己制造的最早的内燃机车有大连机车厂试制的"巨龙"号内燃机车、戚墅堰机车厂试制的"先行号"内燃机车以及二七机车厂试制的"建设号"内燃机车,其中后两种没有批量生产。20世纪50年代末,北京长辛店机车厂(即二七机车厂)决定研制内燃机车。在铁道部和中共北京市委的支持下,长辛店机车厂成立了内燃机车办公室,并以一台匈牙利制机车作为试制样机,厂长黄英夫率领工程技术人员艰苦努力,在唐山铁道学院、北京铁道学院等院校参与下,于1958年8月31日,组装完毕新中国第一台内燃机车——建设型直流电传动调车内燃机车(见图2),9月9日正式下线,机车的3万多配件全部是中国制造的。

"井冈山牌"小轿车——开进中南海的第一辆北京产轿车

1958年,全国各地加紧汽车研制工作。当时的北京市委领导彭真和刘仁也主张上轿车,并成立了北京汽车试制领导小组,北京第一汽车附件厂(北京汽车制造厂的前身)厂长李锐兼任组长。经过比较,决定参考大众汽车生产的"伏克斯瓦根牌"轿车进行设计。四个月后搞出了样车,起名为"井冈山牌"轿车(见图3),据说是"开进中南海的第一辆北京产轿车"。据当时的一机部汽车局局长秘书柳乃复回忆道:

图2　1958年,长辛店机车厂研制的"建设号"内燃机车

图3 1958年,"井冈山牌"轿车下线
（图引自《中国青年报》）

1958年6月20日,一辆被命名为"井冈山牌"的轿车成功下线。那一天,工厂召开了庆祝大会,第一机械工业部汽车局局长张逢时出席了大会,庆祝首都生产的第一辆轿车的诞生,并宣布该厂改名为北京汽车制造厂。当天下午,李锐厂长把"井冈山牌"小轿车送到中南海报喜。毛主席等国家领导人都观看了这辆小轿车。在此期间,朱德同志为该厂亲笔题写了新厂名。6月27日下午,工厂举行改名庆祝大会。从此,北京有了第一家汽车制造厂。

"井冈山牌"小轿车虽然已成了历史,人们也尽可评论事情的得失,但它毕竟揭开了北京市汽车制造业的序幕,值得在我国汽车工业史上书一笔（引自2004年11月15日《中国汽车报》）。

"巨龙牌"拖拉机——中国第一台拖拉机

在《中国兵工报》2003年第24期,一篇题为《纪念毛主席观看中国第一台拖拉机》的文章回忆了五四七厂（河北燕兴机械公司的前身）研制"巨龙牌"拖拉机的过程。同样是在1958年,五四七厂接受了农用拖拉机的开发生产任务,他们充分发扬"自力更生、艰苦奋斗"的光荣传统和"蚂蚁啃骨头"的顽强精神,只用了3个月的时间就成功制造了中国第一台水旱两用"巨龙牌"拖拉机。1958年6月12日,这辆"巨龙牌"拖拉机也开进了中南海,毛泽东主席亲自观看抚摸了拖拉机,"爱不释手"。

一期封面,一张剪纸,不仅记录了20世纪50年代末期首都北京机械工业发展的一个历史片段,也是我国机械工业历史的一帧剪影。这样的封面,在《机械工人》1650余期封面中还有很多。这一幅幅封面、一帧帧剪影连缀起来,堪称是我国工业的一圈圈"年轮"。

把智慧和力量献给祖国
——新中国第一次全国机械工业先进生产者会议

1956年4月10日—19日,全国机械工业先进生产者会议在北京召开,这是新中国机械工业史上的一件大事,当时称之为"中国机械工业历史上规模最大的一次交流先进经验的会议"(1956年4月11日《人民日报》)。为此,《机械工人》把此次会议定为1956年第二季度杂志的报道重点,全程记录了会议的精彩画面,为把会议交流的先进经验向全国工业生产一线推广,起到了难以估量的作用。

季度重点报道

1956年是我国第一个五年计划(1953—1957年)的倒数第二年。当时的第一机械工业部、第三机械工业部和第一机械工会全国委员会决定联合召开全国机械工业第一次先进生产者会议,目的是在全国发现先进人物和先进单位,总结他们的先进经验并向全国推广,为我国第一个五年计划的胜利完成贡献力量(见图1)。

《机械工人》杂志立即把对会议的连续报道确定为1956年第二季度的重点内容,并在1956年第2期封底做了内容预告。

> 本刊第二季度的重要内容有下列几点:(1)报道1956年4月在北京召开的全国机械工业第一次先进生产者代表大会。(2)报道会议期间举办的先进经验展览会的具体内容和先进操作方法。(3)报道苏联等国先进生产者来华表演的先进技术经验。(4)大量介绍苏联及我国的先进经验,特别是具有普遍推广意义的先进经验。

《机械工人》1956年第2期就刊发了(新华社讯)《全国机械工业系统将举行先进生产者代表大会》的文章,从这期开始,杂志围绕着大会的进

图1 为提前完成第一个五年计划而奋斗
(《机械工人》1956年第3期封面)

程，加强对苏联和国内先进经验的介绍。

在会议开幕前夕，时任第一机械工会全国委员会主席的康永和（后曾任中华全国总工会副主席）应本刊编辑部之邀，撰写了《在工业生产高潮中争取做一个先进生产者》（《机械工人》1956年第4期）一文。他在文中指出了此次会议的重要性："全国机械工业先进生产者代表大会就要开幕了。这次会议将总结和交流各方面的先进经验，表扬先进，树立旗帜，从而在机械工业中广泛开展先进生产者运动。大家应该很好地学习与自己有关的经验，在生产中努力提高产品质量、数量，努力完成新品种的试制工作，为提前完成1956年和第一个五年计划的光荣任务贡献出自己的智慧和力量。"

开幕及专刊

1956年4月10日，大会开幕式在北京举行，全国机械工业各方面的先进生产者、先进单位的代表和列席代表共991人，当时的第三机械工业部部长张霖之、第一机械工业部副部长汪道涵、中华全国总工会主席赖若愚等领导都出席了此次大会。

张霖之的讲话简明扼要地指出了此次会议的意义："中国机械制造业广大职工的任务，是要努力学习苏联的和其他各国的先进经验，向科学技术进军，逐步把中国机械工业建设成为一个独立完整的、现代的、强大的机械工业。此次会议就是为了总结各方面的先进经验，表扬先进人物，推动机械工业先进生产者运动广泛展开，争取提前完成第一个五年计划，把机械工业的技术水平提高一步。"汪道涵作了《关于在机械制造业工业中开展先进生产者运动和推广先进经验的问题》的报告。

《机械工人》记者对开幕式作了详细的报道：

> 在我国社会主义建设高潮中，四月里的首都，显得格外热闹。全国各个岗位上的先进生产者都聚会北京。机械工业先进生产者会议也在4月10日开幕了。
>
> 这是我国机械工业史上的重大事情。到会的代表都是在机械工业的各个岗位上，出色地完成了自己所负担的任务，对国家社会主义建设有着重大贡献的(本刊记者：《全国机械工业先进生产者代表会议记》，《机械工人》1956年第5期)。

根据记者的报道，总结和交流先进经验是这次会议的主要内容，大会搜集和总结了各方面的先进经验约1000多项。从会议第三天起按工种分为11个专业小组进行交流。

为了把先进生产者的先进经验更好地表达出来，会议期间举办了先进经验展览会，内容分为冷加工、热加工、焊接和综合四个部分。

大会还邀请了阵容强大的苏联代表团参加，日本五金机械工会访华代表团也出席了会议，在当时称得上是一次国际性先进生产经验交流会。

为了及时交流和推广这些经验，《机械工人》1956年第5期出版会议报道专刊（见图2），该期刊登的内容都是由会议期间代表们的发言、表演、经验交流、展览会等的材料汇集而成的。

a）专刊封面
（《机械工人》1956年第5期封面）

b）专刊目录
（《机械工人》1956年第5期封三）

图2 1956年"全国机械工业先进生产者会议"会议报道专刊

编辑部考虑到会议期间交流的先进经验有很多是杂志此前已经介绍过的，为了便于读者学习，编辑们特意将这些文章选编为"先进经验目录索引"，刊登在1956年第5期封三，非常便于读者查阅。

我国先进生产者的先进经验

围绕大会，《机械工人》介绍了许多国内先进生产者的实践经验，大连造船厂的詹水晶和上海机床厂的盛利就是其中的佼佼者。

詹水晶1947年就进入大连造船厂当车工，20世纪50年代起实现重大技术革新项目20多项，创造"曲轴挠性加工法"等先进操作法，他加工的成千上万个船舶主机零件无一废品。

詹水晶在大会上作了发言，编辑部根据他的发言，整理成《我是怎样三年完成五年计划八年不出废品的——詹水晶同志在全国机械工业先进生产者代表会议经验交流上的发言》发表在《机械工人》1956年第5期上，介绍了詹水晶车细长轴、加工轮船主机的大曲拐轴以及加工主机活塞里的长铜管的先进经验。

图3 金属切削高手盛利
（《机械工人》1956年第4期封面）

盛利是上海机床厂的金属切削高手（见图3），至1955年11月25日，盛利用两年十一个月完成了五年计划的个人生产定额,产品质量达99%以上。1955年10月,苏联优秀车工奥多罗夫到上海机床厂表演了高速切削技术。这次表演激发了盛利的工作热情,经过钻研,他创造了"阶台式车刀",《机械工人》1956年第3期作了介绍。上海机床厂应邀撰写了《三年完成五年计划的车工——盛利》在《机械工人》1956年第4期发表,对盛利积极把先进经验传授给别人给予了赞扬,"盛利同志在生产上是我厂的一面先进旗帜,在突破定额和改进刀具及操作方法上都起了积极的带头作用。盛利同志的新纪录还深刻影响了开展社会主义建设竞赛的上海工人。"

在这里补充一句题外话,此后盛利一直坚持技术创新,即使在"文化大革命"期间也是如此,其实践经验也继续通过《机械工人》得到了推广,如《强力刨刀》(冷加工1973年第1期)、《内螺纹拉削丝锥》(冷加工1973年第2期)等。

苏联先进生产者传授金属加工先进经验

会议期间,苏联代表团的先进生产者在北京各厂的生产现场进行了操作表演,并与中国的先进生产者进行了深入的交流和指导,杂志对此都及时作化了技术报道和画刊报道(见图4),如沃兰佐夫、舒米林、库尔金的高速切削,列昂诺夫的圆片铣刀,科瓦连柯锻造工艺以及克马洛夫的快速焊接等。

《机械工人》记者的报道不但专业实用,而且生动精彩。下面我们看看《机械工人》记者对苏联先进生产者高速切削和锻造表演的描写。

高速切削:14日一早,在北京机器制造学校的草坪上,就站满了带红条的先进生产者,原来今天大家要看苏联代表团同志们的表演。表演开始时,100多个同志团团围绕着,舒米林同志在1A62车床上熟练而敏捷地进行高速切削,吸引住大家的注意力,工件飞快地转动着,切屑由红变得发紫了,就在这一刹那间,已经完成了一个零件的加工。另一边,沃兰佐夫同志也正在用自己带来的陶瓷刀,在车床上进行着高速切削表演。

快速锻造:在北京农业机械厂的锻造车间里,充满了热烈的气氛。车间里挤满了人,代表们注视着科瓦连柯同志的快速锻造表演。科瓦连柯同志从工人手中接过一块通红的圆铁,迅速用钳子钳住它,通通通的锤声均匀地响起来。只见通红的铁左右上下地转动着,形态由长变短,由窄变宽,只3分钟的时间就完成了。

图4 中苏先进生产者交流技术经验
　　(《机械工人》1956年第5期封二画刊)

应《机械工人》之邀，苏联代表团副团长普拉托夫撰写了《苏联先进生产者和中国先进生产者的成就》（见图5），由机械工业出版社翻译家符其珣译为中文，发表在《机械工人》1956年第6期。普拉托夫在文中对比了中苏两国同志的技能（如比较了舒米林和盛利的切削用量和效率），指出中国的先进生产者已经掌握了在车床上进行高速车削的原理，但是在表面粗糙度等级指标上则还不如苏联的先进生产者。普拉托夫既肯定中国同志取得的成就，也指出差距，鼓励中国同志继续提高水平，他还谦虚地表示将努力向中国的同志学习先进经验。

闭幕与致敬

大会闭幕式于1956年4月19日举行。根据《机械工人》杂志的报道，"会议在4月19日举行闭幕式，一致通过了《关于在机械工业中开展先进生产者运动的决议》。出席会议的先进生产者与集体，受到了大会给予的荣誉，并颁发了奖金、奖章、奖状和奖旗。通过这次会议，交流了270多项先进经验。代表们热情很高，纷纷提出了开展同工种、同业务社会主义竞赛的倡议30多件，131个先进生产者和先进单位提出了关于贯彻党中央多快好省的方针，提前完成五年计划的保证书。"

图5 苏联代表团副团长普拉托夫撰写的文章（《机械工人》1956年第6期）

会议由中国第一机械工会全国委员会康永和主席致闭幕词。他号召全体先进生产者代表要遵照毛主席的指示，"戒骄戒躁，兢兢业业，团结一致，和全体职工一起，为迎接党的第八次代表大会的召开，为全面地提前和超额完成第一个五年计划，贡献出一切智慧和力量。"

《机械工人》1956年第6期刊发了《把祖国建设成为富强的社会主义工业大国——全国先进生产者代表会议全体代表给全国职工的一封信》，该信在《人民日报》1956年5月11日刊发，对祖国建设的未来作了许多美好的畅想。

时光荏苒，距离1956年全国第一次机械工业先进生产者会议已经过去60多年了，代表们在这封信中的畅想，有的已经实现了，有的还需要今天的生产者们继续努力。

2019年是新中国成立70周年，2020年是《金属加工》（原名《机械工人》）创刊70周年，在此之际回顾这些往事既让我们倍感激动，也使我们感到作为工业媒体肩负的责任。

在此，谨向那些把智慧献给祖国建设的先进生产者们致敬！

1959年"群英会"
——全国工业、交通运输、基本建设、财贸方面 社会主义建设先进集体和先进生产者代表会议

在《把智慧和力量献给祖国——新中国第一次全国机械工业先进生产者会议》一文中,通过《机械工人》的图文记录,我们重温了1956年"全国机械工业先进生产者会议"的盛况。在本文中,我们回顾在新中国成立10周年时的1959年,召开的"全国工业、交通运输、基本建设、财贸方面社会主义建设先进集体和先进生产者代表会议",时称"群英会"。

1959年系列报道之重点

1959年初,中共中央和国务院决定于1959年第四季度在京召开全国"群英会"。中华全国总工会发表了《为迎接工业交通基建财贸先进集体先进生产者会议全总告全国职工书》,《机械工人(热加工)》1959年第4期全文予以刊发(见图1),文中说:

全体职工同志们,今年是我国国庆十周年,是更大跃进的一年,是苦战三年具有决定意义的一年,我们要热烈响应党和政府的号召,在社会主义劳动竞赛中,昂扬斗志,意气奋发,拿出更大更好的成绩和千千万万的先进事迹,献给全国工业先进集体和先进生产者代表会议。

《机械工人》立即将全国"群英会"确定为该年系列报道重点之一,冷加工、热加工都设置了"群英会"专栏,从1959年第4期到1960年第1期,从预告、会议同期报道、回顾,到群英会代表们的技术交流及实践经验推广,基本每期都有与"群英会"相关的内容。

例如先进个人、全国劳动模范苏广铭发来文章《用最好的成绩迎接"群英会"的召开》:"当我从报纸上看到中共中央和国

图1 1959年《中华全国总工会告全国职工书》
(热加工1959年第4期)

务院决定在今年第四季度召开全国工业社会主义建设先进集体和先进生产者代表会议的消息后，感到莫大的鼓舞，我要用最好的成绩来迎接这次会议的召开"（冷加工1959年第4期）。

先进集体齐齐哈尔第二机床厂马恒昌小组也来信说道："当我们看到全国'群英会'即将召开的决定之后，全组立即进行了座谈。经过讨论，我们一致认为：要深入地开展高产、优质红旗竞赛，确保生产跃进计划的实现，以新的生产成绩来迎接'群英会'的召开"（冷加工1959年第5期）。

全国先进经验观摩团

为配合"群英会"的召开，共青团中央从机械、冶金、电力、建筑、纺织等几个产业部门中，选拔出50多位优秀的青年技术能手，组成了全国青年工人先进经验观摩团，在全国20多个大中城市交流和推广先进经验。《机械工人》杂志及时宣传推广了先进经验观摩团成员的先进思想、先进事迹和先进实践经验。

观摩团团员都是全国各省市的青年先进工作者，其中机械小组成员有重庆建设机床厂的铣工廖世刚、高速铣削能手沈阳第二机床厂铣工李裕民、上海锅炉厂著名车工彭大生、大连工矿车辆厂的卢盛和，以及首创"蚂蚁啃骨头"的东北机器厂和首创"积木式机床"的哈尔滨机联机器厂的优秀工人和技术人员等。

先进经验观摩团机械小组团员以小组集体名义写了一篇题为《决不辜负党对我们的培养》的文章（见图2），发表在《机械工人》"群英会"系列报道专栏，文中说道：

> 同志们：中共中央和国务院决定在第四季度召开全国工业、交通运输、基本建设和财贸方面的社会主义建设先进集体和先进生产者代表会议，这对我们是个莫大的鼓舞。当我们回到工作岗位上的时候，一定要用最出色的成绩来迎接这次会议的召开。同志们，让我们携起手来，在不同的工作岗位上为了共同的目的贡献出我们的青春活力！

在《机械工人（冷加工）》1959年第4期还特设"全国青年工人先进经验观摩团的先进经验"专栏，推广了彭大生的强力切削车刀、王子文的硬质合金高速端面铣刀等先进实践经验。

英雄的时代

1959年10月1日，新中国成立10周年，时任中国第一机械工

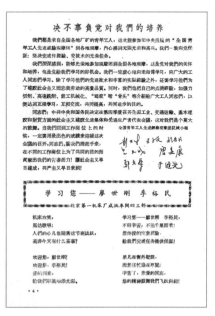

图2　先进经验观摩团机械小组来信及团员签名（冷加工1959年第4期）

会全国委员会主席的邵子言为《机械工人》冷加工、热加工分别撰文，其中发表在冷加工1959年第10期的文章题为《学先进赶先进，为社会主义建设立功》，文中说道：

> 举国共瞩的全国工业社会主义建设先进集体和先进生产者代表会议即将开幕。我们欢呼这次"群英会"的召开，祝贺会议取得最好的成就。
>
> 在全国"群英会"上，将要交流各行各业的许多主要的先进经验，我们应该抓住这个时机，进一步立下雄心大志，决心学先进赶先进，为社会主义建设立功。就我们机械工业来说，不论是冷加工方面或是热加工方面，几年来，已经涌现出大批的先进生产者，他们创造了许多提高质量、增加数量、节约原料和燃料、降低成本、安全生产、提高劳动生产率的先进经验，其中很多经验已经推广应用在生产上。

在建国10周年专刊上，《机械工人》冷加工、热加工的插页画刊（见图3），展示了部分即将参加全国"群英会"代表的风采，其中冷加工领域有大连工矿车辆厂的卢盛和、上海锅炉厂的彭大生、哈尔滨第一机械厂的孙茂和、大连造船厂的詹水晶等，热加工领域有哈尔滨锅炉厂的焊接大王梁彦德、杭州制氧机厂锻工二组、沈阳冲剪机场铸造车间小组等，真个是"在这社会主义建设的高潮中，从千百万职工群众队伍中涌现出无数的先进生产者。真是气象万千，英雄辈出"（《用新的胜利迎接群英会》，摘自1959年

a) 冷加工   b) 热加工

图3 跃进的时代 英雄的时代
（《机械工人》1959年第10期插页画刊）

9月21日《人民日报》）。

乘"群英会"之风为机械工业奋斗

1959年10月下旬，全国"群英会"在北京召开。《机械工人》冷加工、热加工集中对与会的机械系统代表及其实践经验作了宣传和报道。

1959年11月6日，第一机械工业部、农业机械部、第一机械工会全国委员会和中央人民广播电台联合召开了全国机械系统跃进广播大会。当时的薄一波副总理、第一机械工业部部长赵尔陆、农业机械部部长陈正人都作了重要讲话。第一机械工会全国委员会主席邵子言代表出席全国"群英会"的机械系统的代表在会上宣读了他们向全国机械系统职工提出的《倡议书》。

赵尔陆部长说："出席全国群英会的800多名代表就是机械工业系统中贯彻总路线的'旗手'。几天来，代表们交流了大搞技术革新和技术革命、改进企业管理等许多系统的极为宝贵的丰富经验。认真学习和推广他们的经验，机械工业系统就能够从胜利走向更大的胜利。这次大会就是要动员全体职工，乘群英会之风，鼓足更大干劲，认真地学习他们、赶上他们，为机械工业奋斗！"（冷加工1959年第11期）。

冷加工、热加工1959年第11期、12期为全国"群英会"报道专刊（见图4），集中了主要篇幅报道与会代表的先进思想和先进技术经验，以便及时地把大会精神和先进经验传遍全国。冷加工包括上海机床厂朱大仙的强力切削经验，上海锅炉厂绰号"钻家"李福祥的钻床操作先进经验，武汉重型机器厂马学礼敢想敢干的先进事迹，北京人民机器厂桂育鹏改进的强力割刀等；热加工包括全国铸锻优质高产红旗单位太原矿山机器厂锻铆车间，北京长辛店机车车辆厂边孝正、刘文锻工小组，成都无线电厂工具车间热处理小组等先进生产小组，哈尔滨锅炉厂焊接大王梁彦德等先进生产者的实践经验。

a）冷加工1959年第11期封面

b）热加工1959年第12期封面

图4 先进集体在研究操作方法

1959年全国"群英会"的召开已经过去60年了，回忆那些人，重温那些事仍然让我们感动，也备受鼓舞。在此，我们以1959年"群英会"与会机械工业系统代表的《倡议书》作总结：

> 在这次大会上，我们充分交流了各个方面的先进经验，显示了各个地区各个产业各个部门建设社会主义的积极性和创造性，显示了各个地区各个产业各个部门都有丰富先进技术和先进方法。我们今后仍要继续和大家一道，大力推广先进经验，开展"比先进、学先进、赶先进、帮后进"的社会主义劳动竞赛，使技术革命和技术革新的花朵开遍全国，迅速把今天的先进水平变为社会生产水平（热加工1959年第12期）。

在此，谨向那些把智慧献给祖国建设的先进生产者们致敬！

为机械工业的振兴献技献艺
——向职工技术协作活动的前辈们致敬

2008年10月16日—24日,第三届全国数控技能大赛在大连举办,这是由劳动和社会保障部、中华全国总工会、机械工业联合会等六部委联合举办的国家级一类赛事。《金属加工》(原名《机械工人》)杂志是大赛的核心支持媒体之一,"中国金属加工在线"网站对本届大赛进行了全程跟踪报道,并对最后的总决赛作了现场实时报道。

《机械工人》杂志从20世纪60年代兴起的职工技术协作活动,到2008年举办的第三届全国数控技能大赛,几十年来对这一领域进行持续关注和报道。在本文中,我们简要回顾一下职工技术协作活动。

伟大的创举

10月24日是被誉为中国工人阶级"伟大创举"的职工技术协作活动兴起的纪念日。第三届全国数控技能大赛的决赛正好选择在这一天结束,而且本届大赛从前两届举办地北京移师东北大连,在职工技术协作的生日和诞生地举办此次大赛虽属巧合,也可说是向当年发起职工技术协作活动的前辈们致敬。

职工技术协作活动兴起于20世纪60年代,当时我国受到国外经济技术封锁,国民经济发展遇到困难,全国许多厂矿甚至难以开工,东北作为我国的重工业基地也是如此。在这紧要关头,沈阳气体压缩机厂工人出身的工程师吴家柱、沈阳拖拉机厂工人出身的技术员林海丰、沈阳高压开关机厂工人出身的技术员吴大有三人联合起来(见图1),发起了技术协作活动。他们联络著名劳动模范、技术高手,不要报酬,进行技术交流,传授绝招技艺,为厂解难,为国分忧。他们为厂矿企业解决了大批的生产难题,制造了不少国家急需的设备,有力地促进了生产的发展。1961年10月24日,沈阳市建立起

图1 劳模们在一起研究技术协作活动计划,左起依次为吴家柱、林海丰、吴大有、王凤恩 (《机械工人》1964年第1期封面)

全国第一个职工技协组织——"沈阳市劳动模范、先进生产者厂际经验交流和技术协作活动委员会"。从此,全国职工技协组织如雨后春笋一样相继建立起来,遍地开花,很快形成一支群众性的技术力量。

《机械工人》对职工技术协作活动进行了大量的、连续的、专业的技术报道。如《机械工人》1964年第1期,编辑部精心策划,几赴东北,特辟"沈阳群众技术协作活动"专栏,技协的三位发起人都分别发表了文章,介绍了吴家柱的平面振动研磨机,林海丰改进的车床拉孔工具、滚柱胀胎等工具。在吴大有六请之下出山的"刀具大王"金福长也介绍了他创制的淬火钢车刀等"七种武器"。

光辉的历程　可喜的成果

1982年12月10日,中华全国总工会在北京召开了中华全国职工技术协作委员会成立暨表彰先进大会,彭真、习仲勋、倪志福等领导同志出席了大会,高度评价了技协活动的业绩。1989年,该会正式改名为中国职工技术协会,简称"中国技协",作为一支推动科技进步的群众性科技活动的队伍,在新时期继续发挥着其应有的作用。

1991年,《机械工人》特刊发表了《光辉的历程,可喜的成果——纪念职工技协活动兴起30周年》一文以示纪念。该文回顾了技协的发展历程,并指出了技协改革开放以来的变化和发展方向。

改革开放以来,职工技协活动有了新的发展和变化。活动内容由传统的操作技术经验交流和工艺攻关发展到开发新产品,发明创造,推广科技新成果,消化引进国外的先进技术;活动观念更新了,在发扬社会主义协作精神的基础上,参与了技术市场,使职工技协活动增添了新的活力。同时,职工技协队伍的结构也有了明显的变化,专家、教授和工程技术人员的比重增大了,提高了队伍的技术素质,增强了战斗力,已发展成为一支重要的科技力量。

从20世纪60年代,技术协作活动最初兴起并蓬勃发展(见图2),到"文化大革命"期间,技术协作活动暂陷低谷仍坚持前行(见图3),再到改革开放以来,技术协作活动创新发展而与时俱进。在不同的历史时期,《机械工人》一直坚持推广各地技协活动中涌现的生产实践经验和先进制造技术,成为最早推广技协活动成果、贡献最大的科技期刊之一,至今机械制造业内的老读者们对本刊这些工作还赞誉有加。

图2　对沈阳群众技术协作活动的图文报道
(《机械工人》1964年第1期封二画刊)

重视技能　尊重人才

《机械工人（热加工）》1996年第1期报道了1995年11月举行的第一届"中华技能大奖"的情况，并呼吁读者们"做能手，争贡献，迎接新世纪的新挑战"；同年，冷加工第1期则刊发了一篇题为《为机械工业的振兴献技献艺》的文章，并发布了"献技献艺"能手及项目名单，该文中这样说道：

> 随着科教兴国、科教兴业战略的实施，重视技能，尊重人才，已成为人们的共识。为振兴机械工业，机械部、机械冶金工会联合组织开展机械行业"献技献艺"活动，涌现了一大批"发明家""技术状元""能工巧匠"，他们在平凡的岗位上，为机械工业的发展和社会主义经济建设作出了突出的贡献。
>
> 机械工业全体职工要向"献技献艺"能手学习，牢固树立主人翁的责任感和敬业、爱岗精神，刻苦钻研，发挥自己的聪明才智，掌握现代化的科学技术和加工设备，为机械工业的振兴作出更大的贡献（冷加工1996年第1期）。

在此文中，我们特意借用了该文的题目作为这篇回顾职工技协活动文章的题目，以此，向那些积极参加职工技术协作活动、为共和国机械工业的发展作出巨大贡献的前辈们致敬。

图3　1972年11月黑龙江先进刀具表演队活动
（《机械工人》1973年第1期封三画刊）

人物俱备　洋洋大观
——新中国第一次全国先进工具经验交流会及全国工具展览会

55年前举办的"全国先进工具经验交流会及全国工具展览会",沈鸿老部长赞誉之为"人物俱备,洋洋大观",当时《机械工人》的老一辈出版人在现场作了图文并茂的专业报道,为新中国金属加工行业留下了宝贵的历史记忆。虽然相隔半个多世纪,但是我们为读者服务的热忱是一以贯之的。

筹备与召开

1965年,新中国成立16年,已经初步建立起较为完整的工业体系,在金属加工领域创造了许多的先进制造技术,积累了丰富的生产实践经验,交流和传播这些先进技术和实践经验显得日益重要。

当时,哈尔滨、沈阳、北京等地先后开展了一些地区性的技术交流会,《机械工人》记者均亲赴现场作了及时的图文报道(参见《机械工人》1964年第3期"哈尔滨赛刀会巡礼",1965年第2期"沈阳赛刀会上宝刀多",1965年第5期"北京刀具展集锦")。

在此基础上经过筹备,1965年5月,在北京科学会堂,当时的第一机械工业部、中国机械工程学会和中国机械工会全国委员会联合举办"全国先进工具经验交流会",同期举办"全国工具展览会",这是新中国成立以来金属加工领域举办的第一次全国性的交流会和工具展(该展会是由机械工人杂志社所在的第一机械工业部新技术先进经验宣传推广联合办公室承办的),其影响是巨大而深远的。

全国性的先进工具经验交流会,建国以来还是第一次。这是机械行业的一件大事。大家对于召开这样一次会议,感到格外亲切,也格外关心。

配合经验交流会的召开，一个颇具规模的全国工具展览会也同时开幕了。展览会上展出了来自全国各地、经过层层遴选的刀具、夹具、模具等多达2000种，汇集了我国工具的精华。代表们对这次展览会给予了极高的评价，对这些展品更是爱不释手、赞不绝口（本刊记者：《让技术革命的花朵开遍全国——全国先进工具经验交流会侧记》，《机械工人》1965年第7期）。

数据统计

《机械工人》记者参加交流会，深入工具展现场，采访拍照，以两期杂志的篇幅作了连续报道，在许多方面可谓开国内工业会展报道之先河，如刊载会展基本数据统计一览表，使用大量图片报道，现场采访与会代表及记录采访花絮等（见图1）。

《机械工人》在杂志上特辟"数据统计"一栏，使人一目了然，不妨抄录在这里，使我们可以重温金属加工行业全国第一次会展的规模。

出席全国先进工具经验交流会的27个省市，共有正式代表281名。

出席大会的全国劳动模范、先进生产者以及省、市、县和厂的技术革新能手共有64名。

全国先进工具经验交流会，在会议期间共进行了综合技术报告会及专题技术报告50余项。

大会截至五月底，共交流了先进工具技术资料1300项。

配合全国先进工具经验交流会，举办了全国工具展览会，共展出各类先进工具达2000项。其中，刀具1100余项；夹具300余项；模具300余项；其他150余项。

在展览会的表演馆及现场，共操作表演了各类先进刀具、夹具约200项；先进模具约20余项（本刊编辑部：《数据统计》，《机械工人》1965年第7期）。

图1 全国先进工具经验交流会剪影
（《机械工人》1965年第7期封二画刊）

专家点评和图文报道

此次全国工具展分为刀具馆、夹具馆、模具馆、表演馆等多个展馆，《机械工人》记者逐一参观拍照、采访代表，对每个馆都是先作综合概述，然后对其中的代表性展品作技术报道。这些技术报道一般都较为详细地介绍原理、参数选择、应用范围以及注意事项，并给出插图，实用性极强，如刀具馆沈重金福长的胶辊螺纹车刀、南京机床厂的硬质合金T形槽刀；夹具馆齐一机床的电感应分度装置、上海机床厂的通用主轴磨内孔工具、北一机床的铣床快换夹头……

《机械工人》还邀请业内专家进行点评，如请张荫朗同志（曾任北京模具厂总工程师）撰写《全国工具展览会模具馆巡礼》，指出我国在模具制造方面的发展趋势，并对沈阳汽车制造厂、牡丹江机车车辆厂等送展的简易冲模、橡皮冲模和自动送料机构作专题介绍。

在《机械工人》记者的镜头下，记录了许多珍贵的历史画面，如倪志福同志介绍"倪志福钻头"（见图2），上海机床厂盛利观摩刃磨钻头，哈尔滨制氧机厂孙茂松介绍机械夹固式车刀，老英雄苏广铭等参观刀具馆（见图1），与会的全国金属加工高手在一起讨论（见图3）等。

展会花絮

《机械工人》记者有意识地捕捉了历史瞬间并刊登在杂志上，这些生动有趣的大会花絮，记录下了老一辈金属加工英雄的技术交流情谊，在这里摘录一条如下。

【大会花絮：老少英雄　欣喜相逢】

苏广铭、盛利、金福长、朱恒等有经验的老英雄和倪志福、张国良等年轻的革新能手们在表演馆会面了。苏广铭老师傅表演错齿切断铣刀后，向大家介绍了这种铣刀的特点。倪志福表演钻头时，盛利师傅帮助他调整机床，表演后苏广铭和盛利都热情地和他握手，为他取得的成绩而祝贺。

沈鸿老部长谈"要重视工具"

时任一机部副部长的沈鸿、时任机床研究所所长的邹家华等都参加了此次交流会并发言。沈鸿老部长的发言是"要重视机床，同样要重视工具"，先后在《人民日报》《机械工人》（见图4）等报刊上刊载，在行业内影响很大。

中国机械工业金属切削刀具技术协会的同志回忆道："1965年，沈老在全国工具展同期举行的全国先进工具推广会上作了'要重视机床，同样要重视工具'的讲话，给了我们极大的鼓舞……当前切削技术的发展日新月异，我国机械制造业取得了举世瞩目的巨大进步，但45年前沈老的这篇讲话对当

图2　倪志福在交流会上介绍"倪志福钻头"
（《机械工人》1965年第7期封面）

图3　老一辈金属加工劳动模范们在交流技术经验
（《机械工人》1965年第8期封面）

前仍有现实的指导意义。掌握现代先进制造技术进行高效率切削加工,如果没有适合的先进工具先进刀具相匹配,再先进的数控加工机床也不能发挥它的作用。"(权义鲁、桂育鹏:《纪念中国刀协奠基人》,冷加工2006年第5期)。

沈鸿老部长在这篇文章中用黑体字强调道:

> 更重要的问题是把这些先进工具推广传播到全国,使一个人一个厂的财富变成社会财富,使一个人一个厂的水平变成社会水平。我们国家现有的机床都能装上好工具,效率都能提高,这要创造出多少巨大的财富啊(沈鸿:《要重视机床,同样要重视工具》,《机械工人》1965年第7期)。

对各类机床工具展会进行持续报道

继第一次全国先进工具经验交流会及全国工具展览会后,我国正式开启了机床工具展会文化,各类机床工具展览会如雨后春笋般涌现出来。

由中国机床工具工业协会主办的中国国际机床展览会(China International Machine Tool Show,CIMT)自1989年创办以来,每届展会金属加工杂志社都派出大批记者亲临现场采访,写出了一篇篇生动的采访报道。《CIMT2009聚焦中国市场满足装备制造需求》(冷加工2009年第9期)、《CIMT2011观众预计突破30万人次,展会规模、展品水平创历史新高》(冷加工2011年第9期,见图5)、《世界先进加工技术与装备集中展现 CIMT2013将再次成为全球关注焦点》(冷加工2013年第8期)、《CIMT2015五轴加工机床大阅兵》(冷加工2015年第15期)、《CIMT2107,谁最闪耀?》《看CIMT2017国内外品牌刀具同台竞技》(冷加工2017年第10期)、《四十六家意大利企业齐聚北京,亮相CIMT2019国际机床展》《人工智能与制造业深度融合已成业界共识——CIMT2019展后报道》(冷加工2019年第6期)等近百篇关于CIMT的报道,详细记录了历届CIMT展会上展出的展品及涌现出的新装备、新技术,也从另一个侧面记录了我国及国际机床工具业发展史。

中国国际机床工具展览会(China International Machine Tool & Tools Exhibition,CIMES)是我国机床工具行业另一重要展会,自1992年以来,每逢双年在北京举办,金属加工杂志社对每

图4 沈鸿老部长强调要重视工具的文章(《机械工人》1965年第7期)

图5 《CIMT2011观众预计突破30万人次,展会规模、展品水平创历史新高》(冷加工2011年第9期)

届展会都做了大量报道。例如，《盛会再聚北京城 两馆共进机床宴——第九届中国国际机床工具展览会报道》（冷加工2008年第22期）、《CIMES2010让"金属加工"日新月异》（冷加工2010年第14期、第15期）、《从CIMES2012看复合加工机床的走向》（冷加工2012年第16期）、《CIMES2014助力航空制造业腾飞 构建高端机床展示平台》（冷加工2014年第11期）、《第12届中国国际机床工具展览会成功举办》（冷加工2014年第14期，见图6）、《赫克将盛装参加CIMES2016》及《海德汉CIMES2016展示全闭环系统》（冷加工2016年第12期）等。

中国数控机床展览会（CCMT）于2000年在上海创办，至今已连续成功举办了十届。《CCMT2010：春季机床市场快速反弹，众厂商期待持续飘红》（冷加工2010年第10期）、《从CCMT2010看数控机床功能部件发展》（冷加工2010年第16期）、《CCMT2012：紧跟需求升级，加速结构调整》、《CCMT2014数控系统新发展 看机械制造业新"四化"》《看CCMT2014展会 寻机床工具业新机》（见图7）及《工业机器人 CCMT2014一道亮丽的风景线》（冷加工2014年第6期）、《春雨纷飞展生机 成形行业精英齐聚2014CCMT》（热加工2014年第7期）、《年度机床盛会CCMT2016闭幕 展会效果超出预期》《CCMT2016综合报道》（冷加工2016年第9期）、《钣金成形发展新向标：自动化、绿色化、高精度——CCMT2016金属成形机床展品跟踪报道》（热加工2016年第9期）、《柔性化激光冲床倍受用户青睐——参观CCMT2018成形展品有感》（热加工2018年第5期）等近百篇报道内容，浓墨重彩地为CCMT记录下了每个精彩瞬间。

图6 《第12届中国国际机床工具展览会成功举办》
（冷加工2014年第14期）

此外，2014年5月，受中国台湾地区贸易中心邀请，金属加工杂志社主办的"第二届中国台湾地区制造业文化交流会"成功举办，这是金属加工杂志社继"首届中国台湾地区制造业文化交流会"、"首届中德制造业文化交流会"后的第三次交流活动，得到了代表们的认同和认可（见冷加工2014年第12期《"第二届中国台湾地区制造业文化交流会"成功举办》）。

图7 《看CCMT2014展会 寻机床工具业新机》
（冷加工2014年第6期）

对各类机床工具展会进行现场直播

随着金属加工全媒体平台的创建，金属加工直播平台应运而生，为展会报道增添了新的传播手段。在"会展直播"栏目，CIMT2017中国国际机床展览会、CIMES2018、第十五届YME中国

（玉环）国际机床展、第20届中国国际工业博览会、TMTS2018中国台湾国际工具机展、2018立嘉国际智能装备展览会、第23届北京·埃森焊接与切割展览会、亚洲3D打印增材制造展览会、2019CME中国机床展、2019天津工博会、慕尼黑上海光博会、HANNOVER MESSE 2019汉诺威工博会、CIMT2019 第16届中国国际机床展览会（见图8）、2019第20届立嘉国际智能装备展览会、第十九届中国国际模具技术和设备展览会、第24届北京·埃森焊接与切割展览会、EMO2019、2019工博会数控机床与金属加工展、第16届玉环国际机床展、2019CIIE中国国际进口博览会、第十六届"中国光谷"国际光电子博览会、2019DME中国（东莞）机械展及2019DMP大湾区工业博览会等现场直播节目受到了业内人士的广泛好评，收视率极高。

忆昔观今，《金属加工》创刊70年来的努力是符合沈老在文中的要求的。念旧企新，无论是20世纪五六十年代，还是21世纪的今天，虽然我们为读者报道的手段和媒介随着时代的不同而不断变化且日益丰富，但是，我们为读者服务的热忱和激情始终如一。

图8 现场直播：CIMT2019 第16届中国国际机床展览会

大昭和：53年坚守，为高品质刀柄系统树立高标杆

在机械加工中，精度是一个绝对不容忽视的指标。加工精度会直接影响机械装备制造质量，也是体现机械行业整体水平的重要指标。随着机械制造业的快速发展，控制加工精度的必要性也越发凸显。而有这样一家企业，从53年前（1967年）成立时起就已经意识到精度的重要性，并一直毫不懈怠地追求着高精度，这便是日本大昭和精机株式会社（以下简称"大昭和"）。

53年，足够满怀热血的青年历练出沉稳睿智，也足够初生牛犊的企业成长到受人尊重。半个多世纪的时间跨度里，大昭和从一个小作坊成长为年销售额突破2.5亿美元的世界知名刀柄系统厂商。厂房变了、人员变了，始终不变的是大昭和从成立之初就坚持的理念"高品质合众国"。

"工业艺术品"的诞生地

淡路岛工厂（见图1）是大昭和重要的生产基地，曾有人在参观之后，称其为"工业艺术品"的诞生地。刀柄如何成为"艺术品"？走进大昭和，答案无处不在。

早在2006年，金属加工杂志社社长栗延文就曾应邀访问大昭和的淡路岛工厂，并留下了深刻印象："企业各个环节井然有序，细致入微，这种严谨到位的执行文化和宽松和谐的氛围，我们在参观

图1 淡路岛工厂

几个工厂的过程中时时都能强烈地体会到。"

严谨到位的执行文化，体现在大昭和严格执行的精细化管理上。大昭和每年生产上百万只夹套，每只都必须经过两道人工检测，甚至细致到包装时胶带所粘的位置和方向都有严格的规范。另外，几十年前大昭和就自己开发了工厂（车间）管理软件，不仅为客户提高加工精度及效率提供了保证，也成为了管理自身产品品质的强有力武器。

宽松和谐的氛围，则体现在温暖的人性化管理上。在淡路岛工厂，离办公楼最近的"VIP"停车位不属于公司高层或重要客户，而是属于身体不方便的员工。诸如此类的众多措施，共同提升着员工的幸福感。无论是大昭和日本本部还是大昭和上海公司，都很少有员工离开。企业离不开"人"，"人"幸福了，企业才能生存和发展。凛不可犯的规则之中，人性化管理着实蔼然可亲。

大昭和的产品就在这样的环境下诞生，并以严苛的品质和精度保证，打开了日本乃至全球的市场。

刀具界的诺贝尔奖候选

如果说品质和精度是企业的支柱，那么开发和创新就是企业的生命力。大昭和作为专业的刀柄系统厂商，创新能力有目共睹。其经典产品在各自的领域都占有一定地位，从无齿隙镗刀到BIG-PLUS系统（见图2），从美夹系列到同步攻螺纹刀柄，从快锋铣到小旋风等，有人这样评价大昭和的产品：如果刀具界有诺贝尔奖的话，大昭和至少可以推选出10个候选。

尤其值得一提的是BIG-PLUS刀柄系统，这是大昭和推出的一种机床主轴与刀具的接口系统，一方面实现了接口系统两面定位思想，又同时可以与7∶24标准锥柄系统进行多种组合。其表现出的减少跳动、提高重复换刀精度、避免刀具轴向窜动等一系列显著优点，使得该接口系统在机床界被广泛应用。然而在2006年，大昭和决定将BIG-PLUS两面定位主轴系统的专利技术在专利失效期之前提早公开。这样一项重要的专利技术提前解密，难道不会担心影响到大昭和的经济收益吗？在本刊记者当时的专访中，大昭和前社长小峰毅先生是这样回答的：

"企业一直强调一个理念，那就是在经济稳定发展阶段，一定要有危机感，在经济不稳定发展阶段，要有勇气，做好准备，敢于迎接新的挑战。许多企业，当成功时失去了危机感，忘乎所以，最终走向了失败。大昭和始终有一个目标，那就是要成为行业内受人喜爱的企业，能获得大家的认可，我们是幸福的。而且大昭和的发展得益于制造业的快速发展,是行业培育了我们,回报行业也是我们的愿望。因此,提前公开BIG-PLUS专利技术,使之成为行业的技术规范,能够有助于提升世界加工技术的水平,用我们的行动回报社会,本身也是一种幸福。公开BIG-PLUS专利技术,也是通过自我加压,以开放式的胸怀和面向未来的视野,强化我们对未来新产品的研发工作,使压力变成发展的动力。"

将压力转化为动力,说起来简单的一句话,背后需要的是直面挑战的魄力、长远的眼光和回馈行业的情怀。在这样的氛围下,大昭和不断提升持续创新的能力。如今,大昭和在日本拥有100多人的开发、设计团队,在瑞士和美国创建了技术开发中心,并鼓励所有的营业人员深入客户现场,了解客户所想、所忧及所需,定期举办技术+营业交流会,不断地将客户的需求转化成图样、样品、新产品。在日本淡路岛技术中心(见图3),几十台高端设备专门用于产品的开发和测试。人员、设备及经验等多方加持,每年都会有几十种新产品从大昭和问世,在刀柄系统厂商中拔群出萃。

坚持开拓高精度市场

刀柄系统作为连接机床和刀具的部件,对充分发挥机床效率、提高刀具加工效率和加工精度十分重要。即使只是简单的弹簧刀柄,大昭和也研发了夹头跳动精度在1μm以内的高精度产品,并且制定了行业的AA级标准。与高品质、高精度相对应的,是大昭和相对较高的产品价格,然而一把优秀的刀柄给加工带来的效益,让聪明的客户愿意为此买单。

大昭和很早就与北京金万众合作进入了中国市场,并于2004年在上海设立了全资公司,配合金万众为广大中国客户提供技术支持。高附加值的产品(见图4)不同于日用品,在推广过程中需要用户理解并正确使用,借助这些产品解决现存的困惑、改善现有的状态、提高产品竞争力。大昭和不只是销售产品,更是为客户提供技术支持。例如有一个客户进行深孔加工,现有的镗刀加工一个孔需要5min,而

图2 BIG-PLUS刀柄系统与以往系统对比

图3 技术中心

且表面粗糙度很难达到要求，使用大昭和推荐的防振精镗头后，加工一个孔只需十几秒，而且孔的尺寸精度及粗糙度完全达到标准。还有一个客户工件上有很多螺纹孔需要加工，但经常会超差或烂牙甚至断丝锥，产品的报废或不合格率非常高，而大昭和的同步攻螺纹刀柄不但解决了不合格率的问题，还大幅减少了丝锥用量，降低了很多成本。诸如此类的例子比比皆是，在一次次推广产品的过程中，大昭和与客户共同成长，探索高精度加工的无限可能。

近几年，随着机械加工的发展和市场环境的变化，客户对高精度的需求逐渐增长。以前需要费尽心思去解释的刀具精度对加工带来的影响，需要极力劝说才进行的不同产品的精度比较，如今似乎已经理所当然。以前大昭和听到最多的是"能否提供精度差一些但价格便宜一些的？"，现在时常会被问及"听说你们新推出了1μm的？"。虽然价格依然是绕不过的话题，但企业已经越来越意识到精度的重要性。而始终追求高精度的大昭和，相信也将拥有越来越多的"知音"。

2020年是一个颇不平静的年份，疫情之下各行各业都面临着或大或小的挑战。行业在变换，但市场最本质的需求没有变，作为一种工具，刀具要保证客户最终的加工效率和精度，这正是大昭和一直以来所坚持的。稳健发展的基调和居安思危的严谨，将助力大昭和为高品质刀柄系统树立新的高标杆。

图4　大昭和部分产品

同舟共济　共闯难关
——20世纪70年代初期金属加工行业一瞥

回顾新中国金属加工行业走过的历程，既有快速发展时期，也有短暂低迷时刻，但无论在顺境还是逆境，《机械工人》始终坚持不懈地宣传推广金属加工领域的先进技术和实践经验。

20世纪70年代初期就是暂时性低谷，当时大部分科技期刊都还没有复刊，率先复刊的《机械工人》当仁不让，记录下了许多珍贵的历史画面，推广了大量实用性极强的实践经验，为祖国困难时期的机械工业生产作出了重要贡献，在新中国金属加工史上起到了不可替代的历史作用。

复刊

在这里，我们简略回顾一下复刊的经过。1966年，全国大部分期刊相继停刊，《机械工人》也不例外，但是广大读者仍牵挂着本刊。机械工业出版社老社长蒋一苇曾经回忆道：

> "文化大革命"中，《机械工人》停刊了，活页材料[注]也不出了。据新华书店反映：各地读者群众"骂上门"来了。一机部的负责人匆忙从"干校"调回编辑，冷加工与热加工先后复刊，活页材料也开始重印。

1972年10月，《机械工人》复刊，这是"文革"中全国最早复刊的科技期刊之一，完全是在全国各地喜爱本刊的读者要求下实现的，这表现出了杂志在金属加工领域读者心目中重要的地位。

根据当时金属加工行业的发展情况和读者的实际需要，《机械工人》确定了三方面的报道重点：其一，报道各地开展技术革新运动中涌现出的先进

[注]活页材料指《机械工人活页学习材料》。——编者注

经验；其二，介绍国内外的新技术和新工艺；其三，开辟"基础技术知识讲座""老师傅谈经验"等专栏，满足读者学习技术的需要。

技术革新活动

1972年10月复刊号就以画刊形式（见图1）对当时全国各地的技术革新活动和实践经验加以报道了，如时任中共黑龙江省委委员、齐齐哈尔第二机床厂总机械师的马恒昌同志与"马恒昌小组"成员一起交流经验；全国劳动模范、沈阳重型机器厂的"刀具大王"金福长与沈阳变压器工程师王凤恩同志革新经验，以及上海市金属切削现场经验交流会、上海市科技交流站焊接交流队活动等。

1972年11月15日—21日，为促进生产，吉林省有关部门在吉林市召开了"先进刀具经验交流会"，来自北京、上海、黑龙江、辽宁以及四川等19个省市自治区的有关部门领导、技术人员、工人等近200人参加了会议。参加大会的有许多本刊的老朋友，既有"马恒昌小组""群钻小组"等先进集体班组，也有苏广铭、朱大仙、金福长等全国著名劳模。《机械工人》记者也应邀参加了会议，对交流活动还作了图文并茂的报道（见图2）。

图1　交流技术革新经验
　　　（《机械工人》1972年第1期封二画刊）

本刊记者深受鼓舞，在该期正文中用饱含感情的笔调报道说：

> 北方寒来早。江城吉林的初冬，早已是雪地冰天。但与会代表，为加速社会主义建设，交流技术革新经验的积极热情，却早已驱散了冬天带来的寒气。
>
> "老兵谱新传，新手立战功。"新老战友欢聚一堂，虚心学、耐心帮，现场表演、会外表演，勤学苦练，争分夺秒，使大会呈现出谈学习、讲经验，互帮互学的新气象。通过这次大会，代表们展望了刀具革新的发展远景。
>
> 我们深信，在新的一年中，刀具革新之花将在各地盛开，并结成丰硕之果。

《机械工人》1973年第1期特辟"吉林先进刀具经验交流会报道"专栏，精选了17位表演者的先进经验，如哈尔滨机车车辆厂苏广铭表演的装配式硬质合金端铣刀，上海机床厂盛利表演的强力刨刀，上海工具厂钮荷生表演的小直径深孔磨削，哈尔滨制氧机厂孙茂松表演的强力车蜗杆弹簧刀等。

图2　吉林市先进刀具经验交流会剪影
　　　（《机械工人》1973年第1期封二画刊）

在此之前，黑龙江省组织了先进刀具表演队，由机械工业战线上一批技术革新能手组成，于1972年10月13日—11月5日，在黑龙江省各地市进行了巡回表演，受到了全省各厂的热烈欢迎。《机械工人》在该期也及时以画刊（见图3）作了报道。哈尔滨机车车辆厂苏广铭是表演队队长，在牡丹江机车车辆厂同大家一起研究改进刀具，协助该厂机械车间解决了立铣加工部件存在不断屑和表面粗糙度值高的问题。孙茂松、苏瑞堂等著名高手也是表演队的成员。

随后，1973年春，辽宁省组织了先进刀具推广队（见图4），由50多位劳模、技术革新能手组成，先后在辽宁全省14个地区进行了巡回表演和技术攻关。为推广这些实践经验，在1973年第5期特设"报道"专栏，介绍了18种先进的实践经验，其中包括鞍山钢铁公司王崇伦的"鹅脖式"精刨刀、大连工矿车辆厂卢盛和的镗工千分尺等。1973年第7期又对杭州金属切削现场交流会进行了专栏报道（见图5）。

图3 黑龙江省先进刀具表演队活动剪辑
（《机械工人》1973年第1期封三画刊）

图4 辽宁省先进刀具推广队活动片断　　图5 杭州金属切削现场交流会活动一瞥
　（《机械工人》1973年第5期封二画刊）　　　（《机械工人》1973年第7期封二画刊）

《机械工人》连续深入报道这些先进的实践经验受到全国各地读者的热烈欢迎，在当时的历史条件下，为祖国的机械工业生产起到了极大的积极作用。

推广金属加工先进技术一直是《机械工人》的办刊宗旨之一，即使在当时的历史条件下也是如此。仅从1972年10月复刊到1973年底，《机械工人》就陆续宣传推广了挤压铸造、窄间隙焊接法、珩磨电镀工艺、高效率铁粉条重力焊、陶瓷型精密铸造锻模、粉末高速冶金钢及真空热处理等多种新技术新工艺。

在那些祖国机械工业发展处于暂时困难的历史时期，《机械工人》与金属加工行业企业和读者同舟共济，共闯难关，以实际行动诠释了《机械工人》多年来一贯坚持"以实用性为主，来源于实践，服务于生产"的办刊宗旨。

实践经验最宝贵
——新中国金属加工领域竞赛回顾

新中国成立后，我国在不同历史阶段组织了多种形式的生产竞赛、技术竞赛，如20世纪50年代的爱国主义生产竞赛和增产节约竞赛、60年代的赛刀会、七八十年代的金切技术比赛和焊工比赛、90年代的青年奥林匹克技能竞赛、进入21世纪以来的全国数控技能大赛和焊接技能大赛等。这些生产或技术竞赛极大地提高了生产效率，促进了社会的进步。

《机械工人》杂志是唯一一家专业报道了新中国成立以来的金属加工竞赛，并大力推广了竞赛期间涌现出的生产实践经验的媒体。

建国初期

建国初期，我国开展了多次生产竞赛，如赵国有、马恒昌小组等倡议开展的爱国主义生产竞赛、抗美援朝生产竞赛、增产节约竞赛等（见图1、图2）。当时的生产竞赛以全国厂际竞赛为主，各厂又以分厂、车间、小组等为单位进行竞赛。

如1953年是"一五"计划开始的第一年，全国各厂都展开了热烈的增产节约竞赛，争取完成与超额完成国家计划。《机械工人》编辑部的同志当时认识到，"在这种新的形势下，杂志的主要任务应该是更好地配合竞赛，帮助各厂推广先进经验，尤其要大力推广有决定意义的先进经验。同时，在竞赛刚刚开始的时候，组织工人、技术人员交流现有的各种经验，对开展竞赛、推广先进经验，都会有很大的好处。"

有鉴于此，《机械工人》于1953年9月19日在北京召开了增产节约竞赛座谈会，邀请了北京各厂先进工人、技术人员，交流现有的先进经验。参加座谈会的有北京第一机床厂、北京第二机床厂、北京人民机器总厂、北京汽车配件厂等生产单位，以及中国第一机械工会筹备委员会的代表共20余人。

图1 建国初期劳动竞赛场景
（《机械工人》1951年第3期）

图2 "一五"时期劳动竞赛场景
（《机械工人》1956年第3期）

当时因创造车床自动退刀架而闻名全国的济南第二机床厂先进生产者萧福利也来京参加会议。与会代表除在会上介绍了各厂的生产实践经验外，还进行了认真的讨论，并表示要把这些经验运用到自己的工作中去。会后，编辑部同志将会上介绍的经验总结编辑成专题文章在杂志上发表（《本刊编辑部召开增产节约竞赛座谈会 邀请北京各厂先进生产工人、技术人员交流先进经验》，《机械工人》1953年第10期）。

随着时间的推移，竞赛逐渐从一般劳动竞赛向同工种竞赛发展，从《机械工人》的报道中，我们可以了解到这方面的一些情况。

> 根据我们机器制造业的复杂性，大力组织推广厂与厂间的同工种竞赛，组织生产性质相同的职工在一起竞赛，已成为一种良好方法。北京、沈阳、南昌等市工会曾重点组织同工种竞赛，都已取得初步经验。沈阳市机器制造业曾在去年11月间就机器制造业中的薄弱环节，组织东北机器三厂、六厂、七厂的翻砂车间开展同工种竞赛，各厂都取得了显著的成就。在学习先进经验方面，组织了互相参观，打破了不愿学习别人经验的保守思想。北京市总工会工厂联合会在去年10月也分别组织了翻砂（农机总厂、北京机器厂和长辛店铁路工厂的铸工车间）、车工（农机一分厂和某汽车制配厂）等单位，以提高质量、产量，推广先进经验为主要内容的同工种竞赛，也有很大的收获（《必须重视与推广同工种竞赛的经验》，《机械工人》1953年第6期）。

《机械工人》对20世纪50年代末的全国铸锻优质高产评比竞赛，60年代哈尔滨、沈阳等地的"赛刀会"，60年代末以来的群众技术协作活动，以及"文革"中举行的先进刀具交流会等，都进行了深入的系列报道。

20世纪70－90年代

"文革"结束后，我国开始组织了一些金属加工领域的技术比赛。如1978－1979年上海市机电局组织的金切技术比赛，1979年北京市金属切削技术练兵比赛，1981年北京市第二次金属切削比赛，1982年上海机电系统操作技术比赛，1986年北京工人技术比赛、北京军工系统工人技术比赛，1990年京津沪技术比赛，1991年首届全国青工技术比赛，以及1993年的首届中国青年奥林匹克技能竞赛（金属加工相关部分）等，《机械工人》都给予了详略程度不等的报道。

以上海市金属切削技术比赛为例，这次大赛是在我国改革开放的新形势下开展起来的。当时，上海全市有13.2万名金属切削工人（占上海当金属切削工人总数的47%）参加了此次大赛，比赛从1978年11月起，到1979年5月结束，经过5个多月的比赛交流，涌现了一大批优秀技术能手。为了全国各地相互学习和交流经验，编辑部特请上海市金切技术比赛办公室协助，结合部分实例进行了专题报道。"紧密结合产品开展技术比赛，是这次比赛的重要特点，冶金、造船、仪表、机电、港务等局，都把比赛同"促进产量、质量的提高和推动增产节约运动"结合起来。如上海冶金机修总厂为外地某厂加工一批细长轴的任务，合同规定每根细长轴定额工时为10h，这次他们将此产品作为比赛项目之一，参加比赛的车工，经过改进工艺，结果只用了45min就加工好质量完全合格的细长轴。"（上海市金切技术比赛办公室：《综合生产实际 大搞技术比赛》，冷加工1979年第8期）。

这次技术比赛由于与生产实际相结合，促进了产品质量的提高，取得了很好的效果。

21世纪以来——从全国技能角逐走向国际竞技舞台

进入21世纪，我国的劳动技能大赛形式更加丰富多样，技术含量也更高了。从2004年开始，由人力资源和社会保障部、科学技术部、教育部、工业和信息化部、中华全国总工会和中国机械工业联合会等六部委联合举办的全国数控技能大赛，此赛事每两年举办一届，至今，已经成功举办了8届，杂志社对历届大赛都进行深入报道。

第一届大赛《机械工人》被指定为合作媒体，编辑出版了大赛专辑、大赛会刊，并在决赛期间承办了"全国数控技能人才培养暨数控技术发展论坛"。第二、三届时，承办了"第二、三届全国数控技能人才培养暨数控技术发展论坛"和"全国数控机床应用工艺方案征文大赛"，被指定为核心支持媒体。第三届时更是被组委会授予"优秀核心媒体"称号。

图3 世界技能大赛专家参观决赛现场
（冷加工2011年第3期）

图4 第四届全国数控技能大赛现场总裁判长金福吉接受本刊记者采访
（冷加工2011年第3期）

第四届全国数控技能大赛举办时，世界技能大赛专家组成员来到决赛现场，就技术文件、评分标准及选手培养、选拔模式与数控大赛组委会进行交流，并参观了决赛现场（见图3）。他们一致认为，全国数控技能大赛无论是从技术应用角度，还是赛制和比赛题目上，都已经接近和达到了世界同类比赛的水平（冷加工2011年第3期）。图4为《金属加工》记者采访第四届全国数控技能大赛现场总裁判长金福吉。也就是在此次比赛前夕，我国正式加入世界技能组织（WorldSkills）。随后2011年我国首次参加世界技能大赛。

世界技能大赛每两年举办一届，是当今世界地位最高、规模最大、影响力最大的职业技能赛事，被誉为"世界技能奥林匹克"，代表了职业技能发展的世界水平，是世界技能组织成员展示和交流职业技能的重要平台。

2019年8月27日,第45届世界技能大赛在俄罗斯喀山闭幕,中国代表团更是获得优异成绩,勇夺16枚金牌、14枚银牌、5枚铜牌和17个优胜奖,位列金牌榜、奖牌榜、团体总分第一!2019年8月28日金属加工微信公众号进行了相关报道。至今,我国已参加5届世界技能大赛,累计获得36枚金牌、29枚银牌、20枚铜牌和58个优胜奖。2021年,中国上海获得第46届世界技能大赛举办权。

金属加工杂志社与世界技能大赛专家组长宋放之教授也一直有不间断的联络,图5是栗延文社长、王建宏副主编和宋放之教授的合影,以及宋放之教授参与金属加工杂志社举办活动的照片。

a)第45届世界技能大赛前栗延文社长(右)、王建宏副主编(左)拜访世界技能大赛专家组长宋放之教授(中)

b)大赛归来,宋放之教授在杂志社举办的金属加工工艺师技术创新论坛上向与会者分享比赛经验

图5 金属加工杂志社与世界技能大赛专家组长宋放之教授的拜访和联络

另一重要赛事就是由中华全国总工会、科学技术部、人力资源和社会保障部、工业和信息化部共同举办的全国职工职业技能大赛。首届大赛于2003年举办，此后每三年举办一次。第四至六届大赛，《金属加工》杂志都有详细的跟踪报道。

《金属加工》更是活跃于各类地方赛事、企业赛事等现场一线，进行第一手报道。如"耐斯卡·特铁真杯" 现代制造技术竞赛、江苏技能状元大赛总决赛、福建省职工数控技术应用技能竞赛、全国机械行业第一、二届工业机器人职业技能竞赛等，具体赛事《金属加工》杂志、金属加工在线（www.mw1950.com）及金属加工微信公众号等都进行了相关跟踪报道。

焊接大赛40年

《机械工人》是最早对我国各级别、各领域焊接技能大赛进行连续报道的刊物。从1979年上海焊接技术比赛到历届全国焊接大赛，以及近年来的中德国际焊接对抗赛，都进行了详略不等的报道。

1976年以后，我国开始恢复和发展经济，急需各种专业技术人才，当时，全国各地开展了一些地区性的或者行业性的焊接技能比赛。

1979年，上海市工业交通办公室、市总工会等五个单位联合发起组织了上海市焊接技术比赛，《机械工人（热加工）》及时刊登了此次比赛的焊接和气割两个专业的试题。1980年夏，全国压力容器焊接技术比赛在哈尔滨举行，涌现出一批焊接高手，其中有一位北京锅炉厂名叫单平的姑娘勇夺第19名，荣获"全国优秀焊工"称号（孙伟：《艺高无止境——记全国优秀焊工单平》，热加工1983年第1期）。1983年4月，全国锅炉行业青年焊工比赛在武汉举行，来自全国11家重点锅炉厂的52名焊接高手表演了精湛的手工焊技术（《全国锅炉行业青年焊工比赛》，热加工1983年第8期，见图1）。这些都是地区性或行业性的焊接比赛。

全国性焊接技术比赛始于1987年，参加全国焊工技术比赛的选手是各省市通过比赛等形式选拔出来的，他们的焊接技术水平反映了我国焊接工人的最高水平。《机械工人》从首届全国焊接大赛起就开始对该项大赛进行报道。

1987年9月16日—22日，首届全国焊接大赛（全国焊条电弧焊焊接技术选拔赛）在北京锅炉厂举行，由中华全国总工会、劳动部会同机械工业主管部门等联合主办，来自全国28个省市自治区的113名焊接能手参加了比赛。比赛分理论考核和实际操作两部

图1　1983年全国锅炉行业青年焊工比赛报道
（热加工1983年第8期）

分,分别占30%和70%。经过7天角逐,北京选手戴永和、上海选手王才杰分别获得钢结构焊接组和锅炉、压力容器焊接组的第一名。时任中华全国总工会主席倪志福等领导出席闭幕式,并向获得"全国焊条电弧焊焊接技术能手"称号的20名参赛者颁发了证书。"通过这次全国性的大规模焊接技术比赛,使我国的焊工队伍又涌现出了一大批具有高超技艺的优秀焊工人才。这些技术人才,是国家的宝贵财富,是四化建设的宝贵人才。"(《全国焊条电弧焊技术选拔赛在京举行》,热加工1987年第12期)。

1992年10月,第二届全国焊接大赛(全国焊条电弧焊和CO_2气体保护焊技术比赛)在上海锅炉厂举行,比赛规模较大,是当时全国范围内一项重要的群众性技术比赛活动(《祝贺1992年全国焊接技术比赛圆满成功》,热加工1993年第2期,见图2)。

1995年,第三届大赛在四川举行,经过比赛,浙江工业设备安装公司的王竹林勇夺全国冠军,劳动部等部门授予王竹林等17人为"全国焊接技术能手"称号《技术明星,再创辉煌》,热加工1996年第1期)。2009年2月,王竹林入选"享受政府特殊津贴专家"。作为生产一线人才,成为全国首批享受政府特殊津贴的"蓝领"人才,真是可喜可贺!

21世纪以来,全国焊接技能大赛的形式更加丰富多样,技术含量越来越高。

2000年10月,第四届全国焊工技术比赛在成都举行,并冠名为"松下焊接杯"(参见热加工2000年第11期报道)。2003年9月,第五届全国焊工技术比赛在河南洛阳举行。本届比赛分焊条电弧焊/氩弧焊和CO_2气体保护焊两组,每组的前10名由劳动部授予"全国焊工技术能手"称号。与往届大赛不同,为使更多焊接工作者了解有关大赛的情况,《机械工人》与大赛的承办方——中国职工焊接技术协会合作,特别策划了"全国焊工大赛暨焊接材料"专辑。赛前中国职工焊接技术协会张士相副秘书长接受本刊记者专访时指出:全国焊工技术比赛是一项重要的群众性技术活动,通过比赛不但推出了新人,而且推动了企业的焊接技术培训工作,激励广大职工不断提高焊接技术水平(于淑香:《再掀波澜,重铸辉煌》,热加工2003年第8期)。

1999年4月,第四届全国工程建设系统焊工技术比赛在洛阳举行,这是由原国家石油和化学工业局、劳动部、中华全国总工会等举办,中石油、中国工程建设焊接协会承办的,是20世纪末我国工程建设系统焊接技术水平的一次大检阅、大展示。该项赛

图2　第二届全国焊接大赛报道
　　　(热加工1993年第2期)

事的第一届比赛于1993年在上海宝钢举行，两年一届，已经成为涵盖城建、冶金、电力、石油、石化、化工及船舶等工程建设领域的全国性的焊接技术比武盛会。从第四届起，《机械工人（热加工）》对新世纪以来的本项赛事，如2001年、2005年、2009年、2011年、2013年、2015年、2017年、2019年等历届赛事给予了持续关注和连续报道。从该项赛事可以看出，我国焊工技术水平呈现出明显的行业特色。

  2003年，由中华全国总工会、发改委、科学技术部、劳动部联合举办，中国职工焊接技术协会承办的全国最高类别的全国职工职业技能大赛四项赛事之一的焊工决赛在河南举行（于淑香：《九朝古都摆擂台　焊接精英展风采》，热加工2004年第1期）。2006年，第二届比赛（"本钢杯"）在辽宁本溪举行。《机械工人》特邀请担任裁判工作的湖北省职工焊接技术学会张远温秘书长、中国十三冶第十工程公司范绍林副总工程师对赛事作了点评（热加工2007年第1期）。

  2010年，在中国机械工程学会支持下，由国务院国有资产监督管理委员会发起并主办的"嘉克杯"国际焊接大赛，是将我国焊接竞赛大规模引入国际化的一项重要赛事。多任国际焊接学会主席、多位国际焊接界泰斗及中国国资委、人社部、教育部及机械、焊接行业主要领导曾出席大赛相关活动，该赛事连续举办了7届。《金属加工（热加工）》杂志和新媒体对每届赛事都进行了相关报道（张维官：《"嘉克杯"圆满谢幕　中车欧焊联双夺冠》，热加工2016年第14期）。

  以上这些是近二十年来重要的全国性焊接比赛。

  回顾从20世纪70年代末到现在的各类别焊接大赛，我们可以看到，比赛规模越来越大，难度越来越高，在重实践练兵比武的同时，理论考试的难度和广度有所提高，并开始向智能化焊接方向前进，选手之间的交流也越来越多。对于举办焊工竞赛的目的和意义，中国工程建设焊接协会名誉理事长姚篢放曾有简明精要的论述，正如他所说，

> 焊工技能竞赛是培养焊接技能人才、提高工程质量和企业竞争能力的重要之举。……一些选手成长为各级劳动模范、各级人民代表，更有一大批优秀焊工成为企业的骨干力量和培训中心及技能院校的教师，为培养更多的焊接技能人才作出了新的贡献，而优秀选手也为所在企业提升了形象和影响力。因此，焊工技能比赛已成为育人的摇篮和竞技的舞台。
>
> 焊工比赛的平台还为众多参赛和赞助的焊接设备厂、焊材厂树立了品牌。焊工比赛成为企业塑造品牌的一种有效形式，并已为历届比赛的实践所证实。

全国科普“优秀作品一等奖”
——金属涂镀技术

《金属加工》（原名《机械工人》）杂志自创刊以来，一直在新技术、新工艺推广方面具有强烈的社会责任感，这些国家重大新技术、新工艺的推广在各个历史时期都发挥了积极的作用，随着时代的发展，又不断被更新的技术工艺所替代，前后相续，组成了一条金属加工技术工艺的长河。在“六五”“七五”期间，重点推广的金属涂镀技术就是这条长河中一朵璀璨的浪花。

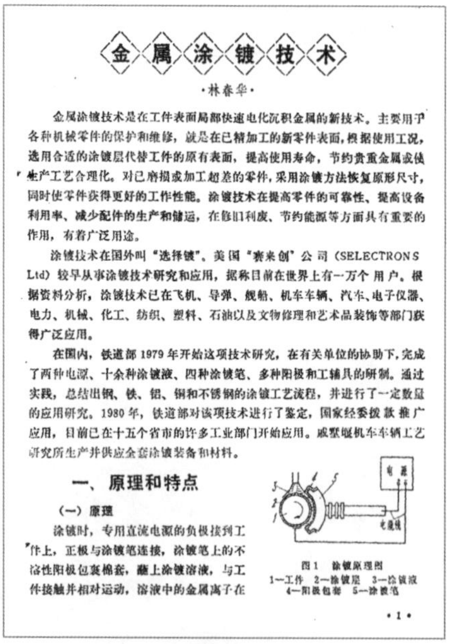

金属涂镀技术

·林春华·

金属涂镀技术是在工件表面局部快速电化沉积金属的新技术。主要用于各种机械零件的保护和维修，就是在已精加工的新零件表面，根据使用工况，选用合适的涂镀层代替工件的原有表面，提高使用寿命，节约贵重金属或使生产工艺合理化。对已磨损或加工超差的零件，采用涂镀方法恢复原形尺寸，同时使零件获得更好的工作性能。涂镀技术在提高零件的可靠性、提高设备利用率、减少配件的生产和储运，在修旧利废、节约能源等方面具有重要的作用，有着广泛用途。

涂镀技术在国外叫“选择镀”。美国“赛来创”公司（SELECTRONS Ltd）较早从事涂镀技术研究和应用，据称目前在世界上有一万个用户。根据资料分析，涂镀技术已在飞机、导弹、舰船、机车车辆、汽车、电子仪器、电力、机械、化工、纺织、塑料、石油以及文物修理和艺术品装饰等部门获得广泛应用。

在国内，铁道部1979年开始这项技术研究，在有关单位的协助下，完成了两种电源、十余种涂镀液、四种涂镀笔、多种阳极和工辅具的研制。通过实践，总结出钢、铁、铝、铜和不锈钢的涂镀工艺流程，并进行了一定数量的应用研究。1980年，铁道部对该项技术进行了鉴定，国家经委拨款推广应用，目前已在十五个省市的许多工业部门开始应用。戚墅堰机车车辆工艺研究所生产并供应全套涂镀装备和材料。

一、原理和特点

（一）原理

涂镀时，专用直流电源的负极接到工件上，正极与涂镀笔连接，涂镀笔上的不溶性阳极包裹棉套，蘸上涂镀溶液，与工件接触并相对运动，溶液中的金属离子在

图1 涂镀原理图
1—工件 2—涂镀层 3—涂镀液 4—阳极包套 5—涂镀笔

·1·

图1 发表的《金属涂镀技术》一文（热加工1982年第6期）

20世纪80年代初期在我国，金属涂镀是维修和保护金属零部件的新技术，在提高零件的可靠性、提高设备利用率以及节约能源等方面具有重要的作用，应用非常广泛。铁道部1979年开始研究这项技术，在有关单位协助下完成了此项技术设备的研制，总结出涂镀工艺流程。1980年铁道部对该项技术进行了鉴定，原国家经委拨款推广应用，戚墅堰机车车辆工艺研究所生产并供应全套涂镀装备和材料。当时全国各地已经开始应用，但是尚没有得到深入宣传，限制了该项技术的广泛应用。

早在戚墅堰机车车辆工艺研究所林春华与国外专家进行技术座谈时，《机械工人》编辑部就掌握了这一信息，经过分析，认定它是一项具有广泛推广价值的新技术。在条件成熟后，编辑部很快组织了报道，《机械工人（热加工）》1982年第6期刊登了林春华同志撰写的《金属涂镀技术》一文（见图1），长达12页，不惜篇幅，造成声势。

《金属涂镀技术》一文在《机械工人》发表以后，社会反响非常强烈，作者林春华接待来信、来访上千人次。有200多个单位向作者所在单位购置了涂镀设备，有上百个单位要求帮助培训

人员，还有很多工厂邀请作者协助解决生产关键问题。由于《金属涂镀技术》一文的内容全面、系统、准确、充实，行文流畅，通俗易懂，所以在很长一段时间内均以此文作为金属涂镀技术短期培训教材。

后来随着此项技术的推广，《机械工人》又多次组织了专题报道。如热加工1983年第12期又刊登了共24页的"金属涂镀技术"专题，重点为涂镀技术在全国各地实际生产中9个具体的典型应用案例，包括北京二七机车厂的立式金属涂镀机床、衡阳冶金机械厂的涂镀修复大型热轧辊、装甲兵技术学院的涂镀在机械维修中的应用、民航北京维修基地的低氢脆性镉镀层在飞机维修中的应用、戚墅堰机车车辆厂的涡轮增压器转子轴颈的涂镀等。这些来自生产一线的典型案例非常有说服力，有力地促进了金属涂镀技术在我国的进一步推广应用。

由于《机械工人》和社会的共同努力，金属涂镀技术在"六五"期间推广应用中取得巨大的经济效益。据原国家经委统计，仅此一项新技术的推广，在"六五"期间就为国家创造了7亿元的效益。该技术在"七五"期间继续作为国家重点推广项目，并在1986年被评为"首届国家科技进步一等奖"。

1987年，《金属涂镀技术》一文在由中国科协、新闻出版署和中国科普创作协会联合举办的第二届全国优秀科普作品评选中荣获"优秀作品一等奖"（见图2），此文是从我国1980—1985年出版的近万篇科普短文中评选出来的。

作为《金属涂镀技术》一文的责任编辑，于淑香（见图3）曾这样总结道：

图2 《金属涂镀技术》获奖证书

《金属涂镀技术》一文能获得一等奖，并不是偶然的。这与杂志在几十年的办刊道路中始终坚持自己的办刊方向，在同类刊物中形成自己的风格和特点是分不开的。总结起来表现在以下三方面：

一是编辑部广泛组织社会力量，依靠社会力量，使编辑部能随时掌握新技术发展的信息、动态，信息比较灵。

二是对新技术及先进经验的推广有较强烈的责任感。

三是在长期办刊实践中逐步积累了经验，做到看得准、抓得住。

图3 《金属涂镀技术》一文作者林春华（后排左二）与《机械工人》原主编李宪章（前排左三）、该文责任编辑于淑香（前排左一）等合影

顺应形势　大力开拓工业机器人市场

近年来，机器人技术与产业在全球得到了快速发展，产品智能化程度越来越高，应用领域不断扩展。中国自2013年以来，连续六年稳居全球第一大工业机器人市场，应用行业已扩展到国民经济47个行业大类和129个行业中类。虽然受到汽车、智能手机行业调整以及中美贸易摩擦的影响，2018年以来中国机器人行业在多年高速发展后，市场表现出现波动，增速有所下滑，但年装机量依然保持在15万台以上，并远多于欧洲和美洲的装机量总和。机器人技术的长期积累，以及在未来高质量发展过程中持续的自动化和智能化的发展趋势，都为机器人产业下一阶段的发展奠定了坚实基础，同时也带来了广阔空间，因此机器人产业目前依然处于重要的发展机遇期。

世界上第一台工业机器人的诞生

1954年，美国戴沃尔最早提出了工业机器人的概念，并申请了专利。该专利的要点是借助伺服技术控制机器人的关节，利用人手对机器人进行动作示教，机器人能实现动作的记录和再现。这就是所谓的示教再现机器人。现有的机器人差不多都采用这种控制方式。1959年，世界上第一台工业机器人在美国尤尼曼特公司诞生，开创了机器人发展的新纪元。

尤尼曼特机器人（见图1）是极坐标式的，其动作类似坦克的炮塔运动。它共有六个自由度（机器人的每一动作轴算一个自由度，手爪夹紧工件的动作不算自由度）。机器人的手臂可以绕立轴左右回转，又能上下俯仰和前后伸缩，手臂共有三个自由度，可保证把工件或工具送到规定的位置（曹祥康：《谈谈工业机器人》，冷加工1984年第6期）。

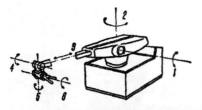

图1 《机械工人》报道的尤尼曼特机器人
（冷加工1984年第6期）

国内外工业机器人市场发展与技术应用现状

全球工业机器人产业链中,以发那科、安川、KUKA、ABB、松下、不二越、川崎、爱普生、史陶比尔、柯马等为代表的龙头企业在机器人本体制造、相关技术和服务及系统集成甚至核心零部件等多方面都拥有显著优势。它们在工业机器人领域有着长期深入的技术积累,以及紧跟时代的创新能力,对整个机器人行业的引领和带动作用明显。

我国在工业机器人领域的研究主体早期主要集中在高校和科研院所,然而在日益增长的市场需求推动下,我国工业机器人技术创新的主力逐渐从高校和科研院所转移到企业。沈阳新松、广州数控、南京埃斯顿、安徽埃夫特、上海新时达及广东拓斯达等是我国工业机器人的代表性企业。我国的机器人企业大部分以机器人下游的系统集成作为切入点,不断提升技术创新能力,然后逐步开展中上游的技术研发和产品开发,取得了不俗的成绩,国产机器人的市场份额也在不断扩大。

《金属加工》一直以来高度关注工业机器人等自动化、智能化产品与技术的发展,努力推动先进装备与技术的落地与应用,专业创建工业机器人微信公众号。对于各大机器人企业推出的新产品、新技术,我们会充分利用工业机器人微信公众号、金属加工微信公众号、《金属加工》杂志等全媒体平台的优势,在第一时间进行宣传报道。例如:CIMT2013展会的一大新亮点就是数量众多、规格用途各异的工业机器人以及与机床集成应用的实例,充分展示了工业机器人应势而生、新军凸起发展的现状以及与数控机床结合带来的技术优势和市场前景。《金属加工》记者专门走访了CIMT2013展会展示机器人的企业,将最新的技术和产品呈献给我们的读者(索菲娅:《工业机器人——金属加工自动化中的主力军》,冷加工2013年第13期)。又如:2014年北京·埃森焊接与切割展览会上,《金属加工》记者采访了柯马、ABB、新时达等机器人公司,对其产品及公司发展作了深度报道("北京·埃森焊接展展后报道"专题,热加工2014年第14期,见图2)。

同时为了加快工业机器人等自动化、智能化技术的应用,《金属加工》策划了大量以焊接机器人、工业自动化、智能制造等为主题的专题内容,同时将专题内容通过杂志、微信公众号、网站等多个平台进行传播(见图3)。

值得一提的是,2015年,金属加工杂志社创建的工业机器人微信公众号,重点关注工业机器人产品、技术、选型、工业机器人配件及行业资讯等内容,着力打造工业机器人领域一流的学习交流与传播推广平台。截至2019年11月,粉丝数量已经突破12万人。

图2 工业机器人北京·埃森焊接展展后报道
(热加工2014年第14期)

金属加工领域内首届"工业机器人用户使用调查"启动

在工业机器人市场火热的背后,我们还应看到,工业机器人技术具有典型的实践性特点,很多创新的灵感和推动力直接来自于终端用户的实际生产需求。工业机器人下游用户的需求可推动技术进步,也是技术创新的主要来源。因此,在工业机器人行业蓬勃发展的中国市场,开展针对工业机器人终端用户的调查是非常有必要的。

金属加工杂志社于2014年7月-2015年1月开展了首届工业机器人用户调查,该调查得到了中国机床工具行业协会、中国汽车工程学会检测分会、一汽集团、东风汽车以及江淮汽车等协会和单位的大力支持,调查共收回906份有效问卷。基于此次调查,从中国工业机器人的使用现状、未来需求两个角度展开撰写了调查报告,报告详细分析了工业机器人的应用行业分布,不同生产工序对工业机器人的实际需求,企业自动化率,机器人开动率,用户对机器人品牌的认知,以及用户近期对工业机器人的采购需求、采购决策过程等内容。

调查结果显示:

用户希望工业机器人具备三方面的功能:①具有触觉、力觉或简单视觉,能在较为复杂的环境下工作;具有识别功能或更进一步增加自适应、自学习功能,成为智能型工业机器人。②人机界面更加友好,语言、图形编程界面更加易于使用。③编程技术除进一步提高在线编程的可操作性之外,要进一步提高离线编程的实用化程度。

选购机器人时所看重的因素:64.6%的用户将产品质量和可靠性排在首位,品牌居第二,价格和售后服务居第三和第四。"(蒋亚宝:《2015年首届工业机器人用户调查报告》,冷加工2015年第12期)。

a) 智能化焊接装备
(热加工2015年第12期)

b) 工业自动化专题
(热加工2020年第1期)

图3 《金属加工》策划的智能化、自动化专题

迈向智能制造时代的数十年探索
——访Tebis中国总经理庄晓林

第一次工业革命，蒸汽机使机器代替人工成为可能；第二次工业革命，人类进入了电气时代；第三次工业革命，信息技术、航天技术蓬勃发展，变革不仅局限于工业，更对人们的生活方式产生了深远的影响。每一次工业革命都是对生产力的巨大提升，如今，数字化、智能化已成为新的趋势，没有人能准确预测这次变革的终点，但大到国家、小到科研机构和企业，以及每一个投身其中的人，都在为推动智能制造新时代的到来而努力探索。

在工业生产中，智能制造离不开CAD/CAM/MES等工业软件。作为连接计算机和实际生产的重要工具，工业软件涉及了研发设计、生产控制、信息管理等方方面面。《金属加工》作为行业知名媒体，一直关注着工业软件的创新发展。在众多工业软件中，Tebis以其全面的技术实力、丰富的实践经验和卓越的咨询服务，占据着智能制造的"咽喉"位置。在《金属加工》（原名《机械工人》）创刊70周年之际，我们特别邀请到Tebis中国总经理庄晓林，与大家分享Tebis的发展历程和技术优势。

为智能制造而生

1980年以后，CAD/CAM技术进入快速发展期，相应的软件技术（如优化设计、有限元设计、数据库技术等）迅速提升，出现了很多商品化软件，推动了CAD/CAM技术的应用和推广。1984年，Tebis应运而生，成立于德国慕尼黑。创始人之一的Bernhard Rindfleisch在创办Tebis之初有一个梦想：他想让全球的企业都可以通过智能自动化数控编程实现高效安全的智能制造。他见证了Tebis辉煌的发展历史——从最初的两个人发展到成为全球卓越的工业4.0数字化智能制造云平台软件与服务公司，遍布全球主要的工业国家和地区。

成立初期，Tebis的发展势头已十分强劲。据庄总介绍，1986年，Tebis V1.0版本问世，成为全球最早基于PC机开发的主流CAD/CAM软件之一；1990年，Tebis发行第一代AutoMill®技术，实现跨多曲面加工，该技术的创新在当时的模型制造业引起不小的轰动；1991—1996年，Tebis发展迅猛，业务高速增长，开始全球扩张，在全球主流的工业国家成立分公司。

以技术突破为先

身处日新月异的科技发展浪潮之中，工业软件更需要保持其技术优势。在业务扩张的同时，Tebis在技术突破方面也从未懈怠。1997年，Tebis第二代Automill®技术诞生，在拓扑结构上进行高精度的数控计算，这标志着优质的曲面质量的重大突破，也是Tebis时至今日仍保持领先的原因；2000年，Tebis实现了将客户的刀具和机床集成在数字孪生镜像环境中；2004年，Tebis能够在软件环境中存储客户的制造经验；2008年，Tebis在CAD/CAM系统中集成了自主研发的基于数字孪生镜像的虚拟机床技术。

Tebis虚拟机床技术可以在3D环境下复现整个制造现场，在计划阶段就可以对复杂制造过程进行虚拟和优化，可以直接在电脑上模拟加工操作，并检查是否与所有组件发生碰撞，通过Tebis数字孪生镜像技术（见图1）可以轻松实现多机床操作和无人值守的安全生产。

创新仍在继续，2009年，Tebis深度集成了ProLeiS MES智能制造执行系统；2010年，第三代Automill®技术与Job Manager集成，可以管理所有加工类型与过程；2017年，Tebis收购ProLeiS智能制造执行系统（MES），打造CAD/CAM和MES软件一体化解决方案。如今，Tebis已实现CAD/CAM和

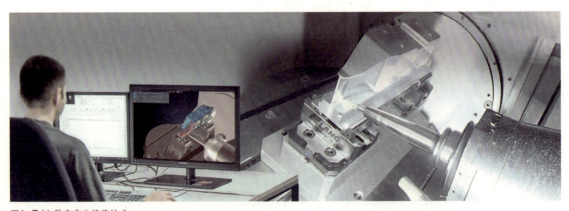

图1　Tebis数字孪生镜像技术

MES系统深度集成，定制企业云端中央制造经验数据库，并支持用户扩展、优化、标准化加工与编程，积累和共享企业加工经验，提升制造过程高效安全水平。

智能制造是一个循序渐进的过程，任何智能制造要实现，都必须先标准化再数字化最终才能达到智能化，标准化是一个管理过程，Tebis正是把标准化、数字化、智能化三个阶段全面统一的数字化智能制造云平台（见图2），提高加工安全性和质量的稳定性，降低刀具消耗成本，提高机床运行效率，从而提高工作效率。

以智能模具（见图3）为例，其智能化主要体现在三方面：第一，模具的多样性使得对不同设计工具的需求显著增加，复杂的模具制造需要一个标准化的制造过程；第二，监测系统升级，包括数字化制造过程、嵌入式诊断系统（EDS）、检测和评估制造过程相关数据；第三，自优化过程，利用新的辅助系统使制造过程稳定，通过机床的接口优化制造过程。

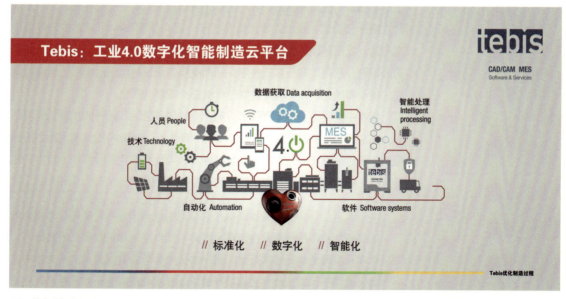

图2 数字化智能制造云平台

为客户创造高价值

立足于不断突破的技术水平，Tebis逐渐得到越来越多用户的认可，在CAM领域还被冠以"奔驰"美誉。1993年，Tebis进入中国市场，时值中国制造的高速发展阶段。为了给中国客户提供更优质的服务，2012年，Tebis在中国建立了子公司，又于2017年在成都成立分公司，助力西部智能制造大发展。

图3 智能模具示意

在中国智能制造的广阔市场中，众多汽车、航空航天等行业知名企业都选择了Tebis软件，典型客户包括上汽大众、中国一汽、普什模具、海斯坦普以及长城汽车等。提及Tebis能够在中国打开市场的原因，庄总认为主要有以下三点：第一，Tebis秉承德国制造的先进技术，中国智能制造必然需要建立标准化、数字化、智能化的制造过程，这正是Tebis的强项。第二，Tebis本地技术专家都具有丰富的实践经验，积累了众多成熟的项目经验，定制企业云端中央制造经验数据库，并支持用户扩展。第三，Tebis拥有自己的企业咨询部门，咨询顾问拥有众多项目成功经验，可以为全球制造项目提供咨询服务。2017年，Tebis荣获德国前总统Christian Wulff先生颁发的"最佳咨询大奖"，2018—2019年，连续两年获得德国经济周刊"最佳咨询大奖"，这些足以证明Tebis咨询的卓越实力。

客户的实际案例更具有说服力。据介绍，在与一个客户开展合作时，刚开始，客户对于标准化并不是很理解，在Tebis团队与其多次沟通交流并展示德国项目的成功经验后，客户同意在项目初期制定企业标准化。之后呈现的效果十分显著：编程效率大幅度提升。客户反馈Tebis可以对机床设备精准测量、完整建模，包括机床几何体、运动装置等所有组件。虚拟机床结果更加精确，且集成在一套软件中，从而能够方便快捷地借助虚拟机床进行规划、检测和优化，数字孪生镜像过程快速、高效、安全。

随着中国制造业转型升级的进行，用软件"激活"硬件的重要性越发凸显。庄总表示，中国已经成为Tebis重要战略市场，Tebis将继续加大对中国的投入，通过先进技术与本地制造发展融合，实现标准化、数字化、智能化制造过程，降本增效，助力中国智能制造的高速发展。

未来，Tebis将继续围绕数字化智能制造云平台展开研究，把中央制造经验数据库统一存储在云端，客户端可以实时调用标准化的数据库，也可以实时更新云端库数据，用一个云平台满足制造需求。在智能制造的大趋势下，工业软件将成为机械加工行业的核心竞争力，得"软硬皆施"者得天下，将软件与硬件互通互联，通过云平台统筹管理，实现数字化、智能化生产，将成为提升企业竞争力的利器。

品牌如金　名展埃森
——北京·埃森焊接展33年(1987—2020)

1987年，第一届北京·埃森焊接与切割展览会在北京举办。33年过去了，北京·埃森焊接展已经由一个最初的小型展会发展成为世界第二大、亚洲第一大的焊接与切割专业展览会，极大地推动了我国焊接技术及焊接产业的发展。

《机械工人（热加工）》从1987年第一届起就关注报道北京·埃森焊接展，进入21世纪以来（2002—2020年）与北京·埃森焊接展进行了卓有成效的紧密合作，是对北京·埃森焊接展关注最早、持续报道最长、合作最为深入的媒体之一。通过杂志的报道，我们可以从侧面勾勒出北京·埃森焊接展的发展历程和辉煌成就。

首届北京·埃森焊接展留下的珍贵回忆

德国埃森焊接与切割展览会是世界上规模最大、影响最广的焊接展。1985年中国机械工程学会、德国焊接学会和德国埃森展览公司商定，准备将埃森展移植到中国北京。经过中德双方努力，1987年5月12日—18日，第一届北京·埃森焊接展在北京展览馆开幕（见图1）。据统计，为期5天的展会吸引了超过3万名观众参展。关于创展的过程，中德合作双方都曾撰写纪念文章回忆，均发表在《机械工人（热加工）》2002年第12期，如宋天虎撰写的《北京·埃森焊接与切割展览会15年回顾》和德国焊接学会撰写的《北京·埃森焊接与切割展览会发展回顾》。

首届展会就取得了极大成功，给观众留下了深

图1　第一届北京·埃森焊接与切割展览会入场券和展馆
（引自《北京·埃森焊接与切割展览会20周年纪念文集》）

刻印象。有的观众回忆道：

当时正逢第一届北京·埃森焊接与切割展览会在北京举行，这是我一生中参加的一次最重要的展览会。与国内众多焊接同行一样，第一次看到如此规模盛大的焊接展览会，我几乎每天到场，收集资料，参观设备和展品，听焊接技术讲座，当时的心情十分激动（杨建东：《20年我和北京·埃森焊接展一起成长》，刊载于《北京·埃森焊接与切割展览会20周年纪念文集》）。

还有的观众这样回忆说：

1987年，在我从事焊接生涯的旅途中迎面扑来一股春风，因我有幸和厂里一位资历很深的高工一起参加了第一届北京·埃森焊接与切割展览会。在偌大的展览厅里，国际知名大公司的产品琳琅满目，尤其是那具有国际先进水平的CO_2气体保护焊机及各类数控切割机，在我心中荡起不小的涟漪（陈斌：《拥有埃森“黑马” 企业活力永驻》，热加工2002年第11期）。

《机械工人》杂志从首届展会开始报道

《机械工人》记者于淑香也参加了1987年首届展会，在展会上注意到了展出的电焊机反映出的“增效节能”的发展趋势。该届展会上，瑞典伊萨（ESAB）公司展出的面积最大，仅新型节能弧焊电源就展出了6台，给观众留下了深刻的印象。因此特在《机械工人（热加工）》杂志上组织专栏，以较多的篇幅对展会上的新型节能弧焊电源进行了专题介绍，并邀请天津焊接研究所专家丁履信（笔名“石子”）进行点评（见图2）（石子：《在北京·埃森焊接展览会上看到的新型节能弧焊电源》，热加工1987年第11期）。

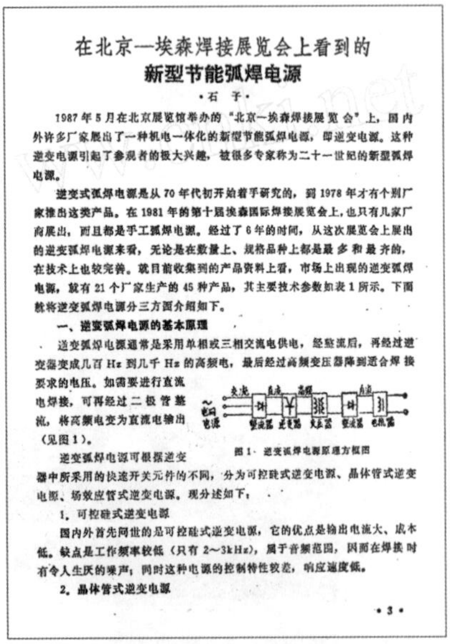

在北京—埃森焊接展览会上看到的
新型节能弧焊电源

·石 子·

1987年5月在北京展览馆举办的“北京—埃森焊接展览会”上，国内外许多厂家展出了一种机电一体化的新型节能弧焊电源，即逆变电源。这种逆变电源引起了参观者的极大兴趣，被很多专家称为二十一世纪的新型弧焊电源。

逆变式弧焊电源是从70年代初开始着手研究的，到1978年才有个别厂家推出这类产品。在1981年的第十届埃森国际焊接展览会上，也只有几家厂商展出，而且都是手工弧焊电源。经过了6年的时间，从这次展览会上展出的逆变弧焊电源来看，无论是在数量上、规格品种上都是最多和最齐的，在技术上也较完善。就目前收集到的产品资料上看，市场上出现的逆变弧焊电源，就有21个厂家生产的45种产品，其主要技术参数如表1所示。下面就将逆变弧焊电源分三方面介绍如下。

一、逆变弧焊电源的基本原理

逆变弧焊电源通常是采用单相或三相交流电供电，经整流后，再经过逆变器变成几百Hz到几千Hz的高频电，最后经过高频变压器降到适合焊接要求的电压。如需要进行直流电焊接，可再经过二极管整流，将高频电变为直流电输出（见图1）。

图1 逆变弧焊电源原理方框图

逆变弧焊电源可根据逆变器中所采用的快速开关元件的不同，分为可控硅式逆变电源、晶体管式逆变电源、场效应管式逆变电源。现分述如下：

1. 可控硅式逆变电源

国内外首先问世的是可控硅式逆变电源，它的优点是输出电流大、成本低。缺点是工作频率较低（只有2～3kHz），属于音频范围，因而在焊接时有令人生厌的噪声；同时这种电源的控制特性较差，响应速度低。

2. 晶体管式逆变电源

·3·

图2 对第一届北京·埃森焊接展的报道（热加工1987年第11期）

北京·埃森焊接展推动中国焊接事业发展

经过33年的发展，北京·埃森焊接展已经由最初的四年一届，发展到现在每年一届，举办地也从北京发展为北京、上海两地轮流举办，再到现在的上海、深圳举办。30多年来，北京·埃森焊接展极大地提升了以高新技术拉动我国传统焊接制造的能力，加快了焊接制造关键技术的自主研发与创新进程，推动了电焊机、切割设备、焊接材料、焊接机辅具及焊接机器人等技术的长足进步。例如，在电焊机行业，1987年第一届展会展出了许多埋弧焊和气体保护焊设备，其中直流焊机以晶闸管整流焊机为主，体现出当时电焊机行业开始向"增效节能"的方向发展；在20世纪90年代后期，展会上率先推出了IGBT逆变式CO_2焊机，而数字化逆变焊机在世界上是1998年研制成功的，当年就在展会上展出。在工业机器人行业，焊接与切割在整个工业机器人方面的应用占比非常高，特别是进入2010年以来，随着焊接技术的发展，焊接机器人产业的发展非常迅速，目前已经成为北京·埃森焊接展上焊接设备企业的标配展品，更是涌现出了一批优秀的民族品牌焊接机器人知名企业。

近年来，《金属加工（热加工）》刊登的这些特约文章（宋毓瑛等：《北京·埃森焊接展推动了我国向焊接材料强国的迈进》；魏伦：《从北京·埃森焊接展看我国焊接设备制造行业的崛起》；余金湖：《从北京·埃森焊接展看中国数控切割的发展方向》；戴为志：《从北京·埃森焊接展看高强钢焊接的最新动态》；欧泽兵：《从2013年北京·埃森焊接展看焊工防护的现状》）中，我们可以更为详细地了解北京·埃森焊接展的辉煌成就。

全方位精诚合作　提升展会品牌

除了对历届北京·埃森焊接展给予及时、详尽报道外，《机械工人（热加工）》杂志作为展会主办单位的指定宣传媒体，还从2002年起与中国机械工程学会紧密合作，高质量地完成了展会系列配套出版物——埃森专刊、会刊、快讯和国际论坛论文集等；并于2002年、2007年两次与展会主办单位成功举办了"北京·埃森焊接展与中国焊接工业"15周年和20周年大型主题征文活动，取得显著的社会效果，进一步提升了展会的宣传质量、服务质量和名展效应。2002年，时任中国机械工程学会副理事长兼秘书长宋天虎先生接受了《机械工人（热加工）》记者的专访。此后每届展会前，他基本都会通过本刊向观众介绍当届展会的热点。

2004年以来，太原理工大学孙咸教授应《机械工人》编辑之邀撰写了"埃森展焊材部分"的连续点评，由此可以看出近年来我国焊材行业的发展趋势和热点（孙咸：《一股激流涌进的春潮》，热加工2004年第1期；《埃森展看点多　中国焊材发展快》，热加工2005年第1期；《埃森展又热京城　推精品焊材先行》，热加工2006年第7期等）。

与北京·埃森焊接展同期举办的系列技术交流会和行业交流论坛也影响深远。1987年，首届展会同期就召开了主题为"焊接技术的发展及应用"的中德焊接学术会议以及20项技术座谈会，此后相继举办了1994年"IIW国际焊接年会"，2002年以来的"中国机械工程学会及其焊接分会举办的汽车、航空航天、能源工程、钢结构、船舶、轻金属与高强钢材料、绿色智造等焊接国际论坛"，以及由《机械工人》与展方共同主办的2004年、2006年、2007

年、2013年、2018年"中国焊接市场论坛",这些活动都起到了促进焊接行业交流和企业技术进步的作用。

2006年,为充分反映中国焊接与切割行业的发展与成果,机械工人杂志社与北京·埃森焊接展组委会联合举办了"北京·埃森焊接与切割展览会图片回顾展暨摄影大赛"(详见热加工2006年第7期报道),通过中国焊接人自己拍摄的一个个精彩瞬间,反映了埃森焊接展和中国焊接行业的历史,营造出一份厚重的展

图3　北京·埃森焊接展上的摄影大赛

会文化氛围,这在我国机械工业领域展览会上是一种创举,受到焊接界的普遍赞誉(见图3)。

2007年、2017年,北京·埃森焊接展举办20周年和30周年纪念活动,由机械工人杂志社为纪念活动设计制作出版纪念画册以及策划制作视频,并在展会期间的颁奖典礼上,《机械工人(热加工)》被北京·埃森焊接展主办方授予唯一的"最佳合作媒体"称号。这既是给予我们的一份荣誉,更是赋予我们的一份责任。

报道德国埃森博览会　延伸阅读深度

与此同时,四年一届的德国埃森焊接博览会作为世界上最大的焊接展,反映了国际焊接技术的现状和发展趋势,被誉为"焊接界的奥林匹克",业内专家也应邀在本刊发表了埃森焊接博览会的观展心得(黄石生:《埃森焊接博览会——世界焊接技术的一面镜子》,热加工2002年第1期;苏晓鹰:《第16届德国埃森焊接与切割展览会中国展团参展纪实》,热加工2006年第1期;尹显华:《从德国埃森展看电焊机行业的现状及发展趋势》,热加工2006年第2期;刘红伟:《智能化引领焊接与切割技术的发展——记2013年德国埃森焊接与切割展览会》,热加工2013年第22期)。

未来任重道远　永葆品牌光辉

2007年,在纪念北京·埃森焊接展20周年之际,宋天虎先生在接受《机械工人》记者专访时曾经说道:"20年转瞬即逝,北京·埃森焊接展任重而

道远！为使金灿灿的'北京·埃森'品牌能永葆光辉，还需我们焊接工作者不懈的努力，再铸辉煌"（热加工2007年第6期）。

在20周年颁奖典礼结束后，为答谢社会各界在北京·埃森焊接展20年的成长历程中所作出的贡献，展会主办方举办了高规格的"北京·埃森焊接展20周年座谈会"。出席会议的有：中国科学院院士潘际銮，德国埃森展览公司主席兼首席执行官约翰姆·汉纳克博士，中国焊接协会理事长张德邻，原国家机械工业部副部长、现中国机械工业联合会名誉会长陆燕荪，美国焊接学会秘书长瑞·肖克，原中国机械工程学会秘书长程瑞全，中国机械工程学会常务副理事长宋天虎，韩国焊接工业协会理事长李建国，中国机械工程学会丁培璠，中国焊接协会设备分会理事长柳宝诚，时代集团总裁彭伟民，中国机械工程学会秘书长张彦敏等，机械工人杂志社社长栗延文和副社长、主编于淑香应邀出席。在座谈会快结束时，主持人中国机械工程学会秘书长张彦敏提议参加过1987年第一届展会的全体同志合影留念，留下了一张很有纪念意义的照片（见图4）。张彦敏如是说道：

图4 2007年6月20日出席北京·埃森焊接展20周年座谈会的国内外代表合影留念

如果把北京·埃森焊接展比作大树的话，今天参加20周年座谈会的各位嘉宾都是这棵大树的耕耘者和培育者，都曾为北京·埃森焊接展20年的成功举办作出了重要的贡献。中国有句谚语叫做'吃水不忘挖井人'。我们非常感谢那些策划和播下了北京·埃森焊接展这颗种子的主办单位、协办单位和广大参展企业。我提议，在座谈会结束的时候，无论是个人或者企业参加过第一届北京·埃森焊接切割展览会的，让我们在埃森黄背板前共同合影留念（于淑香：《难忘北京·埃森焊接展20周年纪念活动》，热加工2007年第8期）。

成绩属于过去，未来任重道远。在未来的道路上，我们将继续关注和宣传报道北京·埃森焊接展，与中国焊接行业的同仁们一起共创埃森新的辉煌。

连续、实用、先进的数控技术知识讲座和直播课程

1952年,麻省理工学院与美国辛辛那提公司合作研制成功世界上第一台数控机床。不久后的1958年,清华大学和北京第一机床厂也联合研制成功我国第一台数控机床。

在我国数控产业从诞生到成长再到成熟的历程中,《金属加工》(原名《机械工人》)始终担当起了其作为机械行业品牌期刊的责任,并在宣传推广中发挥了重要的作用。《机械工人(冷加工)》很早就对我国数控机床行业进行报道,甚至"文革"期间也坚持关注和报道继续发展中的数控机床行业(见图1)。至今,我国数控机床行业已经走过了60多年的发展历程,经过40年的跌宕起伏,已经由成长期进入成熟期,在五轴联动数控机床、数控

a) 1958年清华大学与北一机床试制成功的我国第一台数控机床
(冷加工1966年第6期封面)

b) 上海江宁机床厂研制成功CK数控机床
(1974年第6期封二画刊右下图)

c) 北二机床研制成功自动换刀卧式数控镗床
(1975年第1期封二画刊左上图)

图1 "文革"时期《机械工人》报道的我国数控机床取得的一些成就

超重型机床、加工中心、数控系统装置等产品技术领域都取得了很大的成就（梁训瑄：《奋战60年 我国机床工业进入世界前列》，冷加工2009年第18期）。

我国数控机床产业自20世纪八九十年代开始进入成熟期，尤其是自进入21世纪迎来数控机床产业的高速发展期以来，《机械工人》以其高度的行业责任感，做了大量工作，如重点报道我国数控机床行业的运行态势、国内外重点企业的发展成就；宣传推广新技术，报道数控新产品（尤其是五轴联动数控机床）；开设"数控技术知识讲座"，介绍数控技术的基础知识和应用案例；组织相关调查并发布结果，如2002年组织了"数控系统千人调查"及调查结果发布论坛，2006年组织了"加工中心应用调查"，2007年组织了"第二届数控系统用户调查"，2012年又组织了"第三届数控系统用户调查"，并发布了4.3万字的《数控系统产业研究报告》，连载于《金属加工（冷加工）》2012年第11～13期。这些调查结果的发布对数控产业的发展提供了重要的信息，影响颇为深远；组织业内专家对国际四大机床展（美国芝加哥国际机床展、汉诺威国际机床展、日本东京国际机床展和北京国际机床展）展出的数控新技术和新产品进行评述，为国内数控企业决策提供重要参考；杂志对历届"数控技能大赛"进行深入报道等。这些工作从不同的角度推动了我国数控产业的发展。在本文中，我们侧重从"数控技术讲座"这个角度加以介绍。

《机械工人》一直坚持"实用性为主，来源于实践，服务于生产"的办刊宗旨，在各个历史时期，根据行业的发展和读者的需求开设各种技术知识讲座，这是《机械工人》杂志的办刊传统之一。这些技术讲座在推广新技术、普及技术知识方面起到了很大的促进作用，有的技术讲座还被企业当作培训教材使用，提高了企业员工的整体技术素质。在数控行业也是如此，《机械工人》从"文革"期间的1974年开设第一个数控机床知识讲座开始，至今连续40多年开设数控（及相关领域）技术讲座近20个、直播课程20余节。

早在1974年，《机械工人》为满足生产一线的读者们渴望了解和掌握各种新技术的需求，在非常困难的条件下，针对当时数控机床发展的新动向，邀请北京机床研究所撰写了《数控机床知识讲座》，共6讲（见图2），分别介绍了什么是数控机床、程序编制、数控装置的基本逻辑电路、数控装置工作原理、数控机床的位

图2 "文革"期间刊登"数控机床知识讲座"（《机械工人》1974年第2～6期连载）

置测量装置和步进电机及其驱动电路，连载于《机械工人》1974年第2～6期。这些内容在现在看来虽属基本常识，但在当时是很实用的新技术信息，而且以连载的形式刊登不但保证了内容的系统性，读者很感兴趣，而且起到了向广大机械行业读者普及数控机床知识的作用。

此后，《机械工人（冷加工）》又邀请相关专家撰写数控机床及相关领域的技术知识讲座，在杂志上连载。这些讲座包括：

北京无线电厂王文祝等撰写的《机床电气控制基础知识》6讲，在1983年第5～10期连载；

广州机床研究所林亨耀撰写的《机床塑料导轨讲座》6讲，在1988年第1～6期连载；

机械电子部郑州第六设计院陈正岳等撰写的《数显技术讲座》12讲，在1989年第1～12期连载；

保定水泵厂张永泉撰写的《机床微机控制系统与机床改造讲座》，在1991年第7～12期连载；

山东曲阜汽车配件厂徐安祥撰写的《线切割机床的编程及使用技术讲座》，在1996年第1～6期连载。

21世纪以来，我国数控机床技术发展非常快，根据行业发展的需要，《机械工人》邀请各领域专家继续撰写相关技术知识讲座，主要包括如下：

北京第一机床厂孔昭永撰写的《FANUC 0i系统维修知识讲座》12讲，在2000年第1～12期连载；

日本大隈株式会社撰写的《大隈（OKUMA）OSP-U10/U100数控系统维修知识讲座》12讲，在2001年第1～12期连载；

上海法道机床有限公司茅翔撰写的《法道（Fadal）机床设备维修知识讲座》，在2002年第1～12期连载；

凯普机电一体化工程有限公司刘荫庭和西门子（中国）有限公司张泰华、马朝阳、于昆等撰写的《数控机床维修改造系列讲座》12讲，在2002年第1～12期连载；

武汉华中数控股份有限公司龚承汉、郑小年、陈兵等撰写的《华中数控系统知识讲座》12讲，在2003年第1～12期连载；

NUM公司北京办事处王占辉、温大为等同志撰写的《NUM数控系统的使用与维修讲座》12讲，在2003年第1～12期连载；

广州数控设备厂成勋等撰写的《广数数控系统知识讲座》12讲，在2004年第1～12期连载；

海德汉（天津）光学电子有限公司Jan Braasch博士撰写的《海德汉进给传动精度系列讲座》6讲，在2004年第1～6期连载；

佳惠机电设备维修中心王功胜撰写的《机床数控系统电路板维修讲座》6讲，在2004年第7～12期连载；

菲诚管理咨询（上海）有限公司沈炯撰写《数控机床操作与运用基本知识讲座》9讲，在2005年第4～12期连载；

北京航空航天大学华正软件工程研究所、CAXA上海办事处和大庆电泵公司、瓦房店轴承集团等同志撰写的《CAXA实体设计讲座》6讲，在2005年第4～9期连载；

英国路径公司北京代表处撰写的《EdgeCAM智能数控编程技术讲座》6讲，在2006年第1～6期连载；

北京航天数控系统有限公司杜瑞芳等撰写《航天数控系统系列讲座》6讲，连载于2006年第1～6期。

2017年3月，金属加工直播平台正式上线，金属加工杂志社又通过"金粉讲堂"微课堂的直播形式，邀请数控系统开发和应用领域的专家组成直播团队，以一种崭新的模式继续开展数控知识讲座。先后推出了"西门子 SOLID EDGE应用""沃尔德：如何有效实现断屑，达到真正自动化""FANUC：带你探索高品位加工的奥秘（见图3）""欧特克：设计制造一体化解决方案""五轴加工技术的应用""西门子：高效数据迁移保障企业平稳过渡""西门子：NPDI成本与风险管理解决方案概览""西门子：预测性工程分析助力航空发动机性能工程""欧特克：提高编程效率及良品率的解决方案""欧特克：机械结构仿真软件的应用解析""高端数控机床在先进加工领域里的应用""Mastercam高效编程加工方案""欧特克：HSM集成式计算机辅助制造系统""结合坐标测量技术与3D扫描，实现流程优化""PowerInspect功能与特性与应用案例""西门子Solid Edge 2020新功能""Mastercam 2020高效加工体验""Autodesk在线研讨会""面向智能制造的几何数字测量技术及应用""PdMetrics——热处理设备预测性维护系统""高速、精密、重载滚珠丝杠副选型与应用""大型结构件的智能化制造"等系列直播课程。

由上可以看出，目前在我国使用较多、用户较为满意的数控产品品牌如发那科、大隈、西门子、华中数控、NUM、广州数控、海德汉、航天数控等企业都受编辑部之邀撰写了数控系统的讲座，参加了数控系统直播课程的录制。由于撰写人员和直播专家讲师都是与生产实际联系紧密的工程技术人员，而且有的企业除组织本公司的技术人员外，还在讲座和直播课程中邀请用户企业的工程师现身说法，结合产品的典型应用案例加以

图3 "金粉讲堂"直播课程

阐述，因此这些讲座和直播课程大都具体实用，颇受读者和"金粉"欢迎。

多年来，《金属加工》为我国数控产业的发展作出了重要的贡献，通过连续40多年的数控技术知识讲座和直播课程向广大读者普及实用的数控知识和提供先进的技术信息只是其中的一个方面，在数控刀具、五轴加工和智能制造等方面也都进行了持续全方位多角度的报道，真正起到了集知播识的作用。

欧科亿：起于细分行业，渐成龙头之势

一个小小的数控刀片里有多少门道？材料、涂层、结构等各个方面都需要深入研究，汽车、航空航天、轨道交通等每个行业又有各自不同的需求。每年有成千上万种数控刀具新品推向市场，在这样庞大的体量里，立足于细分行业，不失为刀具企业站稳脚跟的策略。

正所谓闻道有先后，术业有专攻，株洲欧科亿数控精密刀具股份有限公司（以下简称"欧科亿"）董事长袁美和一直坚持的理念，就是"要拿一个拳头砸一个点，而不是五个指头打一个面"。专注终将成就专业，欧科亿的故事，便是从硬质合金锯齿刀片开始。

国内硬质合金锯齿刀片先行者

欧科亿成立于1996年，创业初期，欧科亿选择了国内还甚少有人关注的以木工为主的小型精密切削刀片，也就是硬质合金锯齿刀片，与国有硬质合金企业形成错位竞争。当时锯齿刀片的研发生产主要在国外，欧科亿从零开始，专心钻研硬质合金锯齿刀片的技术和工艺，逐渐在这一领域站稳了脚跟。

拥有自主生产模具的能力，是刀具企业壮大实力的一个台阶。2001年，欧科亿模具生产车间投产，实现了模具的自主设计和制造。随后，欧科亿又成功地将一模多件成形技术应用于锯齿刀片产品，大幅提高了生产效率。

作为国内这一领域的先行者，欧科亿从未停止探索的步伐。2010年，欧科亿研制的高端锯齿产品（见图1）开始投入市场，初步替代进口工业级锯片用锯齿。2016年，欧科亿研制的OKE400牌号高端锯齿刀片投入市场，进一步提高了欧科亿在高端锯齿产品领域的影响力和市场占有率，为刀具国产化添砖加瓦。

经过多年在锯齿行业的钻研，欧科亿在木工锯齿领域逐渐占据了主导地位，2018年，他们进而将目光锁定在钢铁锯切行业的金属陶瓷锯齿刀片。金属陶瓷锯齿主要分冷锯与电动工具锯两大类，在此之前，该产品领域几乎都掌握在外资企业手中。研发并生产金属陶瓷合金，一方面可以打破外资企业长期垄断的局面，解决国内锯片制作企业采购难、成本高等问题，另一方面则可丰富公司锯片市场的产品结构与应用领域，扩大市场的占有率和竞争力。

技有所长、敢为人先，欧科亿凭借成熟高效的研发机制和技术优势，成长为国内硬质合金锯齿刀片生产规模最大的企业，产品工艺技术位居国内前列。行业领先不是目的，而是多年专注的结果，更是国内刀具企业对推动国产刀具行业发展的责任感。

数控刀具领域深耕者

依托于在硬质合金锯齿刀片领域打下的深厚基础，欧科亿逐渐开疆拓土。这次他们决定进军高精数控刀片领域。

与锯齿刀片不同的是，这次不再是从零开始。2011年，经过在精密切削领域长达15年的工艺积累和技术研究，欧科亿掌握了扎实的硬质合金专业技术，而这正与数控刀片相辅相成。这一年，欧科亿自主设计了数控刀片近600个，模具近300套。次年，数控刀具以OKE品牌（见图2）正式亮相东莞DMP展会。

要推出过硬的数控刀具产品，生产实力和研发能力缺一不可。如今，欧科亿已在株洲炎陵县和芦淞区建成两大生产基地（见图3），拥有国际一流水准的加工制造、研发和检测设备。对每一个生产环节的严格要求，使欧科亿的产品更具竞争力。

而在研发创新上，欧科亿也有自己坚持的理念——以市场为导向，以实际应用为出发点，寻求性能和成本的最佳匹配。经过多年的生产实践和自主研发，欧科亿的研发团队最终形成了一套来源于应用、又回归于应用的匹配之道。欧科亿积累、沉淀并掌握了硬质合金材料、刀具制造和

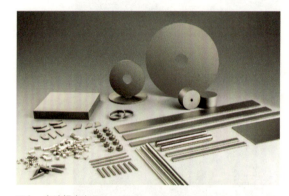

图1　高端锯齿产品

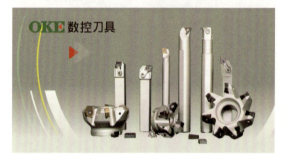

图2　OKE数控刀具

集成应用全过程的关键技术，均应用到欧科亿主营业务产品。截止到2020年5月，欧科亿已取得10项国内发明专利和46项实用新型专利，以及2项德国实用新型专利。

不锈钢和钢件加工佼佼者

专注和时间都是成功的不二法宝，在数控刀片领域，欧科亿也拥有自己的拳头产品。欧科亿聚焦研制的不锈钢和钢件加工数控刀具推向市场，技术达到行业先进水平。

秉承着以市场为导向的理念，为满足客户不锈钢法兰高速加工的需求，提升客户的加工效率，欧科亿推出了法兰不锈钢高速加工的专用数控刀具产品。经国内外市场使用反馈，在高线速度（v_c>180m/min）情况下，欧科亿的CVD不锈钢高速加工领域的数控刀具及牌号（见图4），相比PVD不锈钢产品，具有显著的性能优势，在国内外加工行业内赢得了高度的赞扬，极大地拓宽了公司产品在不锈钢加工领域的应用范围。

在行业扎根多年，欧科亿得到了用户和专家的双重认可。2019年，在金属加工杂志社举办的第四届切削刀具用户调查中，欧科亿OKE品牌成为"用户满意的刀具品牌"，不锈钢加工数控刀具产品获得"金锋奖"首届切削刀具创新产品奖。

二十多年，在历史的长河中，只不过是沧海一粟，对欧科亿来说，则是不断的探索与实践。欧科亿稳扎稳打，其优秀的产品是打开市场的敲门砖，也是推动行业发展的重要一环。

在未来，欧科亿将紧跟时代发展的潮流，在大力提倡中国制造的今天，切合中国高端制造产业导向，专注于高精数控刀具国产化和进口替代，以打造中国民族品牌为己任，承载着"中国制造"走向"中国创造"的历史使命，致力于将欧科亿打造成一张享誉世界的名片，肩负做强民族工业的使命，诉说中国工业人的情怀！

时间拨回到2019年12月，"欧科亿首届数控刀具行业高峰论坛"（见图5）圆满举办，吸引了数百名行业人士参与。论坛现场高朋满座，在与会嘉宾的长谈阔论中，我们感受到一个龙头企业在行业中的影响力

图3 生产基地

图4 不锈钢加工刀具产品

和对行业发展的责任感。"责任铸就卓越",这是企业担当,也是工匠情怀。制造业转型升级的一大步,离不开各个企业向上攀登的一小步,而欧科亿,已然走在前列。

图5 欧科亿首届数控刀具行业高峰论坛

21世纪国家重大工程建设中的金属加工技术

在国家各项重大工程中应用着大量先进的金属加工技术，《金属加工》（原名《机械工人》）从创刊起就非常关注国家重大工程项目的建设，如在20世纪50年代就报道了为中国工业奠定基础的"156项工程"中的金属加工先进技术和实践经验。进入21世纪以来，我国金属加工行业的迅猛发展在很大程度上得益于我国各项重大工程建设的展开，多年来《金属加工》密切关注着国家重大工程的建设，对各项工程建设中的金属加工先进技术和实践经验作了深入的报道，诸如从振兴东北老工业基地、西气东输长输管线焊接到三峡工程中机组关键部件的加工技术，从2008年北京奥运会"鸟巢"钢结构焊接工程到2010年上海世博会"阳光谷"的复杂异形箱钢结构的焊接，再到港珠澳大桥工程钢结构的自动化焊接；从长兴岛等世界级造船基地的建设到海洋工程管线焊接技术，以及大飞机项目的启动、全国范围的高速铁路建设等。

振兴东北老工业基地

东北三省是我国著名的重工业制造基地，20世纪五六十年代，《机械工人》就报道了大量东北各厂的建设情况。进入21世纪，尤其是国家提出"振兴东北战略"以来，《机械工人》更是频频聚焦东北。2002年，党的"十六大"提出"支持东北地区等老工业基地加快调整和改造"，2003年3月，《政府工作报告》提出支持东北地区老工业基地加快调整和改造的思路，同年9月29日，中共中央政治局讨论通过《关于实施东北地区等老工业基地振兴战略的若干意见》，这为东北工业的发展提供了历史性的难得机遇。

2005年4月，"第19届中国焊接博览会"借国家提出"振兴东北"的战略契机，挥师北上，在东北中心工业城市沈阳举办。在此次焊博会举办之际,《机械工人(热加工)》围绕国家的重大战略举措,携手焊接行业重点用户,在2005年第3期特别策划推出"振兴东北老工业基地,共同繁荣中国焊接大市场"的主题论坛。论坛组织了东北三省10家著名用户企业的焊接行业专家、4家知名焊接与切割生产企业的管理者,围绕论坛主题进行了深层次的探讨。10家著名用户企业分别是:振兴装备制造业的"领头雁"——大连造船重工责任有限公司、汽车行业焊接工装供应基地——中国一汽工业装备有限公司、"动力之乡"——哈尔滨锅炉厂有限责任公司、大型航空涡轮喷气发动机国家级技术中心——沈阳黎明集团、现代化重大装备临海制造基地——大连重工·起重集团有限公司、通用机械制造业的"航空母舰"——沈鼓集团、中国石化装备制造业骨干企业——锦西化工机械集团有限责任公司、铁路客车和城轨客车国产化研发和制造基地——长春轨道客车股份有限公司、精品板材生产基地——鞍钢、中国铁路货车制造行业的"排头兵"——中国北车集团齐齐哈尔车辆有限公司。

国务院振兴东北老工业基地办公室工业组负责人李治在接受《机械工人》记者专访时指出,东北工业重振雄风,很大程度取决于装备制造业的振兴(见图1)。

东北三省重振雄风有着得天独厚的优势。除了国家的优惠政策外,黑、吉、辽三省的现代大工业布局已经成型,辽宁省的装备制造业、吉林省的汽车业、黑龙江省的动力产业相得益彰,加上四通八达的交通路网,在东北的投资回报率应高于国内其他一些地区。因此,"振兴东北老工业基地战略"的实施,为东三省带来了巨大的挑战和机遇,也为国内外企业带来了无限的商机(于淑香等:《振兴东北 打造中国经济的"第四增长极"——访国务院振兴东北老工业基地办公室工业组负责人李治》,热加工2005年第3期)。

北京奥运会

2008年北京奥运会的成功举办圆了中国人的百年梦想。北京奥运会各项重大工程建设项目充分展示出我国金属加工技术的水准,有力地促进了金属加工技术的发

图1 振兴东北老工业基地
(热加工2005年第3期)

展,在"鸟巢""水立方"、国家体育馆等壮观美丽场馆的建设中凝聚了许多金属加工人的智慧和汗水,其中有许多值得我们重温的历史时刻,也有许多值得进一步总结、消化并推广的先进技术和实践经验。

国家体育场"鸟巢"作为第29届奥运会的主体育场,受到全世界的瞩目,成为我国乃至世界著名的钢结构标志性建筑。"鸟巢"焊接工作量大,超过5万t;交货工期短;结构尺寸大,焊接变形难以控制;技术要求和验收规范高。2005年,我国已成为世界最大的产钢国和用钢国,年钢铁消耗量突破3亿t,钢结构产量高达1.4亿t。"鸟巢"钢结构副总工程师兼专家顾问戴为志主要分管焊接质量和检验,他认为:

"鸟巢"钢结构焊接工程标志着我国钢结构进入成熟期,焊接技术大大缩短了与国际先进水平的差距。"鸟巢"工程主要采用了SMAW(焊条电弧焊)、SAW(埋弧焊)、GMAW(CO_2实芯焊丝气体保护焊)、FCAW-G(CO_2药芯焊丝气体保护焊)等多种焊接技术。此后,在国家体育馆、央视新台址等大型钢结构工程多多少少借鉴了"鸟巢"的成功经验。

图2 北京奥运会"鸟巢"钢结构焊接工程
(热加工2008年第10期)

"鸟巢"作为全焊钢结构可称世界之最,其超强钢、厚板、全位置焊接(尤其是仰焊)和100%UT-BI的要求,对我国焊工技术水平也是一次严峻的考验。据不完全统计,"鸟巢"项目验证焊工911名,录取832名,选拔265名进行强化训练,这在我国建筑钢焊接工程中也是绝无仅有的。最后近500名焊工(其中A证200名,B证近300名)组成的"焊接铁军",以其实力彻底解决了焊接人才匮乏这一奥运工程"软肋"。最终,整个"鸟巢"工程焊缝一次合格率高达99.7%(见图2)(于淑香等:《奥运—承载着绿色与和平 鸟巢—镌刻着激情与梦想——访国家体育场"鸟巢"钢结构分部副总工程师兼专家顾问戴为志先生》,热加工2008年第10期)。

成都斯达特焊接研究所接受"鸟巢"工程委托焊接的一种预埋件属于钢筋T形焊,他们采用埋弧螺柱焊新工艺成功应用于"鸟巢"钢筋预埋件的焊接(张瑞昌:《国家体育场"鸟巢"预埋件的焊接新工艺——埋弧螺柱焊》,热加工2008年第10期)。在"鸟巢"这一世纪工程中，北京时代焊机生产的时代焊机、唐山松下生产的CO_2/MAG焊机、四川大西洋生产的焊条等都为北京奥运会这一盛事作出了重要贡献，为中国焊接事业增添了光彩（热加工2008年第10期，陈非：《时代焊机为奥运工程作贡献》；王玉松：《唐山松下CO_2焊机为"鸟巢"工程增光添彩》；明廷泽：《"大西洋"焊接材料连接"鸟巢"工程》）。

此外，盾构施工法首次应用于北京地铁五号线，北京工业大学焊接研究所进行了高性能盾构机国产刀具的研究，经实际工程试验能够满足北京地区地质条件下的施工要求（北京工业大学焊接研究所：《地铁施工用高性能盾构机刀具——为北京奥运工程增辉》，热加工2006年第1期）；多点成形是将柔性成形与计算机结合为一体的数字化制造技术，无模多点成形机就成功应用于"鸟巢"工程中弯扭形钢板焊接而成的箱形构件（李明哲：《多点成形技术的工业应用》，热加工2006年第12期，邓玉山等：《无模多点成形机的发展及应用》，热加工2007年第4期）；首都重型机械公司热处理分厂承担了奥运火炬驱动总成的加工，其热处理工艺采用了钢铁发黑剂工艺（叶宏民等：《奥运火炬驱动总成发黑工艺的实践》，热加工2009年第5期）。

上海世博会

2010年世界博览会在上海举行期间，每天吸引着全球无数人的眼球。世博会中国馆等建筑的建造都应用了大量焊接技术，热加工2010年第2期特辟"世博会焊接技术专辑"（见图3），对中国馆、"阳光谷"、主题馆和西班牙馆等重要场馆应用的焊接技术进行了详细的介绍。中国馆是上海世博会永久性场馆之一，作为园区核心建筑位于园区轴线交汇处，由国家馆、地区馆和港澳台馆三个部分组成。中国馆—地区馆的钢结构为大型钢桁架架构，分为平面桁架和四边形空间桁架，外形尺寸大，单体质量大，该工程大型桁架均为全焊接结构，构造复杂，制造焊接难度大。技术人员利用Xsteel钢结构设计软件进行数字化空间三维实体建模，自动生成准确性极高的深化设计详图；采用"逐步组装、分步焊接、整体成形"的工艺方法，有效地解决了尺寸大、质量大的大型桁架的装焊；修改了焊接箱形构建的角对接组合焊缝坡口形式，采取厚钢板窄间隙坡口技术，提高了生产工效；自行开发焊接翻身专用胎架，有效解决了大型空间桁架焊接翻

图3 上海世博会"阳光谷"钢结构焊接
（热加工2010年第2期）

身难题（周观根等：《2010年上海世博会中国馆钢结构工程制造与焊接技术》，热加工2010年第2期）。

上海世博轴工程"阳光谷"钢结构单体高约42m，呈下小上大的喇叭形。长江精工钢结构（集团）有限股份公司承建了3号、5号和6号"阳光谷"钢结构，他们的焊接方案整体思想、现场焊接技术及焊接质量控制等都值得相似工程项目借鉴（高良等：《上海世博阳光谷钢结构工程焊接技术》，热加工2010年第2、4期）。"阳光谷"构件为典型的复杂异形箱形钢结构体系，主要为箱形弯扭节点、箱形连接杆及铸钢件，结构复杂，技术精度要求很高（一开始的精度要求就达到了精密设备安装的精度，为钢结构工程所罕见）。该公司根据工程复杂程度，结合焊接应用技术理论和实践经验，编制了焊接技术路线，其工程焊接整体思想为"统一对称、分区进行；单杆双焊、双杆单焊；隔层焊接；分层错位合拢"。专家指出，"鸟巢"钢结构焊接工程为建筑钢结构焊接工程提供了可借鉴的成功经验和有力的技术支持，而"阳光谷"钢结构焊接工程吸收消化了前者的思想和理论，并有所发展创新，为此后相同或相似工程提供了强有力的技术支持。

西气东输工程

焊接技术作为石油和石化工程建设的重要技术手段，占工程建设安装总量的40%。石油石化工程中优质高效焊接技术的发展一直是行业的重要课题，多年来《机械工人（热加工）》杂志对西气东输长输管线等工程建设的焊接技术和装备的发展进行了连续性的跟踪报道，还多次以专辑形式进行集中报道（热加工2002年第8期"西气东输"专辑，见图4；2008年第6期"石油石化行业焊接技术"专辑）。

西气东输工程是我国规模最大、难度最大的天然气管线，一线工程全长4176km，总投资1200亿元，2001年9月正式开工建设，2004年全线贯通。西气东输一线工程钢材采用X70钢，管道直径达1016m，壁厚达25mm，管线钢用量约170万t。X70钢是一种针状铁素体型的高强、高韧性管线钢，是国际上石油天然气管线用钢中使用量最多的钢级。宝钢等钢厂针对西气东输管线用钢具体要求，开发研制了满足工程要求的针状铁素体型X70管线钢，在西气东输工程中得到大批量应用（郑磊：《宝钢X70石油天然气管线钢的开发及在西气东输工程中的应

图4　西气东输长输管线焊接
（热加工2002年第8期）

用》，热加工2003年第5期）。

西气东输线路施工以自动焊和半自动焊为主，手工焊为辅，所涉及的主要焊接方法有熔化极气体保护电弧焊、自保护药芯焊丝电弧焊和焊条电弧焊。自动焊方法包括：①内焊机根焊＋自动外焊机填充、盖面；②STT气保护半自动焊根焊＋自动外焊机填充、盖面；③纤维素焊条电弧焊根焊＋外焊机自动焊填充、盖面。采用的焊接材料有纤维素型焊条、低氢型焊条（过去主要依靠进口，国内天津金桥和四川大西洋也开发了产品）、自保护药芯焊丝（主要采用LINCOLN和HOBART产品）和CO_2气体保护焊实芯焊丝（主要采用四川大西洋、中国台湾锦泰、法国SAF和日本神户制钢产品）。焊接设备采用了美国LINCOLN、MILLER，北京时代集团、山大奥太、成都熊谷等公司的产品。工程在焊缝检测上采用了最新的管道环缝相控阵超声波无损检测（于淑香：《西气东输与中国管道焊接技术的发展——访中国石油天然气管道科学研究院薛振奎院长》，热加工2002年第8期）。

根据工程的经验，2008年开工建设、干线总长约7000km的西气东输二线大部分采用X80钢（这是我国首次在工程中采用X80管线钢，目前全世界采用X80钢建设的管线总长约2000km），大力提倡使用全自动焊接，其目标就是成为引领世界管线建设的潮流，站到世界最高点（张淑杰等：《把握机遇　不断提升石油工程建设中的焊接技术水平——访中国石油工程建设协会焊接专委会冯标秘书长》，热加工2008年第6期；赵海鸿等：《西气东输二线X80管线钢焊接应用技术》，热加工2012年第4期）。天津市金桥焊材集团有限公司根据多年研究，开发了X80管线钢焊接用自保护药芯焊丝，经过中石油管道焊接技术中心等单位试验，获得成功，在西气东输二线工程中中标，改变了国外企业垄断的局面（侯杰昌：《X80管线钢焊接用高韧性自保护药芯焊丝的开发》，热加工2008年第6期）。天津大桥通过焊丝合金系统设计，焊接工艺与参数的调整，配合先进制造工艺，研制了与X80管线钢完全匹配的管道焊接用气保护实芯焊丝，在工程中得到了使用（刘炜等：《THG－80管道焊接用气保护实芯焊丝的研制》，热加工2009年第10期）。山大奥太研制的采用FR快速根焊技术的焊机在川气东输和西气东输二线等长输管线现场施工中得到成功应用，这是国内数字化逆变焊机首次在长输管线上应用（张光先：《快速根焊技术在长输管线施工中的应用》，热加工2009年第8期）。

三峡工程

长江三峡水利枢纽工程是中国有史以来建设的最大型的工程项目，也是世界上规模最大的水电站，自1994年开工建设，跨越世纪，2009年竣工。三峡工程永久船闸是世界上规模最大的船闸，为双线五级船闸，共有12套24扇人字门，均属世界上最大的闸门，每套人字门有11条节间焊缝，焊接工作量大，焊接技术指标要求很高。施工方采取正确的焊接方法，有效地控制了焊接变形，使其各项质量指标均达到设计要求（罗蓉等：《三峡永久船闸人字门焊接变形控制》，热加工2008年第4期）。

通风槽钢作为电动机散热的重要部分，其尺寸的精度要求越来越严格。哈尔滨电机有限责任公司对三峡机组用5×6通风槽钢圆盘料进行了冷轧技术的研究和应用。这是国内第一次采用冷轧技术生产通风槽钢，第一次应用斜槽式冷轧技术，也是第一次采用圆盘料进行生产，基本达到了国外先进技术水平（张鑫：《三峡机组用5×6通风槽钢圆盘料冷轧技术的研究》，热加工2005年第5期）。哈电机对三峡机组定子扇形片槽模具结构进行了优化，解决了线切割加工中的变形问题，提高了模具尺寸精度，缩短了制造周期（崔洪艳等：《三峡机组定子扇形片槽部模具结构优化》，冷加工2001年第5期）。三峡水轮发电机组的大型不锈钢铸焊结构转轮直径10.44m，叶片最大轮廓尺寸为4537mm×4951mm×2300mm，是世界上尺寸最大的混流式转轮。哈电机铸造了世界上最大的三峡右岸水轮机转轮叶片，其叶片的化学成分、力学性能、质量精度均达到国际先进水平，叶片铸造工艺方法也具有创新性，通过了专家鉴定，标志着我国具备了批量生产三峡叶片的技术和能力，为巨型水轮机叶片铸造全部实现国产化奠定了坚实的基础。哈电机选用碱性酚醛树脂铬矿砂作面砂，整形硅砂作背砂的双砂工艺，应用于三峡叶片铸造中，得到的铸件表面和内部质量均很好（矫勇：《碱性酚醛树脂砂在转轮叶片铸造中的应用》，热加工2009年第12期）。

三峡右岸水轮机叶片制造要求很高，其自控标准远高于国际、国内通用标准，如何提高加工效率并保证提交精品三峡叶片是加工三峡叶片面临的重大难题。哈电机技术人员应邀在《金属加工》上详细地介绍了三峡叶片的加工工艺和方法，其每片叶片加工时间为10天，整个叶片公差不超过±1mm，从效率和加工精度都创造了数控加工史的新纪录。这些新技术和新方法的运用将促进我国水轮机叶片数控加工技术的发展，使我国水轮机制造业跨上新的台阶（王波等：《三峡右岸水轮机关键部件数控加工技术研究》，冷加工2010年第3、4期，见图5）。

“天宫”上天，“蛟龙”探海

2012年，“天宫一号”航天飞船胜利遨游太空；“蛟龙”号深水探测器成功下潜超越7000m，作为2012年最振奋国人的两大科技项目，它们所用的加工技术也是世界一流的。“天宫一号”的筒体焊接设备研制，以及“蛟龙”号的钛合金焊接技术，都是其中的关键点。

成都焊研科技有限责任公司与北京工业大学合作的“天宫一号”筒体焊接的高精密焊接装备，主要由VPPA焊接电源和高精密焊接装备组成，这套系统焊研科技研发团队将它命名为：VPPA变极性等离子焊接系统。其中，北京工业大学陈树君教授和他的研发团队主要负责用于航天器铝合金焊接用的VPPA焊接电源，焊研科技主要负责搭载焊接电源的高精密焊接装备。该套变极性等离子焊接系统由“ZFL—2500VPPA立式变极性等离子纵缝焊机”以及“HF—4500VPPA卧式变极性等离子环缝焊机”（见图6）组成，均采用穿孔型变极性等离子焊接工艺方式。不用开坡口，单面焊双面同时自由成形，一次穿透中厚铝合金。焊接板厚为3～10mm的铝合金材料（成都焊研科技有限责任公司：《应用于“天宫一号”筒体焊接的高精密焊接装备》，热加工2012年第16期、18期）。

钛及钛合金结构的优良性能使得钛及钛合金结构成为太空及深海探索结构的主要制造材料，大量的宇航工具、深海探测工具均不同程度地采用了大厚板钛合金结构，为了适应更加复杂的环境的探索，大厚板及超大厚板钛合金结构的应用会越来越多。因此，对大厚板及超大厚板钛合金结构的焊接技术要求越来越高，包括对设备、工艺等方面的要求，特别是钛合金大厚板窄间隙焊接技术的研究对大厚板钛合金焊接具有重要的意义（刘鹏飞：《钛及钛合金结构焊接技术研究进展》，热加工2012年第2期）。

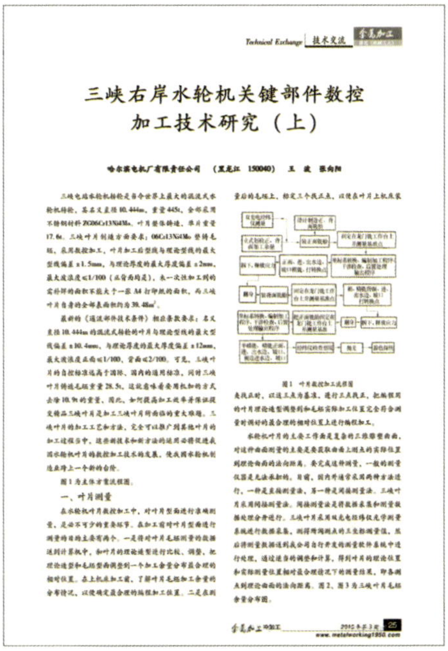
Technical Exchange 技术交流 金属加工

三峡右岸水轮机关键部件数控加工技术研究（上）

哈尔滨电机厂有限责任公司 （黑龙江 150040） 王波 张向阳

一、叶片测量

图1 叶片数控加工流程图

图5 三峡水轮机数控加工
(冷加工2010年第3期)

图6 HF-4500VPPA卧式变极性等离子环缝焊机
(热加工2012年第16期)

皖电东送工程

2014年10月16日—17日，2014年度创建全国优秀焊

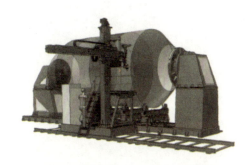

接工程活动成果发布暨经验交流会在北京北邮科技酒店顺利召开。依据"全国优秀焊接工程申报与审定实施办法",秉承科学、严谨、客观、公正的审定原则,经中国工程建设焊接协会及行业专家的多级审定考核,皖电东送工程钢管塔项目荣获2014年度全国优秀焊接工程特等奖,该奖项是我国工程建设领域设立的唯一焊接奖项。自1986年国家批准设立以来,皖电东送工程为第一个获此殊荣的项目。

中国工程建设焊接协会刘景凤秘书长介绍:皖电东送工程全线同塔双回路架设,全部采用钢管塔,共1421基(大跨越12基),平均塔高108m,塔重185t;钢管塔总用量达26万t,是工程启动初期国内3年钢管塔用量的总和;锻造带颈法兰30万只,一级焊缝长度约为325km,联板及其相关焊缝达1406km;参加钢管塔制造的厂家有15家,所在地区分散。除了巨大的工作量以外,皖电东送工程钢管塔项目还面临着一些技术难题。首先,国内塔厂焊接技术力量总体薄弱,保障焊接质量的人员、技术、设备和经验严重缺乏,多数塔厂无法达到工程所需要的技术标准,质量管控的难度很大。该工程的顶层设计从标准体系先行,由业主牵头,产学研用结合,统一了钢管塔及原材料、工装设备的要求、钢管塔加工工艺和关键环节检测技术标准;实施了"驻厂监造、关键点见证、第三方检验、延伸监造、专家巡检"五结合的质量监督措施(王颖等:《创优工程首个特等奖为何花落皖电东送——访中国工程建设焊接协会秘书长刘景凤》,热加工2015年第2期,见图7)。

为了更进一步了解皖电东送工程钢管塔项目中关键的焊接技术,我们特别邀请了来自浙江盛达铁塔有限公司、潍坊长安铁塔股份有限公司、河南鼎力杆塔股份有限公司、江苏华电铁塔制造有限公司的焊接工程技术人员,撰写文章介绍了钢管塔制造过程中优秀的焊接工艺与设备,焊接管理经验等内容。电力钢管塔具有节约材料、承载力大的特性,符合国家建设资源节约型、环境友好型社会宏观政策,在未来特高压工程建设中将被大量使用。而自动化焊切设备在钢管塔制造中的应用可对原有生产工艺流程进行彻底的优化和升级,因此自动化焊切设备已经成为电力钢管塔行业必不可少的一部分。针对电力钢管塔行业工艺的复杂性以及焊接存在的难点,唐山开元自动焊接装备有限公司研究开发了适用于钢管塔行业的专用自动化焊切设备,并可以根据用户的

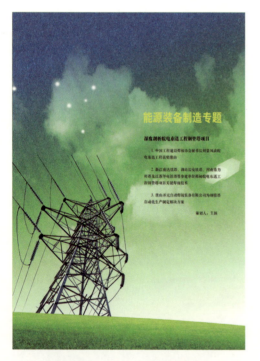

图7 访《创优工程首个特等奖为何花落皖电东送——访中国工程建设焊接协会秘书长刘景凤》(热加工2015年第2期)

实际生产需求帮助用户进行整厂的生产工艺规划（孙杰：《自动化焊切设备在电力钢管塔行业中的应用》，热加工2015年第2期）。

港珠澳大桥

港珠澳大桥是继三峡工程、青藏铁路、京沪高铁之后的又一个具有世界影响的重大工程，是中国交通建设史上技术最复杂、环保要求最高、建设标准及要求最高的工程之一。同时，港珠澳大桥对自动化焊接技术也提出了更高的要求，是我国桥梁建筑史上自动化焊接程度最高的工程之一（"聚焦港珠澳大桥"专辑，热加工2015年第22期，见图8）。

要想发展桥梁钢结构自动化焊接，需要钢桥设计师、自动化焊接设备研发单位、钢结构制造厂的密切配合，需要设计师设计标准化的桥梁构件，焊接设备厂研发高精度的自动化设备，钢结构制造厂对制造工艺深入研究，共同努力才能实现。港珠澳大桥钢箱梁板单元生产量大，大桥总共约40万t的板单元制造，工程量大，顶板、底板、腹板、横隔板单元等同类构件的数量多，相同构件采用标准化设计，非常适合进行自动化制造。标准化设计是保证港珠澳大桥制造实现自动化焊接的前提（徐向军：《桥梁钢结构焊接自动化技术的应用与发展》，热加工2015年第22期）。

板单元机械化流水线装配焊接、横隔板单元机器人焊接系统、数字化焊缝信息管理及跟踪系统、大节段机械化拼装焊接在港珠澳大桥项目中得到很好的应用。利用多头龙门自动焊机、横隔板机器人焊接系统和大节段机械化拼装焊接系统，进行不间断、高效率焊接，保证焊缝质量，提高工作效率。应用数字化焊缝信息管理及跟踪系统，实现焊缝的设计、制造、检验等信息全面管理和跟踪，提高项目管理的数字化、信息化水平（马立芬等：《港珠澳大桥钢主梁自动化、数字化焊接系统的应用》，热加工2015年第22期）。

近几年，我国主要钢桥制厂建设了钢箱梁板单元自动化生产线，借助板单元自动装配机、门式多头焊机、焊接机器人等自动化装备，已基本实现了板单元的机械化、自动化制造，但在钢箱梁节段拼装自动化焊接水平仍较低，大部分还在采用手工焊接操作，生产效率低，质量水平不稳定。因此，为全面提升钢箱梁制造过程的自动化焊接水平，需进行节段拼装的自动化焊接技术相关研究（张华等：《港珠澳大桥钢箱梁节段拼装自动化

图8 聚焦港珠澳大桥
（热加工2015年第22期）

焊接技术》，热加工2015年第22期）。

  港珠澳大桥工厂板单元制作应用了大型焊接机器人，取得良好的效果，但仍有很多焊缝受条件限制无法采用大型机器人焊接，为进一步提高港珠澳大桥钢结构制造的自动化水平，提高焊接质量，研究应用了小型焊接机器人。小型焊接机器人气体保护焊工艺方便灵活、适用性强，能够在复杂环境下代替人工进行钢结构件焊接作业，首次在港珠澳大桥制造中应用并取得了良好效果，提高了钢桥梁的制造质量。目前，在我国大力发展钢结构制造业和手工焊接作业人员日趋减少的阶段，小型焊接机器人气体保护焊工艺具有广阔的推广应用前景（马晓健等：《小型焊接机器人在港珠澳大桥制造中的应用》，热加工2015年第22期）。港珠澳大桥的建造，促进了自动焊工艺在钢桥梁制造中的推广，对于提升钢桥梁制造的自动焊接技术水平具有重要意义，必将带动行业自动化焊接水平的快速提高（车平：《港珠澳大桥机械化、自动化焊接与切割技术的应用》，热加工2015年第22期）。

为行业发声，从"数控系统千人调查"谈起

——金属加工机电产品用户系列调查纪实

"这次千人调查是一次有理有据的基础性的调查，是一次大手笔、大行动、大促进、是一项非常好、很有实际意义的、对行业和决策部门有很高参考价值的大规模调查，应该让行业内更多的人了解，新闻媒体也应该大力宣传"，这是2002年6月，在由金属加工杂志社主办的"数控系统千人调查"信息发布会上，中国机床工具工业协会名誉理事长梁训瑄、国家经济贸易委员会行业规划司副司长苏波、中国机械工业联合会副秘书长杨学桐等领导的讲话摘编（冷加工2002年第8期，见图1）。这次"数控系统用户调查"于2002年2月启动，历时半年，共收到调查问卷1500余份，受到业内人士的强烈关注。

由此次调查活动开始，《金属加工》拉开了"机电产品用户系列调查"及"用户满意品牌"评选活动的序幕，其后在切削刀具、工业炉、焊接与切割、电加工设备、工业软件、功能部件、切削液、加工中心、工业机器人等十几个专业领域进行了调查，在相应行业产生了很大反响，为促进相关领域企业产品研发及市场营销，为帮助用户准确合理地选择产品提供了重要依据。

从"数控系统千人调查"到机电产品用户系列化调查

2002年，还进行了"切削刀具应用调查""电炉、工

图1 数控系统千人调查信息发布会
（冷加工2002年第8期）

业炉应用调查",分别历时5个月、3个月,共收到有效问卷800多份、400多份,8月,杂志社召开"电炉、工业炉应用调查"专家论坛,9月发布了首届切削刀具应用调查报告(冷加工2002年第9期)、电炉、工业炉应用调查报告(热加工2002年第9期)。

原上海机床工具(集团)有限公司市场部部长、行业知名人士徐正平在《金属加工》70周年征文中回忆写到:"砥砺前行、业精于勤,多少年来,我对《金属加工》所干的实事是相当赞许的。如我所在的机床工具行业,发展数控机床的瓶颈之一就是数控系统。使我感动的是,杂志社竟把理应属于我们干的份内事'抢'去了,他们所搞的'数控系统千人调查''数控系统用户调查'及'切削刀具应用调查'等均是奉献给机床工具行业的财富。因为调查报告将形势与现状、市场与需求,以及存在问题、改进措施等各类相关要素及建议等讲得一清二楚,还邀请专家及用户进行分析点评"(冷加工2020年第3期)。

业内知名专家、北京发那科机电有限公司顾问李佳特说,《机械工人》是1950年创刊的,数控技术是1952年由麻省理工学院提出来的,可见《机械工人》比数控技术还早两年,所以说它完全有资格做这个调查,也完全有能力把这个论坛的一系列活动办好(《"数控系统千人调查"专家论坛》,冷加工2002年第6期,见图2)。

图2 "数控系统千人调查"专家论坛
(冷加工2002第6期)

70年来,金属加工杂志社组织开展了数控系统用户调查、制造业辅助设计与制造软件应用情况调查、切削刀具应用调查、加工中心应用调查、切削液用户调查、滚动功能部件用户调查、工业机器人用户调查、电加工设备应用调查、电炉及工业炉应用调查、焊接与切割用户调查、冲压与钣金行业用户调查等,以及与调查相关的配套论坛、图书出版及颁奖活动。其中,数控系统用户调查举办了三届,加工中心应用调查举办了两届,切削刀具应用调查举办了四届并有相关图书《数控刀具选用指南》的出版(见图3),切削液用户调查举办了两届(第三届及相关图书《金属加工油液选用指南》计划2020年完成),滚动功能部件用户调查举办了两届(第三届已完成调查问卷征集),焊接与切割用户调查举办了四届等,已然形成了完整、连续、系列化的机电产品调查体系,《金属加工》杂志及相关平台都有详尽的报道。

图3 第三届切削刀具应用调查结果发布会暨《数控刀具选用指南》首发式
(冷加工2014年第6期)

为行业发声,机电产品调查进入新时代

2015年8月,金属加工数字媒体平台(微信、微博、今日头条等传播体系)粉丝突破50万;2016年12月,金属加工数字媒体平台粉丝突破100万;2017年3月,金属加工直播平台正式上线;2019年6月,金属加工数字媒体平台粉丝突破170万。至此,金属加工逐渐形成了集纸媒、数字媒体、活动、图书和服务五位一体的全媒体内容服务和推广服务平台。这些平台的建设与发展,进一步助推行业调查活动进入新时代。

2018年启动的第四届切削刀具用户调查,利用金属加工微信公众号、网站、邮件、微博及今日头条等多种渠道,面向汽车、航空航天、轨道交通、能源、模具、3C、医疗器械、机床工具、通用机械及工程机械等刀具用户行业进行了广泛调查,共收集了4000余份调查问卷。配套的首届切削刀具"金锋奖"创新产品评选活动,在为期10天的评选过程中,评选页面达到了265万人次的访问量,总投票数达到61万次(冷加工2019年第6期)。

除新媒体发展在组织和宣传上助推行业调查活动进入新时代外,为行业发声——行业调查的作用和深度影响也倍受业内关注和认可。以导轨、丝杠为核心产品的滚动功能部件这个细分行业调查活动和切削液调查活动为例,国内外知名品牌悉数到场、参与度极高(见图4)。

第一、第二届滚动功能部件用户调查均历时半年,目的之一就是通过调查真实地反映滚动功能部件行业用户的声音;同时,也为数控机床行业提供我国滚动功能部件产业产品发展的最新动态(见图5)。

第一届滚动功能部件调查结果发布会暨产业论坛,汇集了国内外滚动功能部件企业、国内机床主机企业的高层领导及业内专家100余人(冷加工2006年第3期)。第二届则是作为滚动功能部件重大专项研讨会的一个重点内容,即滚动功能部件重大专项研讨会暨滚动功能部件调查结果发布会,到会代表更是达到了150人。国家工业和信息化部装备工业司机械处副处长苏铮莅临会场,并就如何在数控机床重大专项牵引下实现滚动功能部件行业跨越式发展提出了指导性意见。高档数控机床与基础制造装备科技重大专项总体组专家陈小明出席会议,并作了题为《借力数控专项,促进功能部件产业发展》的重要演讲(冷加工2011年第15期)。

值得一提的是,金属加工杂志社联合机械工业信息研究院

图4 第二届切削液调查发布会报道
(冷加工2015年第10期)

图5 第二届滚动功能部件调查发布会报道
(冷加工2011年第15期)

战略与规划研究所组成课题组,在此次调研分析的基础上撰写了3万多字的《滚动功能部件产业研究报告》,在对国内外滚动功能部件产业、前沿技术、市场、政策环境等方面进行深入分析的基础上,对未来产业发展的技术路线、战略措施等提出了具体建议。

  除机电产品系列调查外,近年来,《金属加工》还针对应用领域,如汽车、航空、模具等,以及针对企业产品的市场反馈进行了诸多线上调查。作为行业品牌媒体,《金属加工》将继续努力,密切关注行业热点和动向,为企业发声、为行业发声。

聚拢行业资源 凸显品牌价值
——切削刀具行业系列调查

切削刀具对制造业水平的提高起着举足轻重的作用。随着制造业的发展，人们迫切要求制造业在缩短制品生产周期的同时，还必须降低加工成本。面对这种要求，各生产企业都对切削刀具极为关注。刀具虽小，威力无穷。为了推动刀具行业和机械制造业的发展，2002年《机械工人》对金属切削刀具应用情况进行了一次较大规模的调查。

我国高速刀具技术相对落后

从调查结果来看，国产刀具在制造业中仍具有较大的市场份额，但客观分析，国产刀具主要在中低档刀具市场中所占比重较大，而现代高效刀具几乎全是进口刀具。现在我国的制造业水平还比较落后，对高效刀具的需求还不十分迫切。随着制造业现代化步伐的加快，高效刀具的需求比重必将大幅增加，留给传统刀具企业的生存空间将越来越小。国内刀具企业应加速自身的技术改造，在较短的时间内赶上国外刀具企业（王天谌：《"切削刀具应用调查"分析报告》，冷加工2002年第9期，见图1）。

中国工程院艾兴院士根据《机械工人》"切削刀具应用调查"指出，"近几年来，我国高速加工机床技术发展较快，但从这次'切削刀具应用调查'来看，高速刀具技术相对落后得多，数控刀具和刀柄系统主要依赖大型跨国公司，国产的很少……加速工具工业的发展乃是建设制造业强国面临的一项十分重要的任务。与此同时，我们应该加强高速切削刀具技术应用的培训工作。"（艾兴：《发展高速切削 采用先进刀具》，冷加工2003年第9期）。

图1 "切削刀具应用调查"分析报告
（冷加工2002年第9期）

我国刀具企业加速适应行业发展

2007年，中国金属切削刀具技术协会和机械工人杂志社举办了"第二届

图2 第二届切削刀具用户调查数据分析
（冷加工2008年第16期）

切削刀具用户调查"，为我国刀具行业的发展提供了新的决策参考。用机床行业领导的话说："这是一次标志性的刀具调查活动"。本次调查从2007年9月开始至2008年3月底结束，共收到有效问卷1730份，期间收到广大读者和一线用刀技术人员的许多生产经验和建议，关注程度空前。

第二届切削刀具调查报告从刀具结构分布、刀具材料、专用刀具、刀具费用占总生产成本的比例、刀具系统的性能、提高切削效率的因素、刀具购买因素及满意品牌等方面分别进行了分析。通过本次调查，我们看到了刀具行业令人欣喜的一面，但也确实暴露了许多让人担忧的问题。相比2002年的第一次调查，无论外部环境，还是刀具技术特点，都有了很大的变化。这就需要我国制造业的精英企业努力适应这些变化，适应新的生产需要。在众多企业研发新产品的同时，也特别注重了环保、绿色制造等问题。这些行业趋势值得我们深思，更需要广大致力于推动金属加工行业发展的企业努力去驾驭，使我国成为真正意义上的制造强国，真正意义上的世界制造业中心（《第二届切削刀具用户调查数据分析》，冷加工2008年第16期，见图2）。

用户对切削刀具的资金投入不断增加

2013年4月，金属加工杂志社和中国机械工业金属切削刀具技术协会联合主办"第三届切削刀具用户调查"，历时半年，利用网络、邮发和电话等多种渠道进行刀具用户调查，领域覆盖汽车、航空航天、轨道交通、能源、电力及模具等行业，截止到2013年年底，共收到有效问卷近千份。

经过分析，总结出以下结论：①硬质合金和高速钢是刀具的两大主要材料。与2002年第一届调查相比，涂层刀具的应用有增加的趋势；②工件材料排在前三位的是普通碳钢、铸铁和不锈钢、耐热钢和钛合金等难加工材料；③对比2008年第二届的调查发现，刀具占生产总成本的比例在增加，这表明用户对刀具的投入和高效刀具使用越来越重视。相对于我国制造业庞大的机床消费和较少的刀具消费而言，高效刀具的推广亟待加强；④采购刀具的信息来源排在前三名的依次为刀具推销、习惯性购买和专业媒体；⑤采用复合多功能刀具、改进工艺方案、优化切削参数和改进工装夹具是提高切削效率的主要因素。为客户量身订制高效率的复合刀具已成趋势；⑥不管是购买国产刀具还是进口刀具，用户最关注的前三位因素是切削性能、刀具寿命和价格，而对服务、品牌和供货期因素则有所侧重，购买国产刀具更关注服务和品牌，购买进口刀具更关注品牌和供货期（赵宇龙：《第三届切削刀具用户调查分析报告》，冷加工2014年第7期，见图3）。

图3 第三届切削刀具用户调查分析报告
（冷加工2014年第7期）

2014年2月26日，第三届切削刀具用户调查"用户满意刀具品牌"颁奖盛典暨《数控刀具选用指南》首发式在上海成功举办。会议由调查结果发布、"用户满意的刀具品牌"颁奖盛典及《数控刀具选用指南》首发仪式三部分内容组成，本次发布会得到了机械工业出版社的大力支持。来自中国刀协、"高档数控机床与基础制造装备"科技重大专项专家组、中国机床工具工业协会、哈尔滨理工大学等行业组织、高等院校的专家和学者，中航工业成都飞机工业（集团）有限公司、上海鼓风机厂有限公司、上海电气电站设备有限公司上海汽轮机厂、上海大众汽车有限公司等重点刀具用户企业的代表，国内外主流切削刀具企业的高级管理者，以及新华社等主流媒体记者共130余人汇聚一堂，共同见证了此次发布会。发布会上金属加工杂志社副社长吕建新解读了第三届切削刀具用户调查结果，颁奖盛典隆重表彰了用户满意的国内外刀具品牌。发布会上还进行了《数控刀具选用指南》新书发布仪式，《数控刀具选用指南》由金属加工杂志社和哈尔滨理工大学联合编写，原机械工业部陆燕荪部长亲自为该书作序，对于该书的内容给予高度评价（蒋亚宝：《第三届切削刀具用户调查结果发布会"用户满意刀具品牌"颁奖盛典及〈数控刀具选用指南〉首发式成功举办》，冷加工2014年第6期，见图4）。

国产刀具使用比例上升明显

2018年8月，金属加工杂志社启动"第四届切削刀具用户调查"，活动历时半年，利用金属加工微信、网站、邮件、微博及今日头条等多种渠道，面向汽车、航空航天、轨道交通、能源、模具、3C、医疗器械、机床工具、通用机械及工程机械等刀具用户行业进行广泛调查，共计收集了4000余份调查问卷。第四届切削刀具用户调查同时特别设立"金属加工创新产品先锋奖——金锋奖"，并且启动了"首届切削刀具创新产品评选"活动。一石激起千层浪，活动得到了业内人士的广泛关注，在为期10天的评选过程中，评选页面达到了265万人次的访问量，总投票数达到61万次。

图4 第三届切削刀具用户调查结果发布会
（冷加工2014年第6期）

纵观4届刀具调查，可以发现：刀具材料发生了很大变化，高速钢消耗量下降明显，陶瓷刀具呈现出快速上升的趋势，立方氮化硼及金刚石刀具也呈现上升的发展趋势，硬质合金所用比例基本没有变化。刀具费用占生产成本总体来说呈现出上升的趋势，刀具费用占总生产成本在1%~4%的企业由第二届的59.6%上升到第三届的63%又上升到第四届的68.3%。国产刀具使用比例有明显的上升，近几年国产刀具品牌市场取得了很大发展，在某些高端领域也替代了部分进口刀具产品，但整体来讲，国产刀具还有很大的提

图5 第四届切削刀具用户调查分析报告
（冷加工2019年第7期）

升空间。对比前三届调查结果，切削性能和刀具寿命稳居刀具购买因素的前两位，排名第三位的因素出现了不同，第二届是服务，第三届和第四届是价格；排名第四位的第二届是价格，第三届是品牌，第四届是供货期，稍有变化。纵观4届调查结果可以看出，刀具本身的性能仍是用户最关注的，所以刀具生产企业还是要加大在产品性能研发方面的投入，用性能作为市场的敲门砖（韩景春：《第四届切削刀具用户调查分析报告》，冷加工2019年第7期，见图5）。

2019年4月14日，第四届切削刀具用户调查结果发布暨首届切削刀具创新产品评选颁奖典礼在北京盛大举办。此次活动得到了业内人士的广泛关注，来自北京航空航天大学、哈尔滨理工大学等高等院校的专家、学者，中航工业成飞集团、上海电气电站设备有限公司上海汽轮机厂、上海大众汽车等重点应用行业的代表，国内外主流切削刀具企业的高级管理者等均出席了本次颁奖典礼，共同见证了此次发布会的盛况，机械工业信息研究院院长李奇代表主办单位致欢迎辞。活动现场发布了第四届切削刀具用户调查结果，并且揭晓了"用户满意的国内外切削刀具品牌"20个及"国内外切削刀具创新产品"21个（韩景春：《第四届切削刀具用户调查结果发布暨首届切削刀具创新产品评选颁奖典礼盛大举办》，冷加工2019年第6期，见图6）。

图6 第四届切削刀具用户调查结果暨首届切削刀具创新产品评选颁奖典礼
（冷加工2019年第6期）

《金属加工》搭平台：
展精英风采，育工匠精神

技能人才是大国工业发展不可或缺的组成部分，是实施人才强国战略、就业优先战略和创新驱动发展战略不可或缺的宝贵资源。在进入中国特色社会主义新时代，加强技能人才队伍建设具有重要的历史意义和现实作用。在全国技能大赛、世界技能大赛等竞赛中涌现出了众多优秀的金属加工技术能手和大师，在各项重大工程建设中也历练出了众多优秀的技术人员，他们的技艺和风采值得向大众推广和宣传。而他们的劳模精神和工匠精神将影响并激励一代代的年轻人，并促进我国知识型、技能型、创新型劳动者队伍的建设。

每一位焊接能手都是值得我们宣传的焊接之星

2012年是中国焊接专业成立60周年，近70年来，我国涌现出了一大批优秀焊接人才。而那些在生产一线从事焊接工作的技术能手，他们默默地在各自的岗位上奉献着自己的光和热。为了让这些焊接技术能手的先进事迹得到更好地传播，2013年伊始，《金属加工（热加工）》特别设置了"焊接之星"栏目，每一篇文章都记录着一位焊接高手的成长故事与焊接绝技。截至2020年5月1日，本刊共报道了首钢技师学院实习指导教师王文华、中国石油天然气第七建设公司全国技术能手任海涛、中车青岛四方车辆有限公司焊接技师张高飞、太原重工焊接技术培训中心副主任樊志勤等近50位"焊接之星"。

2015年"五一"前夕，中央电视台推出了8集系列节目《大国工匠》。8位来自不同岗位的劳动者，用他们精湛的技艺实现了自己的价值与梦想，展示了中国制造的实力。八大工匠之一的火箭"心脏"焊接人——高凤林，是中国航天科技集团公司第一研究院211厂特种熔融焊接工、国家高级技师，也是我们无数焊接工作者的优秀代表。当看到高凤林的视频在央视上播出时，我相信每一位焊接工作者都会非常激动，因为这不仅是对高技能人才的赞誉，更是对焊接专业的高度认可，对弧光中遮盖的无数汗水的肯定。为了使焊接同仁能够更深入地了解高凤林，同时也为了传递正能量，使高凤林的精神与事迹影响更多的一线焊工，《金属加工》记者特约采访了他（王颖等：《焊接金手梦圆航天——访航天科技集团公司第一研究院211厂国家高级技师、全国劳动模范高凤林》，热加工2015年第12期，见图1）。

图1　焊接之星高凤林
　　　（热加工2015年第12期）

竞赛是加速技能人才成长的快车道

职工技能比赛，对于弘扬工人阶级伟大品格和劳模精神，激发广大职工的劳动热情和创造潜能，推动形成劳动光荣、知识崇高、人才宝贵、创造伟大的社会风尚；对于引导和帮助广大职工掌握现代科学技术，提高劳动技能和综合素质，增强学习能力、创新能力、竞争能力和创业能力，培养和造就一支高素质的职工队伍，都具有十分重要的意义。

全国职工职业技能大赛是全国总工会、科学技术部、人力资源社会保障部、工业和信息化部联合举办的国家级一类大赛。自2003年起开始举办，每三年一届，至今已经举办了六届。对于首届全国职工职业技能大赛四项重要赛事之一的焊工决赛，《金属加工》就进行了详细的报道。

由中华全国总工会、国家发展和改革委员会、科学技术部、劳动和社会保障部联合举办的国家最高类别的全国职工职业技能大赛四项重要赛事之一的焊工决赛，于2003年10月31日—11月4日在河南洛阳举行，来自全国29个省(自治区)和直辖市的144名焊接高手参加了为期三天的激烈角逐，最终由甘肃省兰州西固热电有限责任公司的马晓东和山东省电力建设第二工程公司的刘盘国分别摘取了焊条电弧焊/手工钨极氩弧焊组、CO_2气体保护半自动焊组的桂冠；山东省代表队获得了团体第一名（于淑香：《九朝古都搭擂台　焊接精英展风采：全国职工职业技能大赛焊工决赛在洛阳举行》，热加工2004年第1期）。

此外，工程建设系统两年一届的全国工程建设系统职业技能竞赛、全国焊接机器人操作竞赛、"嘉克杯"国际焊接技术大赛、世界技能大赛、山西省中职组焊接技术技能大赛、上合组织国家职工技能大赛等一系列世界级、国家级、省部级竞赛，也是《金属加工》一直跟踪报道的重点。

世界技能大赛有"技能奥林匹克"之称。第41届世界技能大赛于2011

年10月4日晚在英国伦敦开幕，中国首次派出代表团参加这一赛事，参加数控车床、焊接等6个项目的比赛。在这次比赛中，中国石油天然气第一建设公司员工裴先峰勇夺焊接项目银牌，使中国首次参赛即实现了奖牌零的突破。2015年第43届世界技能大赛，我国参赛选手不畏强手、奋勇拼搏，取得4个项目金牌、6个项目银牌、3个项目铜牌和12个项目优胜奖的优异成绩，创造了中国代表团参加世界技能大赛以来的最好成绩，实现了金牌零的突破。其中中国十九冶集团有限公司职工曾正超获得焊接项目金牌。随后中国十九冶集团有限公司的宁显海、赵脯菠分别夺得第44届、45届世界技能大赛焊接项目金牌，实现中国在世界技能大赛焊接项目上的三连冠，而且他们三人都师出同门，教练都是国家级技能大师周树春（张立川：《焊花飞溅写青春——记中国十九冶集团有限公司焊工、高级技师周树春》，热加工2014年第10期）。

自2010年我国加入世界技能组织，中国工程建设焊接协会作为世界技能大赛焊接项目、建筑金属构造项目中国集训基地的技术支持，全面支持世界技能大赛集训工作，长期的技术积累和严谨的科学态度，为中国焊接选手在世界技能大赛的舞台上摘金夺银奠定了坚实的基础。

世界技能大赛代表了各领域职业技能发展的前沿水平，能在世界技能大赛上取得优胜奖，甚至摘金夺银，表明在这些职业技能领域，我国的青年选手已达到世界级水准，我国的技能人才培养已迈进了世界领先行列。

《金属加工》全媒体平台，服务大国工匠

为加大对金属加工技能人才宣传力度，培育和弘扬工匠精神，让工匠精神进学校、进课堂、进企业、进车间，金属加工杂志社与中国工程建设焊接协会共同策划了图书《大国焊匠》。通过该书展现新时代企业对技能人才培养的重视以及大国焊匠个人的成长经历，传承大国工匠刻苦、坚韧、勤奋的精神，用榜样的力量推动高质量人才队伍的建设和发展，激励广大技能人才在大国工匠的追梦路上砥砺奋进。

《大国焊匠》将邀请高凤林、李万君、卢仁峰以及周树春等几十位焊接大师参与，除了用文字、图片记录各位焊接工匠的技艺风采、成长过程，我们还将用视频展现他们的个人绝技，将视频以二维码的形式植入到图书中，同时，这些视频还将通过金属加工APP、金属加工微信公众号、金属加工在线网站等全媒体平台传播，让更多的读者与粉丝可以从中获得有价值的信息。

此外，《金属加工》还专门针对机械加工领域的工匠们策划了一系列的人物报道，如陈行行、顾秋亮、胡双钱、宁允展、徐小平、卢仁峰等一位位耳熟能详的大师的事迹，陆续在金属加工微信公众号矩阵平台发布，为服务

国家技能强国、科技强国战略贡献出我们的一份力量。

陈行行——中国工程物理研究院机械制造工艺研究所高级技师

要用比头发丝还细0.02mm的刀头,在直径不到20mm的圆盘上打出36个小孔,这比用绣花针给老鼠种睫毛还难。在新型数控加工领域,陈行行总是把不可能变成了可能。这又是一个极限挑战,薄薄的壳体,将用在尖端武器装备上,50%的合格率,中国始终难以逾越。陈行行为此无数次修改编程、调整刀具、订正参数,变换走刀轨迹和装夹方式。他的努力,最终让产品合格率达到了100%(金属加工微信公众号,2019—03—03刊文)。

顾秋亮——蛟龙号载人潜水器首席装配钳工技师

深海载人潜水器有十几万个零部件,组装起来最大的难度就是密封性,精密度要求达到了"微米级"。而在中国载人潜水器的组装中,能实现这个精密度的只有钳工顾秋亮,用精密仪器来控制这么小的间隔或许不算难,难就难在载人舱观察窗的玻璃异常娇气,不能与任何金属仪器接触。这个玻璃比照相机镜头的玻璃还要软,人的手指甲都不能碰。因为一旦摩擦出一个小小的划痕,在深海几百个大气压的水压下,玻璃窗就可能漏水,甚至破碎,危及下潜人员的生命。因此,安装载人舱玻璃,也是组装载人潜水器里最精细的活儿。除了依靠精密仪器,更重要的是依靠顾秋亮自己的判断,用眼睛看,用手摸,就能做出精密仪器干的活儿。他即便是在摇晃的大海上,纯手工打磨维修的潜水器密封面平面度也能控制在0.02mm以内(金属加工微信公众号,2015—05—02刊文)。

胡双钱——中国商飞上海飞机制造有限公司高级技师

工作30多年来,胡双钱创造了打磨过的零件百分之百合格的惊人纪录。在中国新一代大飞机C919的首架样机上,有很多胡双钱亲手打磨出来的"前无古人"的全新零部件(金属加工微信公众号,2015—05—02刊文)。

宁允展——南车青岛四方机车车辆股份有限公司高级技师

宁允展是CRH380A的首席研磨师，是中国第一位从事高铁列车转向架"定位臂"研磨的工人，被同行称为"鼻祖"。从事该工序的工人全国不超过10人。他研磨的转向架装上了644列高速动车组，奔驰8.8亿km，相当于绕地球22 000圈（金属加工微信公众号，2015-05-02刊文）。

徐小平——上海大众汽车有限公司发动机厂维修部门高级经理

电主轴是数控加工中心的核心部件，由于精度高、转速快，因此制造难度极大，国外设备供应商把电主轴作为赚取高额利润的工具，长期对我国采取技术封锁。"不要管它怎么修，坏了拿下来换新的，你就知道怎么换就行了。过去我们就这么做，觉得很方便，看似花钱享受到了国际公共服务。但我们损失了两样东西，一是成本，二是锻炼本领的机会。"徐小平说，"我真的不甘心"。于是，他和他的同事们在一无所有的条件下与这项陌生的技术较量起来。电主轴的国际标准是连续运转8000h进行一次修理保养。经过五年的艰难探索，通过不断地摸索与试验，他的团队从第一次测试的2~3h的运转时间到现在的超10 000h，终于实现了电主轴自主维修的梦想，从而打破了国外的技术垄断，填补了国内的技术空白（金属加工微信公众号，2016-12-03刊文）。

精彩定格
——记录行业历史时刻的金属加工摄影大赛

在金属加工制造业领域的展会，举办摄影大赛是一件新事物，自从2006年《机械工人》开此先河，分别在热加工、冷加工两个领域的重要展会——北京·埃森焊接展和中国国际机床展举办摄影大赛以来，通过摄影艺术作品捕捉和记录展会的方方面面就成为近年来许多金属加工领域展会的重要组成部分。熟悉杂志的老读者都知道，重视图片的记录形式是《机械工人》杂志的优良传统，杂志从创刊以来的20世纪五六十年代就曾以大量图片记录和报道了我国机械制造业的重大历史时刻。历史赋予《机械工人》以灵感来首创摄影大赛的表现形式，并通过连续性地记录展会内外的人和事，从另一个侧面见证我国金属加工行业的发展，其中既有偶然，更有必然。

首创摄影大赛——2006年北京·埃森焊接展摄影大赛

2006年5月，第十一届北京·埃森焊接与切割展览会在北京举办。当时北京·埃森焊接展自1987年以来在中国已经走过了19年的发展历程，见证了中国焊接工业跨世纪的发展历程。为了充分反映北京·埃森焊接展在中国的发展历程，尤其是中国焊接与切割事业的发展成果，展会组委会和机械工人杂志社很快达成共识，决定在展会期间联合举办图片回顾展暨摄影大赛。双方并没有把摄影展仅仅作为一种图片的展示，而是将它放到反映北京·埃森焊接展的发展历程中，放到中国焊接事业的长河中。大赛主题为"回放历史，激扬梦想"。

北京·埃森焊接展自1987年在北京首次举办以来，伴随了中国焊接工业的发展，见证了中国焊接事业的发展历程。此19年间，许多企业发生了极大的变化，从观念、产品、市场到宣传等多个层面。而本届摄影大赛的举办，旨在回顾焊接企业的发展历程，凸显焊接行业今日新风貌；透过参展企业的工作人员、所设计的展品、包装、展台特装及观众精神风貌,品味焊接行业的变化和焊接人观念的变化(于淑香:《零距离感受名展效应,领略盛会风采——第十一届北京·埃森焊接与切割展览会后记》,热加工2006年第7期)。

在国内工业领域展览会举办图片回顾展暨摄影大赛,这在历史上还是第一次。为此,展会组委会非常重视,提供了全面的资料和作品;杂志社进行了周密的策划(张淑杰、王晓青:《回放历史,激扬梦想——记北京·埃森焊接与切割展览会图片回顾展暨摄影大赛》,热加工2006年第7期)。

关于图片回顾展。杂志社将征集到的作品加以精心挑选,分为"发展历程""领导关怀""配套活动"和"企业风采"四个部分,透过一个个精彩的历史瞬间,全面展现了北京·埃森焊接展近20年的发展历程,尘封已久的老照片给焊接行业的无论老将还是新兵都带来了未曾体验过的冲击力,使观众感受到凝聚其中厚重的文化内涵。

关于摄影大赛。此次大赛现场共征集到多达2960幅作品,而杂志社只用了58小时就完成了"征集作品→整理作品→评选作品→制作展出"的全过程,由特邀的资深摄影家组成的专家评委会保证了获奖作品的质量,在参展企业和观众的大力支持下,使得这次摄影展成为大家共同完成的"杰作",展出的作品记录下了本次北京·埃森焊接展的众多精彩瞬间,也因此成为此次焊接展参展观众的一个共同的回忆。

2006年5月18日,原机械工业部部长何光远,中国机械工程学会副理事长兼秘书长宋天虎,机械工业信息研究院副院长郭锐,中国摄影家杂志社副主编刘伟等同志作为颁奖嘉宾为获奖者颁奖,何光远部长高兴地参观了图片回顾展和摄影大赛获奖作品展,并与获奖者合影留念(见图1)。

图1 何光远、宋天虎等领导与摄影大赛获奖者合影

此次摄影大赛不但给观众留下了美好的记忆，成为该届展会的亮点之一，而且深度挖掘了展会的文化内涵，作为我国金属加工领域展会首次举办的摄影大赛，进一步提升了北京·埃森焊接展的品牌效应。

"中国机床奏鸣五部曲"——2006—2014连续五届的CIMES摄影大赛

2006年6月12日—16日，第七届中国国际机械装备展览会暨第八届中国机床工具商品展览交易会在北京举办。展会举办期间，机械工人杂志社、现代零部件杂志社和展会主办方中国机床总公司合作，推出了首届"CIMES&CMTF 摄影大赛"，在展会现场为展商提供了又一个展示自我的窗口，为行业搭建了交流沟通的五彩平台。

摄影大赛共收到现场照片1958幅，经过评委会专家评审和组委会审核，评出了一、二、三等奖10名，于6月15日举办了隆重的颁奖仪式。中国机床总公司原总裁邢敏先生第一时间就来到现场，一边兴致勃勃地观赏图片，一边称赞摄影大赛内容好、点子新，对在我国机床行业展会上首次出现的这种独特的表现形式给予了高度评价。机械工业信息研究院副院长郭锐参观展览后说："你们给冷冰冰的工业展览会带来了文化气息。"

与北京·埃森焊接展摄影大赛一样，主办方也是将其放入CIMES展会14年来的发展以及中国机床工具行业的发展历程中，由此反映出机械行业的运行态势和机械人的风采，因此展会的主题确定为"精彩定格，激扬梦想"。

CIMES自1992年在北京首次举办以来，即受到装备制造商的极大关注和广泛参与。14年来，我国的装备制造业发生了翻天覆地的变化，中国装备展览会作为行业的盛会，见证了这一辉煌的历史过程；14年来，装备制造企业从观念、产品、市场等多个方面都发生了巨大变化，而首届

CIMES&CMTF摄影大赛的举办旨在凸显行业新貌，见证行业发展历程。我们希望通过摄影这种形式，透过参展企业的展品、包装、展台特装及观众精神风貌，品味装备制造业的变化（王晓青、邢海涛：《CIMES&CMTF 2006摄影大赛采风》，冷加工2006年第8期）。

2008年10月，在第九届中国国际机床工具展览会（CIMES 2008）期间，金属加工杂志社再次与中国机床总公司合作，隆重推出CIMES 2008"HTPM®凯特精机杯"摄影大赛。组委会高度重视，经过反复推敲将摄影大赛展览现场分别设在进出展馆的必经之路——新国际展览中心的主楼大厅和旧馆1号馆的馆前广场，极大地吸引了观众眼球。中国机床总公司原总裁郝明对这种独特的表现形式给予了高度评价。《中国工业报》报道称："该展从另一个方面展示了机床行业企业文化、营销理念、展览模式。"

2010年6月，"三韩刀具杯"第三届CIMES摄影大赛在第十届中国国际机床工具展览会（CIMES 2010）期间举办。由于前两届摄影大赛成功举办，展商和观众对本届大赛更加积极热情，现场提交作品3213幅。"摄影家"们在此次大赛中使用了一些新技术和新设备，引起了广泛关注，一些作品捕捉的行业瞬间主题更加明确、内涵更加丰富，如作品《盛典》以270°环景扫视开幕式全景，被中国机床总公司作为重要图片资料收藏（见图2）。

2012年6月和2014年6月，由金属加工杂志社、金属加工在线与中国机床总公司再携手，分别联合主办了"三韩刀具杯"CIMES 2012第四届摄影大赛和"三韩刀具杯"CIMES 2014第五届摄影大赛。大赛中的获奖作品"CIMES 2012迎来老部长"（见图3）反映了各级领导对本行业的支持。原机械工业部部长包叙定出席第11届中国国际机床工具展览会（CIMES 2012）开幕式后，与中国机床总公司原总裁郝明一起兴致勃勃地来到现场参观；第五届

图2 作品《盛典》
（冷加工2010年第14期）

图3　获奖作品"CIMES 2012迎来老部长"
　　　（冷加工2012年第14期）

图4　"三韩刀具杯"CIMES 2014第五届摄影大赛部分
　　　获奖作品
　　　（冷加工2014年第14期）

摄影大赛的部分获奖作品如图4所示，其中（1）名为"机械人的好日子"，（2）名为"关注"，（3）名为"指尖上的金粉"，（4）名为"红与黑"，（5）名为"I，Robot"。中国机床总公司原总裁郝明对大赛中涌现出的精彩摄影作品给予了高度评价。郝总认为，摄影大赛是一道精美的大餐，一幅幅精美的照片不仅记录了展会精彩瞬间，更为机床工具展览会增添了许多文化内涵。

五届CIMES摄影大赛以连续性的画面记录着展会的发展进程，堪称在CIMES现场演奏的"中国机床奏鸣五部曲"。

与其他摄影家不同，金属加工行业的"摄影家"们通过自己的独特视角、特殊敏感度记录下了展会的方方面面，一张张精彩的照片传递出的是机械人对展会、对行业的共同感受，使观众油然产生共鸣和触动。

摄影大赛已经成为捕捉和记录快速发展中的金属加工行业精彩瞬间的良机。

继承《机械工人》办刊传统
竭诚为读者服务

在《金属加工》（原名《机械工人》）70年的发展历程中，一直与时俱进、不断创新，竭诚为读者服务。在本文中，我们回顾本刊发行与服务部的一些点滴往事。

1950年成立读者服务部

1950年科学技术出版社（机械工业出版社的前身）成立，在创办《机械工人》杂志的同时，就成立了读者服务部（见图1），以便为本社《机械工人》《科学技术通讯》等期刊和图书的读者提供及时的服务。陈曦同志（蒋一苇社长的夫人）从三联书店调来负责读者服务部的工作。2007年我们在问候陈老的时候，她还回忆起当年工作的往事。本社读者服务部继承了三联书店邹韬奋“竭诚为读者服务”的精神。

杂志征订的方式随时代变化

《机械工人》一直重视杂志的征订工作，在创刊前就在《科学技术通讯》《人民日报》《工人日报》等报刊上作了广告，创刊后则通过各种发行途径征求“创刊纪念订户”。出版社表现出了卓越的系列期刊品牌意识，将新创刊的《机械工人》与当时已经闻名全国的《科学技术通讯》杂志作为“科学技术出版社两大杂志”联合征订（见图2a）。对于纪念订户，出版社还给予各种优惠，如以后订阅出版社的杂志一律八折优惠。

21世纪以来，为回报广大读者对我们多年的支持，杂志社每年举办冷加工、热加工联合有奖订阅活动（见图2b）。与过去相比，征订的形式虽然不同，但是为读者服务的热情却是相同的。

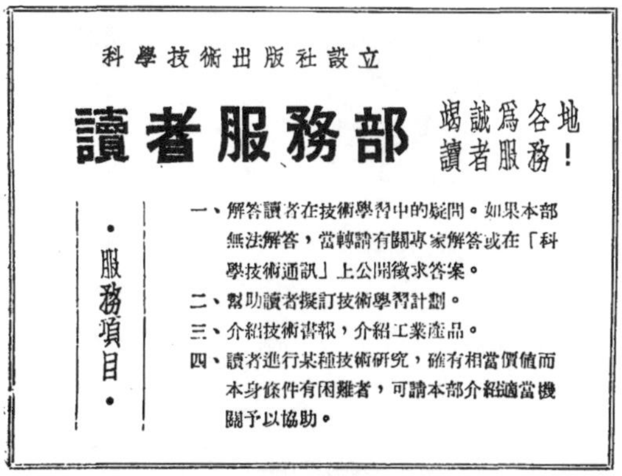
科學技術出版社設立

讀者服務部

竭誠爲各地讀者服務！

·服務項目·

一、解答讀者在技術學習中的疑問。如果本部無法解答，當轉請有關專家解答或在「科學技術通訊」上公開徵求答案。

二、幫助讀者擬訂技術學習計劃。

三、介紹技術書報，介紹工業產品。

四、讀者進行某種技術研究，確有相當價值而本身條件有困難者，可請本部介紹適當機關予以協助。

图1　1950年读者服务部成立
（《机械工人》创刊号第45页）

a) 1950年联合征求创刊纪念订户　　b) 2009年冷加工、热加工联合征订

图2　杂志的征订

随着科学技术的不断发展，移动互联网时代的到来，为读者提供服务的手段也随之发生了改变。除了可以一如既往地在邮局订阅全年杂志，也可选择直接在杂志社官方商城购买杂志，并且可以根据每期的主题策划内容选择购买符合自己的期次，更加方便了读者读到自己喜欢的文章（见图3）。读者还可以根据自己的阅读习惯选择购买杂志电子版，方便电脑客户端阅读和存储。

为了精准地将每期的专题策划送到相关行业的读者手中，杂志社还通过金属加工一系列的微信公众号，开展了读者索刊活动，通过填写索刊读者服务表（见图4）获得相应纸质杂志或电子刊，这样不仅可以更加精准地为读者服务，还可以方便读者在不同平台浏览杂志内容。

  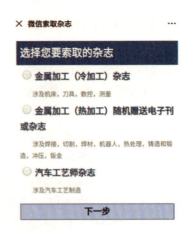

a) 杂志购买页面　　　　b) 杂志纸质版、电子刊选择页面　　　图4　索刊读者服务表

图3　杂志的网上下单

第一份读者意见表和最新的读者服务卡

重视读者的意见反馈是《机械工人》的优良传统。在1950年总第3期出版后,编辑部就制作"《机械工人》读者意见表"(见图5a),请读者提出意见,"大家出主意,合力办机工"。这是本社的第一份读者意见表,现在我们把其中的问题抄录如下:

1. 你对本刊一二三期的文章最喜欢哪几篇?为什么喜欢?
2. 你对本刊一二三期的文章最不高兴哪几篇?为什么不高兴?
3. 本刊文章你是否都看得懂?哪几篇不好懂。
4. 你希望本刊多登哪类文章?你能不能出几个题目给我们?
5. 你对本刊总的意见怎样?

读者的意见对于办好杂志起到了至关重要的作用。特别是21世纪的前10年,我们每天会收到许多读者的热情来信,部分来信还在杂志的"读编往来"栏目刊登。在每期杂志版权页前面还有一个插页——"《金属加工》读者服务卡"(见图5b),凡认真填写读者服务卡的读者就将成为《金属加工》读者俱乐部的会员,并拥有一个唯一的会员代号,可享受杂志社提供的系列服务。

为读者找好书

我们一直坚持为读者找好书。科学技术出版社继承了三联书店书刊互动的出版传统,当时《机械工人》杂志根据该期的报道主题,在封底等位置宣传出版社近来出版的技术书籍。如《机械工人》1951年第6期的主题为高速切削,该期封底就配合推荐本社最新出版的高速切削领域的系列图书(见图6),以便读者拓展阅读。1998年,成立了机械工业出版社期刊读者服务部,每年都会向读者推荐近千种优秀图书,满足读者的购书需求,为读者提供专业图书信息(见图7)。

如果组建读者服务部是一种进步,金粉商城的成立则具有重大的意义。为了更加精准快捷地帮助读者找到好书,2015年8月18

a) 1950年第一份读者意见表

b) 2008年读者服务卡

图5 本刊制作的读者服务表

日,杂志社创立了"金粉商城"。登录"金粉商城"可以输入关键词找到自己需求的图书,并根据图书介绍和目录展示来判定是否符合自己,大大节约了读者买书的时间成本。同时,杂志社开通了金粉商城服务号和小程序,定期为读者推荐实用的好书及书单(见图8)。

为了把有价值的图书推荐给读者,杂志社通过金粉商城服务号,制作音频、视频和技术文章分享给读者,通过讲故事、分析行业形势和图书本身的价值,生动、有趣地给读者推荐图书。另外,进入2020年后,直播带货的形式十分火爆,杂志社员工也尝试通过直播的形式,给大家现场分析图书的内容和结构,让读者更直观地了解了自己的购书需求是否与该书相匹配(见图9)。

图6 《机械工人》1951年第6期封底书讯　　图7 2008年冷加工第22期书讯

a) 金粉商城服务号　　　　　　　　b) 金粉商城页面

图8 金粉商城服务号和小程序

发扬为读者服务的精神

对于《机械工人》发行服务工作，建国初期任三联书店总经理邵公文同志曾经回忆并赞许道：

> 在纪念三联书店50周年的时候，很多领导同志都赞扬以邹韬奋为代表的三家书店的服务精神，尤其是发行工作。不久前偶然翻到一份材料，讲到1950年11月间，哈尔滨三联书店的一个同志，为了征求《机械工人》的订户，冒着风雪走了很多家工厂，送书上门，受到读者的热烈欢迎，10天的功夫，共征得230多份《机械工人》的订户。他描述的情景至今读了还是很感人的（邵公文所引材料见《机械工人》1951年第3期封二——编者注）。现在机械工业出版社也还在自办发行，设立了读者服务部，还经常深入工厂。这种全心全意为读者服务的精神是应该继续发扬的（邵公文：《回忆机械工业出版社的成立》，《中国出版》1983年第6期）。

时至今日，《金属加工》已经走过70年的发展历程，时移事异，金属加工行业有了巨大的发展，信息传播和获取的技术革新迅速，虽然发行服务的形式和内容也有了很大的改变或提升，但是我们坚持杂志的办刊宗旨、服务领域、内容特色不会变，竭诚为读者服务的精神不会变。

图9 直播给读者推荐图书

从0到51万用户，金属加工微信公众号发展这7年

伟大的变革悄然发生，我们如何紧跟时代的步伐？2006年，当金属加工在线网站正式开通时，每一位金属加工杂志社网媒部的编辑都不会预料到，4年后即将亲历传媒领域一场伟大的变革。

2010年以来，数字技术特别是移动互联网的发展对媒体的发展产生了深远的影响，读者获取信息的渠道、阅读习惯发生了深刻变化，对纸媒的依赖迅速减弱。2012年8月17日，微信公众平台上线，继而引发了新媒体革命，并且余波至今未绝。大变革时期，战略方向至关重要。运营微信公众号在当时被许多人认为是"不务正业"，但回过头来看，这无疑是传统媒体向新媒体转型的正确决策之一。金属加工微信公众号（以下简称金属加工微信）正是在栗延文社长作出的"以数字媒体为龙头，打造金属加工全媒体服务平台"的重要决策下发展起来的。

金属加工微信自2013年正式注册至今，共推送了1万余篇专业文章，粉丝数（总用户数）从0增长到51万人。7年间，金属加工微信一步一个脚印踏实向前，回首过往，点滴历历在目，令人不胜唏嘘。

初期探索，坚定目标

金属加工微信注册于2013年2月17日，2013年5月24日推送第一篇文章，是开通比较早的微信公众号。俗话说，万事开头难。虽然我们拥有60多年的办刊经验，但微信公众平台是一个全新的平台，没有任何经验可循，金属加工微信需要在摸索中探寻一条适合自身发展的道路。

"建号"初期，我们沿用了网站运营的模式，发布内容多以行业、企业

资讯为主,由于人员有限,精力不足,因此发布周期不固定,有时候几天才发一条。但是这种变相在微信公众号发布资讯的形式,显然不入受社交媒体用户欢迎。截至2013年年底,金属加工微信粉丝数仅有1000人左右。

微信运营近一年却没有显著的成绩,金属加工数字媒体部(原网媒部)的员工们有些心灰意冷,甚至对微信公众号的前景产生了质疑。这时栗社长给我们打了一针强心剂,他说:"互联网特别是移动互联网的迅速发展,对纸媒的发展模式产生了巨大的、甚至是颠覆性的变革。我们要充分认识到这一变化趋势,要以数字媒体为龙头,以移动媒体为突破口,引领创新,以快制胜,在全媒体转型的道路上加速前进,占领制高点。"于是我们坚定信心,在数字媒体发展的道路上迈出了更加坚实的步伐。

2014年年初,金属加工微信制定了粉丝6000人的年度目标。为了实现这个目标,金属加工微信不断地调整定位和方向,努力探索改变,逐步形成了金属加工微信初期的风格,即以有用、有趣为主要特色,重点发布与金属加工行业相关的生产、制造、工艺、技术等核心内容。让人意想不到的是,实现这个目标仅用了不到5个月的时间。更加令人不敢想象的是,2014年年底金属加工微信粉丝突破10万大关,比预期目标增长了16倍。据新榜(第三方平台)统计,截止到2014年12月14日,金属加工微信阅读人次共计763万,阅读次数1100多万,超越网站、杂志的传播效果,让业内人士一次次地提起金属加工,让60多年的品牌,从《机械工人》到《金属加工》,得到了优秀传承(每次行业展览会上,金属加工微信都会收获大量关注者,见图1)。

2014年4月11日,是值得金属加工人铭记的日子:这一天,诞生了金属加工微信开通以来第一篇阅读量达10万以上(10万+)的文章《佩服!再次感受德国工业的强悍!》,截至目前,据微信后台的统计数据,该篇文章阅读量已达96.3万,点赞数2602,传播量之大、影响力之广令人惊叹(见图2)。也是在这一天,金属加工杂志社召开微媒会议,颁布了"金属加工杂志社微信管理暂行办法",从此金属加工杂志社微信公众号发展驶入快车道,金属加工微信矩阵由此大规模建设并快速发展。

图1 展会上,粉丝争相关注金属加工微信

图2 金属加工微信首篇10万+文章

以数字媒体为龙头,构建全媒体融合发展体系

从2014年起,金属加工杂志社根据服务的行业及自身发展的重点方向,确定了"领域号"+"专业号"+"服务号"的矩阵布局体系,即以"金属加工""汽车工艺师""通用机械"为领域号,以"热处理生态圈""工业机器人""焊接切割联盟""机工机床世界""机工刀具世界""级压世界""铸造生态圈"等为细分领域的专业号,以及电商交易平台——"金粉商城"。领域号和专业号的定位有所区分,前者内容选题取材广泛,紧跟行业热点,重在提高行业品牌影响力;专业号内容选题聚焦于细分专业和技术领域,为专业粉丝提供专业内容服务,打造在细分领域的竞争优势。领域号做宽,专业号做精做深,两者互相配合、协同发展,使微信矩阵成为金属加工杂志社聚合、激活、服务用户最有效的媒体平台。

为了明确分工体系,金属加工杂志社对职能部门进行了调整,将数字媒体部由事业部调整为专项工作部门,作为全社数字媒体研究、规划、技术支撑和营销支撑的管理部门以及部分业务运营部门;明确微信号日常运营分工。金属加工微信公众号由数字媒体部整体负责,发行部负责该号客服和微店运营;其他公众号由各事业部负责。

面对读者、客户对内容的新需求,金属加工杂志社内容编辑团队聚焦行业发展重点和热点,将专题策划与创新性、实用性技术内容相结合,积极运用视频、音频、动态图片等多媒体手段,遵循有用、有趣原则,打造直观易懂、读者和粉丝喜闻乐见的优秀内容;通过在《金属加工》杂志内容中灵活使用二维码,引入多媒体内容,打通杂志与手机和电脑等终端的阅读通道,实现跨平台传播,满足了多终端传播和多种阅读体验的需求;同时微信、网媒等数字媒体联动推广,通过免费索取杂志激发了广大粉丝对《金属加工》杂志的阅读热情,极大地提升了《金属加工》杂志的传播效果和传播价值。

依托数字媒体平台强大的粉丝基础,金属加工杂志社通过微媒对活动和增值服务产品进行宣传,对行业调查、会议报名以及产品的影响力起到了良好的促进作用。

金属加工杂志社独有的专业图书资源优势,使得我们能通过微信平台为粉丝推送成系列、成体系的专业图书信息,并附以购买链接,满足了专业粉丝的信息需求;通过视频、直播的形式,由主播对图书亮点和适用范围进行讲解荐书,为粉丝选书起到了很好的引导作用。金属加工杂志社还通过微信平台众筹出书,目前正在策划的《数控刀具应用禁忌100例》一书正是通过众筹方式实现的。

与此同时,金属加工杂志社微媒的粉丝量不断增长。截止到2020年6月4日,金属加工微信矩阵总粉丝数为132万,其中金属加工微信粉丝数为51

万。微媒巨大的粉丝量成为金属加工杂志社经营的宝贵资源，对提升金属加工杂志社纸媒及其他产品价值及品牌影响力起到了重要作用。2015年和2016年《金属加工》杂志连续两年被评为"期刊数字影响力100强"，2017年和2018年先后荣获"年度媒体融合十佳期刊"和"融合出版创新"等称号（见图3、图4）。

全力以赴，努力打造行业第一微信公众平台

如此众多的人关注金属加工微信，缘于我们分享的都是有价值的金属加工知识及先进技术信息，专业粉丝们认为这是"有价值的"。

正是这种"价值"，使得金属加工微信于2015年被互联网周刊评为"微信公众号分类排行榜"专门行业类第1名（见图5）。榜单原文是这样描述的："本榜单主要依据讯息质量、更新态度、原创程度等因素精选而成，按照公众号内容进行分类……此外本榜单并不以点击量作为重要基准，而是更加注重内容及其价值观，旨在从良莠不齐的公众号中甄选出那些你可能认为更有价值的。"

为了给金粉们（"金粉"是金属加工微信粉丝的昵称）推送有价值的优质内容，金属加工数字媒体部乃至杂志社全体人员都积极行动起来，找素材、提供线索、策划选题……我们会为了打磨一篇文章而加班几个小时，也可能为了敲定一个最佳的标题而讨论得面红耳赤，出门带着笔记本电脑随时随地修改微信内容更是家常便饭。可以说，金属加工微信能取得这样的成绩，与金属加工杂志社每个成员的付出是分不开的。

作为新媒体人，24小时手机不离身成了基本素养。因为你需要随时打开订阅号助手审核，回复粉丝的留言，与用户互动。此外，不管是周末还是逢年过节，回家或是出去旅游，都会把电脑带在身上，因为我们的微信是每天推送，365天无一例外。而且除了日常的推送外，你不知道可能会遇到什么突发的事件需要及时处理。

通过我们的不懈努力，金属加工微信近几年打造了近百篇10万+文章，在行业产生了巨大的影响力。例如2014年12月10日发布的《钻圆孔很平常，方孔你会钻吗？大开眼界的视频演示！》，发布5天即超过了10万阅读量；《古代木工不需要钉子的秘密，GIF动画告诉你》（2015年6月7日发布）阅读量超过21万；而2015年7月7日发布的《未来中国高铁不停站，乘客照样中途上下车，天才的设计！》，截至目前已接近100万的超高阅读量（见图6）。

图3　2016年获得"期刊数字影响力100强"荣誉证书

图4　2018年获得"融合出版创新"荣誉证书

专门行业	
排名	名称
1	金属加工
2	建筑师的非建筑
3	新材料在线
4	影视工业
5	电商行业

图5　金属加工微信于2015年被互联网周刊评为"微信公众号分类排行榜"专门行业类第1名

图6 《未来中国高铁不停站，乘客照样中途上下车，天才的设计！》阅读量近100万

以内容为核心，不断创新发展

金属加工微信始终坚持"以内容为核心"的原则。2015年开始，我们加强了在行业实用技术方面的策划，开始系统化、系列化地策划行业专题。为了给金粉们分享当今装备制造业的最新前沿技术，我们策划了"高端数控机床""复合材料加工刀具""难加工材料""齿轮加工刀具""钢件车削刀具""润滑油""数控系统"等专题；针对生产实践，策划了"航空航天先进制造技术""汽车发动机制造技术""模具制造技术与装备""医疗器械加工解决方案"等系列专题。专题通过视频+图片+文字的形式，介绍装备制造企业的最新产品、先进技术及应用案例，受到了广大金粉们的欢迎。

除了生产实践应用案例，针对行业热点、机械原理、机械加工工艺、技术难点等方面，我们策划了众多金粉们感兴趣的选题，如《原来塔吊是这么安装的！多年的困惑终于解决了》（见图7）、《轴承里的钢珠是怎么装进去的？》《今天，Facebook正式进军制造业》等，诸多此类经过我们精心策划的主题文章，大都超过了10万阅读量。

图7 金属加工微信原创文章《原来塔吊是这么安装的！多年的困惑终于解决了》

金属加工微信持续跟进报道金粉们感兴趣的话题。例如：微钻是大家比较关注的话题，我们在2017年6月22日发布的《直径0.01，长100，这个超微钻头为什么这么牛？》一文中介绍了微钻的定义及其应用，当时就引发了粉丝们的热烈讨论，有粉丝认为这样的微钻是不可能加工出来的；2019年2月13日，《这么细的钻头原来是这样加工出来的！》以视频的形式报道了微钻的加工过程；2020年3月25日，在《日本微细加工技术：直径仅为0.01毫米的钻孔加工，是如何实现的？》一文中，以3个典型的案例详细介绍了微钻在行业中的应用。

2019年，金属加工微信与金属加工视频栏目相结合，推出文字+视频版的"行业要闻""对话""专题"等栏目，一经推出，便受到了广泛好评，在业界产生了巨大的影响力。其中2019年发布的

《对话|中国五龙机床强势登陆德国EMO，国产机床当自强！》一文，因优质的原创视频内容，被推荐至"看一看"精选，直接阅读人数达到8.5万人（见图8）。

金属加工微信于2020年正式推出文字版"金属加工每周要闻"栏目，集最新热点、行业动态、企业资讯于一体，每周一期。

"金粉讲堂回顾"栏目对每期"金粉讲堂"的精彩内容进行详细地总结回顾，梳理精彩问答，受到了广大金粉们的好评。

"技术方程式"栏目发布《金属加工》杂志刊登的以一线生产实践经验总结为主的技术文章；"有料"栏目主要分享行业知识汇总、技术参数表等干货内容。

《新中国成立70周年机床发展简史》《机加工人的返岗工作防护建议》等原创长图文获得了较高的阅读量和转发率。

除了在栏目、内容上不断创新，近几年我们在版式上也不断地改进，形成了金属加工微信独有的特色和风格。细心的金粉们不难发现，从2020年开始，每逢节气、重大节日，我们微信里都会专门设计相应的插画。

这些看似简单的点滴背后，是金属加工人在默默地付出。2020年母亲节，金属加工微信发布了一张母亲节长图文插画（见图9），在朋友圈形成了广泛转发和点赞。而大家不知道的是，这幅插画是我们的同事在身体生病的情况下坚持完成的。

面对疫情，勇于担当

2020年春节，新冠肺炎疫情突然来袭，面对这一影响空前的重大突发公共卫生事件，金属加工快速反应、快速决策，积极、高效、客观地报道疫情，从医疗防护设备的技术方面进行报道和宣传，在疫情防控阻击战中充分发挥和展现出了科技期刊媒体的职责担当。

金属加工微信在春节期间依然保持更新，当疫情来临时，我们有意识地结合疫情和制造业专业特色，陆续推送了《一次性口罩生产流程大揭秘》《十天落成一所医院，中国的"基建狂魔"都是超人吗？》《疫情形势下，企业复产复工需要注意哪些？》《口罩，通过标准了解一下》等文章。随着疫情的发展，金属加工杂志社领导班子敏锐地意识到此次疫情将会对行业造成巨大影响，应该进行整体布局，推出专题化、系列化的报道，对疫情带来的影响进行深度挖掘，与行业人士一起凝心聚力，共同打赢这场疫情防控阻击战。

金属加工微信在抗疫专题中开设了"企业复工：科学防控，安全

a）原文

b）文章阅读数8.5万

图8 《对话|中国五龙机床强势登陆德国EMO，国产机床当自强！》一文阅读量8.5万

图9 母亲节插画截图

复工,加强自救"专栏,推出《用细致管理对抗病魔,大连日企的精益复工,出勤率达96%》《复工复产,制造企业如何消除疫情隐患?全在这里》《机加工人的返岗工作防护建议》(见图10)等专题文章;在专栏中发表了山特维克可乐满、上海汽轮机厂、ABB中国、哈量等制造业企业有序复工的案例,引导更多制造业企业在做好安全防护的前提下,积极恢复生产,开展自救。体现了行业媒体的社会责任和引领作用。

  7年的时间不长,与《金属加工》杂志70年的历史相比才十分之一;7年的时间不短,让我们与51万专业粉丝相遇、相知。时代在变,"金属加工"也在变,但不管怎么变,以内容为核心的本质不会变。坚持专业的内容定位,聚焦主业,以优质的内容服务于专业读者和受众,持续提升内容品牌的影响力是我们追求的最终目标。

图10 《机加工人的返岗工作防护建议》长图文截图

金粉讲堂——为金粉们量身打造的线上互动交流课程

从无到有

《金属加工》（原名《机械工人》）从创刊至今70年的积累使我们收获了众多作者和读者，形成了《金属加工》独一无二的粉丝群体——金粉。特别是近10年，随着新媒体传播形式的迅速崛起，平面的纸质的阅读互动已满足不了读者的需求，视频直播形式逐渐兴起并广泛成为读者获取信息的主要渠道之一，一档金属加工杂志社为金粉们量身打造的线上学习互动交流课程——"金粉讲堂"应运而生。

"金粉讲堂"主要是面向金属加工行业，通过视频直播来输出专业知识，直播的主角就是《金属加工》邀请的行业和企业的专家们，直播的内容是分享他们专业的加工经验、工作技巧、设备使用心得，以及行业认识、新技术等，帮助金粉们解决了管理、生产和加工中遇到的很多问题，备受喜爱。另外，"金粉讲堂"直播后可以实时回放，任何时间都可以通过手机端和PC端打开收看，支持直播页面的检索功能，是不同于纸质媒体的一种全新的媒介形式。

"金粉讲堂"正是《金属加工》融合新媒体技术、传播形式转型和探索的成果，为行业积极传播实用加工技术、适应时代发展的新突破。这种新的媒体形式背后的故事却是充满曲折和坎坷，记录着《金属加工》办刊人坚韧的品格和为读者服务的决心，传承了《金属加工》办刊人的风格。历史的时针转过了70年，我们依然可以自豪地说：首任主编林家燊为读者服务的志愿至今未变！

首期开播的"事故"与"故事"

2017年3月16日，第1期"金粉讲堂"计划于晚上20:00正式上线播出。

选择晚上20:00的原因，是为了方便金粉们收看节目，避开大家的工作时间。在第1期讲堂播出前，由于怕出现差错，技术团队进行了多次测试，但没想到正式播出时还是出了问题！

晚上20:00，当工作人员（见图1）按下开始键后，视频信号却无法输出。此时早早守候在手机和电脑前的金粉们纷纷留言询问出现了什么状况、什么时候可以开播。关键时刻技术团队并没有慌乱，在直播间留言回复、安抚金粉情绪的同时，紧急排查各个技术环节，终于发现一个技术参数设定出现了问题！在排除故障后，首期讲堂终于顺利开播，比原计划推迟了二十几分钟。

尽管遇到了技术故障，但首期讲堂的效果还是不错的，最终有11 436人次观看，留言评论1700多条。首期开播中的"事故"最后变成了"金粉讲堂"故事中的一个插曲，相信在未来回顾"金粉讲堂"时，这起"事故"会被不断地提起。

"咖啡馆"和"演播厅"见证了栏目的升级

受硬件条件所限，前几期的"金粉讲堂"是在机械工业出版社主楼的五楼咖啡厅取景录制的，在表现形式上，"金粉讲堂"初期的场景设计也比较简单，先由杂志社主持人开场，介绍当期讲堂主题，引入当期邀请到的主讲嘉宾，接下来由嘉宾进行讲解，结尾再由主持人对当期内容进行总结，整个讲堂以PPt结合画外音讲解的形式为主。

为了给金粉们呈现出更精致的画面，带来良好的体验，"金粉讲堂"技术团队在杂志社搭建了一间专用的直播间，并专门采购了新的拍摄设备。随着播出期次的增加，"金粉讲堂"的制作水准不断提升。2019年9月10日，按照省级电视台硬件水准打造的机工

图1　第1期"金粉讲堂"制作人员合影

"演播厅"落成并投入使用,专业的录课室、录音间使"金粉讲堂"的硬件制作条件再次升级。

随着硬件条件的改善和对新技术的掌握,"金粉讲堂"的表现形式也在不断优化和完善。在开播3年后,2020年3月26日,第73期"金粉讲堂"迎来了一次重要的改版升级(见图2),制作团队设计了全新的片头,强调了栏目的期次和主题,增加了讲师介绍、内容主题概要、当期内容回顾、工作人员表等,并全程添加字幕,使整个栏目更加完善、正规,观看体验更佳。

"金粉讲堂"是一种全新的传播模式,相对于杂志的制作流程,"金粉讲堂"的流程较复杂,制作周期较长,生产环节较多,各环节需要固定负责人员,生产组织流程更像一档视频节目(见图3)。经过数十期的锻炼和积累,各环节人员配合越来越默契,"金粉讲堂"的制作周期也缩短了很多,而且形成了明确的制作规范和生产流程:主题策划→与企业或专家确认档期→内容审核和录制→剪辑→直播页面搭建→微信推广宣传→直播→总结。

从讲堂到论坛,产品形态越来越丰富

2017年7月4日,第1期"汽车零部件先进制造专题讲堂"成功播出。专题讲堂是邀请两位或两位以上专家,结合当期策划的主题逐一进行分享,已经播出的主题包括汽车制造、航空制造以及先进切削技术等,而且每个主题都已经形成相应的系列。

为了拓展金粉们的知识面,帮助金粉了解行业最前沿的产品和技术,"金粉讲堂"的演讲专家多数来自于机床、刀具、软件、测量等装备生产企业,内容以介绍最前沿和最先进的产品技术和解决方案为主。为了促进金粉之间的交流,互相借鉴生产实践经验,"金粉讲堂"开设了专家系列讲座,邀请金粉中的专家为大家讲课。首期邀请的是原中国中车戚墅堰公司进口设备维修

图2 改版升级后的第73期"金粉讲堂"

图3 讲师在机工演播厅录制"金粉讲堂"

图4　2020航空航天先进制造技术在线论坛

中心主任虞行国高级工程师,虞行国主任从事设备工作44年,为金粉们讲解了"高端数控机床在加工大型箱体的应用及诊断",讲堂播出后在行业内反响很大,很多金粉留言希望这种课程要多安排,形成系列。由此可见,好的内容从来不缺读者。

2020年初,面对新冠疫情的来袭,企业迟迟不能复工,制造业作为国民经济的根基,受疫情影响越来越大,杂志社领导班子敏锐地察觉到粉丝、专家、用户、客户等行业群体的心态变化,决定在"金粉讲堂"中增设公益直播系列,以公开课的形式面向制造业专业受众进行视频直播,并就大家关心的话题进行交流探讨。经过精心策划,金属加工杂志社在疫情期间连续推出13场公益直播,在行业中引起了广泛的关注,充分体现了《金属加工》作为行业品牌媒体的社会责任与担当。

2020年4月19日举办的"2020先进汽车制造技术在线论坛"和5月24日举办的"2020航空航天先进制造技术在线论坛"(见图4)是在专题讲堂的基础上,在组织模式和表现形式上进行了新的探索,除主题报告外,增加了圆桌论坛和专家点评等互动环节,参考线下会议的很多做法,形式新颖,互动性和代入感更强,实现了论坛展现形式的再次创新。

辉煌背后的努力与付出

"金粉讲堂"的直播时间固定在晚上20:00,直播小组都是在下班后寂静的办公室完成"金粉讲堂"的直播,完成直播收尾工作,回到家里往往已经是深夜了。全新的模式打破了8h工作制度,遇到每期直播,直播小组就自觉加班4h,大家十分辛苦。但让人欣慰的是,几乎每期"金粉讲堂"一经推出便受到金粉们的一致好评,直播间里火爆的氛围,不断刷屏的留言评论,还有直播结束后的一句句感谢,都能让加班的同事收获温暖与力量。

2017年6月20日,"金粉讲堂"第7期"FANUC:带你探索高品位加工的奥秘"播出时,漳州升源机械工业有限公司组织了员工们在会议室集体收看当期金粉讲堂,热心的金粉还发来他们现场收看讲堂的一组照片(见图5)。这是对"金粉讲堂"内容的肯定,也鼓舞了制作团队继续做好"金粉讲堂"的信心。

从第1期播出至今,"金粉讲堂"已经走过了3个年头,播出了88期(截至2020年6月底)。俗话说万事开头难,从纸媒到视频节目制作,作为先行者,在初期我们确实是摸着石头过河,经历了从无到有、从手忙脚乱到步上正轨、从单一到丰富、从粗到精的发展阶段,但我们一直没有停止前进的步伐,并始终秉持着创建"金粉讲堂"的初心,努力为金粉们提供更好的服务。

从写稿、改稿的幕后编辑,到专业亮眼的前台主持,许多同事实现了"华丽转身",杂志社也涌现出一批知名主播、导演和编剧。这些成功的背后是金属加工人不懈的努力与付出,在披荆斩棘、开拓创新、勇往直前的道路上,洒满了大家辛勤的汗水。相信在未来,"金粉讲堂"无论是内容还是形式,都会与时俱进,更加精美,更受欢迎,不负金粉们的热切期盼!

a) 金粉收看讲堂全景　　b) 播放中的"金粉讲堂"画面　　c) 金粉实时记录知识

图5 金粉集体收看"金粉讲堂"

金属加工直播,为好内容插上腾飞的翅膀

2017年3月16日,第1期"金粉讲堂"上线播出,标志金属加工直播平台正式投入运营。4月19日,第十五届中国国际机床展览会(CIMT2017)开幕,金属加工全程直播了开幕仪式,并对展会四大亮点、首发机床、新品刀具等作了专题视频报道,这是金属加工展会直播的业界首秀(见图1)。截止到2020年6月25日,金属加工杂志社共完成31个展会、会议、企业活动的现场直播,推出各类视频报道1000余条,报道总时长超过15 000分钟。德国汉诺威工业博览会、中国国际机床展览会、中国国际进口博览会、中国国际工业博览会、北京·埃森焊接与切割展览会等国内外著名工业展会的现场都活跃着金属加工直播团队的身影。视频直播已经成为杂志社报道行业重大展会、重大事件的主要方式,也是我们服务读者和用户的最重要的手段之一。

图1　CIMT2017开幕式直播是金属加工展会直播首秀

技术破冰：不能不说的云导播技术

对于传统的期刊人来说，开拓视频直播业务最大的拦路石在于能否掌握直播所需的软硬件技术。

将时间拉回到CIMT2017开幕之前。第1期"金粉讲堂"成功播出，极大地鼓舞了直播技术团队的士气。这是因为，"金粉讲堂"使用了当时非常先进的云导播技术，把精心制作的录播课程，模拟出了直播的效果，在大幅提升直播质量和现场感的同时，还降低了行业专业人士参与的门槛。当时，对于不太习惯面对摄像机镜头的技术专家们来说，录播能够大大减少他们参与课程录制的心理负担。当然，录播变直播是云导播技术最基础的应用，云导播还可以同时接入多路视频信号，并在信号之间任意切换，且能在视频画面上添加字幕、台标，实现画中画等效果，可以说云导播技术大大降低了直播对传统直播硬件设备的依赖，极大地降低了视频直播的应用门槛，使视频直播应用于展会、会议直播成为可能（见图2）。

"金粉讲堂"首战告捷之后，直播团队又深入研究了云导播技术的各项功能，然后兴奋地向栗延文社长汇报，并一起探讨规划，如何在马上到来的CIMT2017展会上大显身手。当时，大家畅想，杂志社完全可以采取电视台直播的形式，在展会现场搭建专业的直播间，录制访谈、要闻播报等各类节目，直播间还可以作为整个展会直播的基地，使用云导播技术与展馆中的记者进行实时连线，对整个展会进行全面深入的直播报道。如果能够实现，将会使我们对工业展会的报道迈向一个新台阶。

图2　CIMES2018展会上的导播间

虽然后来由于时间和各种客观条件的限制，CIMT2017展会的直播没有像设想的那样大规模铺开，除开幕式直播外，主要采用专题视频报道的方式。但这次展会直播首秀意义十分重大，引起了行业的广泛关注，并为此后的展会、会议直播打下了坚实的基础。当时展前的种种畅想，后来也在大家的共同努力下一一变成了现实（见图3）！

当然，在直播的全流程技术环节中，云

图3　展会直播的现场

导播只是关键环节之一，拍摄、剪辑、视频上传、视频解码、信号传输、粉丝报名信息收集、直播页面搭建和装修、留言互动管理、回放文件设置、短视频报道分发等技术环节都非常重要，打通这些环节，需要对软件、硬件、网络等操作都非常熟悉。视频直播需要多工种密切配合，各个环节衔接紧密、环环相扣，最关键的是，这一切都需要在非常短的时间内完成。因此，从技术层面来讲，传统期刊人从纸和笔转向声光电，在工作技能方面，可以说实现了质的飞跃。那么，大家的角色转换和自我转型是如何完成的呢？

乘风破浪：持续跨界的期刊人

敢为人先，敢于尝试新鲜事物，勇于创新，并在实践中不断完善提升，这是金属加工人一贯的优良作风。为了提升拍摄和直播等新媒体技术的运用能力，杂志社由数字媒体部和设计部牵头成立了"寻光计划"小组，将杂志社内部对新媒体技术感兴趣的同事组织在一起，大家一起研究讨论。小组还组织大家参观广电设备与技术展览会，开拓视野，了解新媒体融合发展趋势，以及最新的广电设备和直播技术。大家的能力在不断的交流和切磋中快速提升，而且这些能力能够快速应用到实际的直播项目中去，推动了整个杂志社直播业务的拓展。

经过短短三年时间的发展，目前金属加工杂志社可以说拥有了一支超豪华的直播团队（见图4），既有红遍大江南北的"金属加工超人气主播天团"，也有能够全天候、连续作战的"拍剪导一体"（拍摄、剪辑、导播一体化）摄制小组，以及让无数客户竖起大拇指的内容策划及编导团队。这些直播界的大咖各有一门绝活，有的甚至身兼数职，横跨导演、主播、剪辑多个领域。正是他们的专业表现，才使得金属加工直播在业内声名远播。

这些直播大咖们其实都来自于杂志社的各个普通岗位，但是在投身于直播工作之后，他们并没有受期刊编辑、美术编辑、网站编辑、发行专员、广告销售（见图5）这些传统期刊人身份的束缚，而是在做好原有工作的基础上，积极地自我升级与转型，经过一个又一个直播项目的实践锻炼，不断地提升专业能力和素养。正是由于他们每个人的努力，才有了金属加工直播团队整体实力的蜕变。

图4　金属加工超人气主播天团直播团队合影

当然成长的过程也并非一帆风

顺。我们"超人气主播天团"的各位高颜值主播，虽然现在能够面对镜头侃侃而谈、轻松掌控各种场面，但她们也曾有过疯狂背稿两小时后面对镜头依然磕磕巴巴说不出话来的经历；我们集拍摄、剪辑等多种技能于一身的大咖，也曾拍出过度曝光、一片焦糊的视频素材，最后不得不再去客户展台补拍；至于设备突发故障、直播现场信号不好等小型意外突发事件，在直播业务开展的初期更是司空见惯。现在回头看这些大大小小的"事故"，更像是成长道路上的插曲。

图5　金属加工直播团队在德国汉诺威

钢笔、录音笔、相机、话筒、摄像机，这是我们在不同时期使用过的不同的"武器"，在行业和读者需要我们的时候，我们就会随时拿起"武器"，奔向"战场"！

视频栏目：直播专业化、广电化运作的开端

传媒发展史本身就是一部技术变革史，报刊、广播、电视等媒体实践充分证明，每当发生重大技术变革时，技术就必然会决定媒体的未来形态，而当技术变革平息时，技术的作用就相对变小而内容的作用就会变大。从2016年开始掀起的视频直播热潮，使直播技术快速普及。当大家都可以扛起摄像机，当"无直播不传播"成为媒体人共识的时候，媒体之间竞争的焦点就开始从技术应用转向内容的生产与传播。

2018年，杂志社根据直播业务开展的需要，进行了相应的人事调整，形成了以数字媒体部为核心的专业直播队伍。专业化的分工、流程化的管理，使直播的专业化程度和工作效率都得到大幅提升。2019年是金属加工杂志社视频直播业务发展最为迅速的一年。在这一年，直播团队几乎全年无休。直播场次最密集的时候，同时有三支队伍奔赴不同的城市进行直播。2019年，在直播场次大幅增加的同时，直播的内容策划质量也大幅提升。直播团队的小伙伴大胆尝试，从展会、企业直播报道中孵化出了《对话》《行业要闻》《新闻连线》等一批视频栏目。这些栏目结合热点事件、热点企业与热点人物，逐步系列化，大大拓展了视频直播的内涵，经过微信、今日头条等新媒体平台的二次传播后，引发了行业的极大关注。

2020年5月23日上午，马扎克QTE-200 L新品发布会以云发布的形式开播

图6 马扎克QTE-200 L云端发布会现场

(见图6),这也是金属加工直播团队近两年来为马扎克公司量身定做的第三场发布会直播。由于受新冠肺炎疫情的影响,经销商和用户代表,不能像以往一样直接到公司现场参加活动,整个新品发布仪式只能完全以线上直播的形式进行,这对于马扎克和金属加工来说,都是一次全新的挑战。我们的直播团队,面对新冠肺炎疫情造成的各种困难,毫不退缩,经过前期细致的准备和多次实景彩排演练,圆满完成了直播任务,并在直播中创新地运用了航拍、转播车以及摇臂等大型直播设备,保证了最佳的直播质量,成功打造出杂志社首个"广电级别"的视频直播案例。

这些专业化、广电化的运作模式,使"金属加工直播"几乎成了高标准、高质量直播的代名词,我们也期望这些进步在未来能够为杂志社赢得更广阔的发展空间。

九州云播:从金属加工直播平台到"机工广播电视台"

金属加工杂志社在视频直播业务上的探索实践,不仅仅是一个具体业务点的突破,更是在发展模式上的突破,所取得的现实成效及持续发展的潜力,对期刊业务乃至出版产业的发展具有重要的借鉴意义和示范作用。

2018年8月16日,栗延文社长向主办单位机械工业信息研究院的领导作了《九州云播直播平台项目发展思路及建设方案》专题汇报,介绍了杂志社在视频直播业务方面所取得的进展,分析了直播用户特别是机构用户在直播平台和技术支撑方面所面临的痛点问题,提出了面向机构用户的直播服务公共平台——九州云播平台的发展思路和建设方案。院领导高度重视九州云播平台的建设构想,并委托金属加工杂志社进行市场调研,提出具体建设方案。

2019年5月6日,在听取杂志社多次汇报之后,院领导班子决定将九州云播定位为院一级的视听产品平台,并委托金属加工杂志社在金属加工直播平台的基础上进行升级改造。

2019年12月20日,经过半年多的精心筹备,九州云播平台正式开通。自此,机械工业信息研究院有了统一品牌形象的视听产品平台。金属加工杂志社除了在前期调研和开发建设过程中承担了大量具体的工作,在平台建成以后，还负责九州云播平台的技术维护工作。

2020年初，由于新冠肺炎疫情的爆发，新闻出版产业形成了共识：线上模式将成为未来的主流工作模式。刚刚诞生的九州云播平台，在疫情期间，为我院各个业务版块向线上模式转型发挥了重要的作用。图书产业的带货直播、期刊产业的在线论坛（见图7）、分销产业的网上管配会、咨询产业的智库研究成果发布会，短短两三个月，九州云播平台便密集推出600余场各类直播，在新闻出版行业掀起了"机工直播"的浪潮！

结语

金属加工直播为好的内容插上了腾飞的翅膀。短短三年多的时间，从最初的破冰试水，到如今在国内外重要展会、会议、活动上全面铺开，再到升级为九州云播，为院社数字化转型发展作出了突出贡献，这些成绩让我们在视频直播的发展道路上越走越自信。

图7　中国热处理行业"十四五"发展高峰论坛

我们不会忘记一场场直播圆满完成时的欣喜，我们也不会忘记一次次"负重"、辗转的出差之旅（见图8），我们更不会忘记一个个白天奔波拍摄、晚上通宵剪辑的日子。我们不会忘记，是因为我们始终铭记为读者和粉丝提供好内容的初心；我们不会忘记，是因为我们不能辜负读者和粉丝的期望。所以，我们会努力再努力！

图8　摩拳擦掌，准备出征

金属加工直播所取得的成绩离不开杂志社全体同事的共同努力，在杂志社领导班子的带领下，金属加工直播团队一直保持着高昂的斗志，敢于向各种困难发起挑战。这种勇于创新、不断超越自我、永不止步的进取精神，贯穿了金属加工70年的发展历程，从70年前创刊的那一天起，就开始在一代又一代金属加工人的血液中流传。我们相信，在未来，我们的直播团队将会继续发挥金属加工人的优良传统，为行业和读者奉献一场又一场的精彩直播，为中国制造业的发展作出更大的贡献！

与祖国共庆生日　与读者共同成长

——《金属加工》的10月记忆

《机械工人》创刊于中华人民共和国成立一周年——1950年10月1日，自此刊物的命运就与祖国的发展和读者的需要紧密地联系在一起。70年来，我们的祖国逐步走向繁荣富强，我们的读者从技术工人成长为行业领导、企业经理和工程师，我们的刊物也从一本老牌技术杂志发展成为金属加工领域品牌媒体。70年来，从《机械工人》到《金属加工》我们每年与祖国共庆生日，与读者共同成长，坚定地从过去走到现在，从现在走向未来。

回味我们编辑出版的一期期杂志，回顾我们走过的一步步脚印，一幕幕历史往事重上心头。在此文中，我们将追寻本刊在历年10月留下的足迹。

1950年10月1日：国庆创新刊　国徽在我心

我国的国徽是1950年9月20日由毛泽东主席签发命令公布的。《机械工人》创刊号的封二和扉页刊登了国徽图案及说明（见图1），选择在1950年国庆节创刊并刊登国徽图案，这些都表现了老一辈科技出版人为国家发展服务的责任感。刊物出版后，许多读者给编辑部来信表达自己激动的心情。有位读者写道：“在新中国成立刚刚一周年之际，国家内政、外交千头万绪，亟待解决的问题很多，能够出版这本刊物，真使我们感慨万千。”

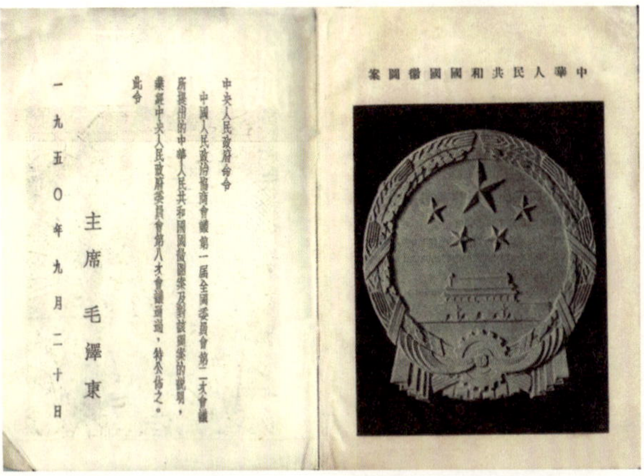
中央人民政府命令
中國人民政治協商會議第一屆全國委員會第二次會議所提出的中華人民共和國國徽圖案及對該圖案的說明，業經中央人民政府委員會第八次會議通過，特公佈之。
此令
主席　毛澤東
一九五〇年九月二十日

中華人民共和國國徽圖案

图1 《机械工人》创刊号封二和扉页的共和国国徽

青岛纺织机械厂的王健也是这些读者中的一位。王建1951年就加入本刊的通讯员队伍，在《机械工人》的帮助下，从旧社会的一个学徒工成长为新中国的一名技术人员。40年后，他对初读创刊号还记忆犹新：

《机械工人》创刊号首页刊载《中华人民共和国国徽图案》，手捧创刊号，心中感到亲切温暖，默默宣誓：中国人民站起来了！我们一定在党的领导下，把祖国建设得繁荣富强。

当时正是建国伊始，为介绍"新中国的新气象"，全国劳动模范赵国有特意撰写题为《庆祝中华人民共和国两周年》的文章在《机械工人》1951年第10期上发表。

1952年10月1日：向积极通讯员代销员看齐！

《机械工人》从创刊开始就坚持"群众办刊"，杂志的成长是和广大通讯员的大力支持分不开的。在《机械工人》1952年第10期（见图2）上，编辑部特地号召"向积极通讯员代销员看齐！"。

为了纪念第三个国庆节和本刊创刊两周年纪念，我们除将积极通讯员、代销员名单公布，以示表扬外，并对所有通讯员、代销员提出要求"向积极通讯员代销员看齐"！为了表示我们对所有通讯员代销员同志的谢意，除赠送领袖像、领袖像书签，及"机械工人之友"纪念章外，并对积极通讯员、代销员加增本社出版的最近新书，作为我们的献敬。

70年来，几代读者为《机械工人》的发展献策献力，杂志不断创新又具体实用，成为读者喜爱的媒体。

图2 《机械工人》1952年第10期

1957年10月1日：为了建设祖国

20世纪50年代，刚成立的新中国具有一种大国气象，这也是我国机械工业发展较快的一个时期。用杂志的封面反映那个激情燃烧的岁月，表现出编辑部与祖国共命运、与读者共声息的办刊意识，如《机械工人》1956年第10期的封面（见图3）是一幅题为"培养新生力量，为祖国加速社会主义工业化而奋斗"的水粉画；1957年应广大读者的要求，杂志分刊为冷加工、热加工。冷加工第10期封面（见图4a）为当年新建成的武汉长江大桥，热加工第10期封面（见图4b）为一幅题为"为了建设祖国"的木刻画。是的，"为了建设祖国"——这就是《机械工人》的读者、作者和编者当时、今天、未来共同的心声！

图3 培养新生力量，为祖国加速社会主义工业化而奋斗（《机械工人》1956年第10期封面）

1959年10月1日：机械工业10年的辉煌成就

1959年是建国10周年大庆，《机械工人》策划制作了"庆祝建国10周

a) 新建成的武汉长江大桥
（冷加工1957年第10期）

b) 为了建设祖国（木刻画）
（热加工1957年第10期）

图4　《机械工人》1957年分刊后的10月刊

年特大号"（见图5、图6）。时任第一机械工业部副部长的刘鼎同志在杂志第10期上发表了题为《机械工业10年的辉煌成就》的文章，刘鼎在文中总结道：

> 10年来在人类历史上是个很短暂的时间。然而，就在这短短的十年里，我国机械工业同其他建设事业一样，发生了巨大的变化，绽放出了灿烂的花朵；新中国机械工业的十年，远远胜过旧中国的一百年。
>
> 10年来，机械工业建设了数百个以先进技术装备起来的现代化大型企业，它们和如雨后春笋般兴起的中小型企业迅速地改变着机械工业的面貌，使新中国在短期内建立了许多过去从来没有过的新的工业部门（《机械工人》冷加工1959年第10期）。

当时刘鼎和沈鸿正分别在南北主持建造万吨水压机，热加工1959年第10期的封面（见图7）就是我国刚研制成功的2500t水压机，这是刘鼎为研制万吨水压机积累经验而由他主持在沈阳重型机器厂先行试制的。而冷加工1959年第10期封面为武汉重型机床厂新研制成功的重型机床（见图8）。

1964年和1972年10月1日：深入到热火朝天的生产战线上去

《机械工人》与国内其他老牌期刊一样，曾两次短暂停刊，后又在读者的要求下分别于1964年和1972年在期刊业内率先复刊，编辑部特意将这两次复刊的时间都定在10月。

以第一次复刊为例。1964年10月，《机械工人》复刊，时任中国机械工会主席的黄民伟撰写了复刊词——《祝〈机械工人〉复刊》：

> 《机械工人》在举国欢迎我国建国15周年声中复刊了。《机械工人》的复刊正好适应了当前新形势（农业技术改造和基础工业建设）的

图5　机械工业10年高歌猛进
（冷加工1959年第10期插页画刊）

图6　机械工业10年的辉煌成就
（冷加工1959年第10期封二、封三）

需要，希望《机械工人》复刊后深入到热火朝天的生产战线上去，根据生产需要，及时反映群众的革新创造。

经过在读者中调查，复刊号特辟"沈阳群众技术协作活动"专栏，围绕当时的生产技术关键问题，推广先进技术经验，受到全国各地读者的热烈欢迎。

1981年10月1日：这是一部伟大的机器

1980年，在《机械工人》创刊30周年时，月发行量首次突破40万册，其中《机械工人（冷加工）》达28.7万册，《机械工人（热加工）》达11.7万册。

经过筹备，《机械工人》创刊30周年纪念大会于1981年10月在北京举行（见图9），中华全国总工会主席倪志福、国家机械工业委员会副主任沈鸿、三机部顾问刘鼎等出席了大会，各界代表共1000余人参加了纪念活动。

30年来，读者和我们一起成长，许多与会的全国著名劳动模范已经成为行业的领导和骨干。老英雄苏广铭说道："我从1950年开始就和《机械工人》产生了感情，所以，我赶来给《机械工人》'祝寿'，我走得动就走，走不动，爬着也要来……"

在这次大会上，本刊的老领导刘鼎同志说："我写创刊词的最后一句是'祝《机械工人》前程远大！'这是当年对她的希望，现在我可以这么说了，《机械工人》确实前程远大！"

沈鸿老部长亲自到编辑部视察，他说：

> 我一进门就看到了从1950年创刊到现在的全套《机械工人》合订本，这是一部伟大的机器。这部机器不是用钢铁做的，是用很多人的心血和汗水铸出来的。这本杂志创刊于1950年10月，30年来我国机械工业是有伟大成绩的，《机械工人》在这里是出了力的，是有功劳的，应该向为《机械工人》出过力的同志们祝贺。

沈老一席话既是对《机械工人》创刊30年来工作的肯定，也是对我们的一种鞭策，而且至今仍然激励着我们肩负起自己的社会责任——为读者提供更优质的服务，为祖国作出更大的贡献。

1990年10月1日：机工益我四十年

改革开放以来，祖国发展日新月异。1990年10月，《机械工人》创刊40周年纪念会在京召开，本刊作者、读者和编者欢聚一堂。原人大常委会副

图7 沈阳重型机器厂制造的2500t水压机
（热加工1959年第10期）

图8 武汉重型机床厂制造的重型机床
（冷加工1959年第10期）

图9 纪念《机械工人》创刊30周年千人纪念大会

主任、中华全国总工会主席倪志福,原机械部副部长沈鸿,创刊时的机械工业出版社老社长蒋一苇等先后发言,肯定了《机械工人》杂志40年来为机械工业培养了一代又一代技术骨干力量的历史功绩,以及改革开放以来促进生产技术不断进步所作出的贡献。倪志福、苏广铭、牟炳章等39位同志被评为"荣誉通讯员",沈鸿向倪志福等颁发证书(见图10)。

山东潍坊柴油机厂的老作者和老通讯员牟炳章的经历很有代表性。牟炳章从创刊开始就阅读刊物,40年来,在《机械工人》的指引下,他完成了从不懂技术的文工团员到一名熟练机械工人的技能大转折,成长为能"为厂解难、与国分忧"的工程师,并当选为"全国机械工业先进生产者"。对此,他说道:

> 40春秋,人生几许,《机械工人》对我的帮助实在太大了。值此纪念创刊40周年之际,感慨万千,即兴赋诗一首,表达《机械工人》对我长期匡助之情。
>
> 光阴一刻价万千,机工益我四十年。
> 花甲欣逢中兴业,更结今生不解缘。

1999年10月1日:迈向新世纪,我们与您同行

在1999年第10期,《机械工人》特辟"祖国辉煌50年"主题页(见图11)。世纪之交,思行并重。即将进入21世纪,杂志如何与祖国的发展更紧密地联系起来,如何更好地为读者服务,办刊者在积极思索和创新实践。杂志社社长栗延文当时写道:"1999年,我们伟大祖国成立50周年,《机械

图10　沈鸿向倪志福颁发"荣誉通讯员"证书

工人》杂志也将迈入创刊后的第49个年头。《机械工人》伴随着祖国机械工业的发展壮大走过了48年。翻开出版的一本本杂志，记载了一代代技术人员和技术工人的劳动成果，洋溢着读者的热情关怀和鼓励。""哪里有机械，哪里就有《机械工人》！这是我们《机械工人》的理想。让每一期《机械工人》都能使读者开卷有益，有所启迪，这是我们的愿望。"

1999年，《机械工人》冷加工、热加工两刊均改版扩容，由16开本改为大16开本出版，两刊报道容量有了大幅度的增加，同时采用全新的办刊理念，大力开展市场运作，多次参加行业重要的展览会。杂志的这些创新变化立刻被与我们血肉相连的读者注意到了，有位读者来信这样写道：

> 这几年，每每看到新来的杂志，我都有一种感觉，《机械工人》好像不断地在发生新的变化，总有新的东西在吸引着我。前几天，因为单位要买几台设备，由我来负责提出选型方案，于是，我把这几年的《机械工人》都摆了出来。翻着一本本的杂志，在对比中，我更加清晰地感觉到《机械工人》几年来快速发展的足迹和可喜的变化。

图11　《祖国辉煌50年》主题页
　　（《机械工人》1999年第10期）

2000年10月1日：一部机械制造技术的长卷

2000年，《机械工人》创刊50周年系列活动在北京隆重举办，关于这些在杂志和网站上已有很多的报道，兹不赘述。在这里，我们只是着重指出两点：其一，当年10月，杂志创刊50周年座谈会在祖国的心脏——北京人民大会堂举行（见图12），这是我们就50年来工作向祖国母亲所作的一次汇报；其二，我们举办了"《机械工人》50年"主题征文活动，全国各地读者纷纷来稿，共收到征文160篇，并以《一部机械制造技术的长卷》（见图13）为书名结集出版，这是读者与我们50年来共同成长的一次总结。如老读者史国忠在征文中回忆参加工作时读到《机械工人》，从此立下了"为我国机械制造工业的发展作出毕生的贡献"的誓言。几十年来在《机械工人》的哺育下，史国忠从一名普通车工成长为一位机床企业的总工程师和管理人员。这样的例子还有很多。正是在这个意义上，何光远老部长为我们题词，称赞《机械工人》为"一部机械制造技术的长卷"！

图12　在祖国的心脏——北京人民大会堂举行创刊50周年座谈会

2005年10月1日：持续经营　永续创新

一位老教授曾举着2000年《机械工人创刊50周年纪念特刊》对我们说："这一期内容很好，广告信息也很丰富。做好一期容易，但要长久保持下去却是很难得。希望《机械工人》以后每期都能像这期一样精彩，我们大家都会热切地关注着。"在2005年10月创刊55周年时，机械工人杂志社栗延文社长在其感言《持续创新　永续经营》中这样说："老教授的话其实代表了广大读者对我们未来发展的关切、鼓励、担心和期望。5年中，在我们小有成绩似乎志得意满的时候，是这句话让我们重新清醒过来；在我们遇到困难或有所懈怠的时候，又是这句话让我们似乎看到了读者那种焦急和失望的目光。"进入21世纪以来，我们没有沉湎于历史的辉煌，而是不断创新，以现代办刊理念站在了金属加工行业媒体前列。

图13　读者与我们一起书写的《一部机械制造技术的长卷》

2008年10月1日：再续一部机械制造技术的长卷

在2008年国庆节，我们感慨万千。因为在2008年，《机械工人》更名为《金属加工》，并扩容为半月刊。许多老读者对杂志改刊给予了大力支持，作为与刊物一起成长的老读者、老作者，中国机床工具行业协会名誉理事长梁训瑄的发言很有代表性，而且精准地指出了杂志与祖国发展紧密相连的特点：

> 我是《机械工人》杂志20世纪50年代创刊时期的年轻撰稿人和之后长期的忠实读者。我以能通过《机械工人》这个媒体成为机械工业从业人员中的一员而荣幸。
>
> 50多年的往事一言难尽，请允许我说一句，我是《机械工人》与时俱进成长历程的见证者，是《机械工人》为共和国机械加工事业发展作出平凡而踏实贡献的崇尚者。

在2008年北京奥运会开幕式上，那一幅幅优美画卷展示了我国5000年的灿烂文明，而29个脚印的烟花更是给世人留下了深刻的印象。2008年，一直关心支持我们的何光远老部长为杂志改刊题词："再续一部机械制造技术的长卷"。

2010年10月1日:坚持不懈地传播先进制造技术

2010年10月15日上午,《金属加工》杂志创刊60周年纪念大会在北京人民大会堂隆重举行(见图14)。中共中央政治局常委、全国政协主席贾庆林发来了贺信,勉励《金属加工》继续坚持面向企业、面向生产、面向读者、面向实践的办刊方向,弘扬优良传统,不断改革创新,提高办刊质量,坚持不懈地传播先进制造技术,推广科技创新成果,为振兴装备制造业,推动我国由制造大国向制造强国迈进,再立新功。

图14 创刊60周年纪念大会上,何光远老部长与读者代表亲切握手
(冷加工2010年第22期)

我们围绕"创刊60周年"进行了系列筹划,先后在杂志上设立了"金属加工史话专栏"和"创刊60周年专栏";举办了"记录金属加工60年"和"寄语《金属加工》60年"两个主题征文活动,以及"庆祝创刊60周年'西门子杯'有奖知识竞赛";制作了冷、热加工两刊包括60年全部内容的光盘、创刊60周年纪念邮票册,摄制了纪念短片,编辑出版了60周年画册和《金属加工史话》一书;组织评选了创刊60周年"荣誉读者"和"优秀读者",并在纪念大会上进行了表彰,倪志福、何光远等28名同志被授予"荣誉读者"称号。此次纪念活动发生了很多感人的故事,这里分享一个。

图15 江凤振找老部长签字
(冷加工2010年第22期)

纪念大会间隙,来自河北长城汽车股份有限公司的江凤振拿来了他父亲珍藏的几本50年代的《机械工人》,并找老部长何光远在上面签字(见图15)。据他说,作为原沈阳水泵厂厂长的父亲对《机械工人》杂志特别挚爱,如今88岁高龄(注:2010年)的老父亲由于身体原因不能亲自参会,由他代劳,来完成老人家的心愿。

2019年10月1日:向伟大祖国70华诞献礼

2019年是祖国成立70周年,为了向伟大祖国70华诞献礼,致敬中国期刊光辉历程,中国期刊协会主办的"庆祝中华人民共和国成立70周年精品期刊展"在北京举行。经层层申报遴选,《金属加工(冷加工)》和《金属加工(热加工)》成功入选"庆祝中华人民共和国成立70周年精品期刊展",作为第二十六届北京国际图书博览会主要主题展览重要内容在中国国际展览中心新馆展出。

70年来,我们与祖国和读者一起一步一个脚印,坚定地从1950走到了2020,又将从2020走向未来,我们将与读者在祖国的大地上一起继续书写这部"机械制造技术的长卷"。

一部机械制造技术的长卷
——从《机械工人》到《金属加工》

1950—2020年，《金属加工》（原名《机械工人》）已走过70年的发展历程。70年来，杂志在各级领导、广大企业、读者、行业协会/学会的大力支持下，一路高歌，始终走在我国工业媒体发展的前列。值此《金属加工》创刊70周年之际，我们特撰写此文，力求透过"历史的回顾、快速发展的10年、刊网融合后的全媒体平台、未来任重道远"四个片段，使读者全面了解从《机械工人》到《金属加工》杂志在延续历史品牌影响的基础上不断与时俱进、开拓创新的发展历程。

《机械工人》创刊于1950年10月1日。创刊70年来，始终服务于金属加工领域，累计出版了1650余期，总报道量近1.6亿字，总发行量过亿册。70年来，杂志始终坚持"推广金属加工先进制造技术，交流金属加工生产实践经验"的办刊宗旨，坚持"以实用性为主，来源于实践，服务于生产"的报道方向，为推动我国金属加工技术与装备水平的提高、促进金属加工产业的发展作出了卓越的贡献，成为我国金属加工领域品牌知名度最高、覆盖面最广、影响力最大、竞争力最强的科技期刊之一。

历史的回顾

创刊于建国之初，服务于金属加工领域

建国之初，百废待兴，《机械工人》应运而生。这是我国金属加工领域创办最早的科技期刊之一。刊物的创办得到了中央重工业部副部长刘鼎同志的大力支持，他还亲自撰写了发刊词——"祝《机械工人》前程远大"。

从创刊号开始，就推出四个技术连载——基本机件、金工、车床、铸工，邀请经验丰富的专家撰写。从此，《机械工人》陆续推出金属加工领域的技术讲座，刊载了大量实用性很强的文章，在普及技术知识，推广先进的

生产实践经验方面起到了很好的促进作用。70年来，杂志一直围绕金属加工行业，宣传金属加工的新技术，交流生产中的革新成果，极大地推动了行业和企业的技术进步。

立足于生产一线，为金属加工行业培养技能人才

《机械工人》杂志的读者主要是生产一线的技术人员、管理人员和技术工人，以及相关研究院所的技术人员和大专院校的师生。许多读者通过学习、消化和应用《机械工人》杂志所介绍的先进技术和生产实践经验，技术水平有了很大提高，并在各自的岗位上作出应有的贡献。许多读者由此成长为劳动模范、技术革新能手，有的还走上了领导岗位。

《机械工人》杂志非常关注在金属加工生产一线涌现出的全国著名劳动模范，向全国推广他们宝贵的实践经验和精湛的技艺，为此与这些全国劳动模范结下了深厚的情谊。正如全国著名劳动模范、原大连市人大常委会副主任卢盛和同志来信中所写："从进厂不久直到今天，我一直都没有离开《机械工人》这本优秀刊物，感情最深，受益最大，我所取得的成绩与《机械工人》对我的帮助是分不开的"。另外，还有金属加工领域的许多全国著名劳动模范如倪志福、马恒昌、赵国有、苏广铭、吴大有、马学礼、史洪志、赵学全、宿天和、盛利、朱大先、桂育鹏、孙茂松、金福长等都是《机械工人》的老朋友，这已经成为杂志发展历程中一笔珍贵的财富。

致力于新技术推广，促进行业和企业的技术进步

建国初期，机械行业面临着许多问题，当时大部分工厂使用的还是旧式皮带机床，需要进行改造；许多工厂面临着从修配工厂向具有制造能力企业的转变；为提高生产效率，需要普及高速切削、多刀多刃等新技术……为此，《机械工人》非常注重生产实践中创造的经验和精湛的技术，及时报道并向全国推广，同时还积极介绍了苏联的先进制造技术。通过先进技术的交流与推广，促进了机械工业制造技术的发展，提高了企业的制造水平。

1965年5月，在北京举办了全国先进工具技术交流会和全国工具展览会，同期还举办了综合和专项技术报告50余项，展出了经过层层遴选的刀具、夹具、模具等多达2000余种。这是我国金属加工行业历史上的重要事件，是对我国当时机床工具产品和技术的一次集中展示。《机械工人》对此次展会作了系列专题报道，及时有效地传播了行业信息，表现出了捕捉行业热点的快速反应能力。

另外，《机械工人》在致力于新技术推广方面具有强烈的社会责任感。多年来配合国家重点新技术推广项目，积极参加行业活动，交流推广先进技术，在国家"六五"~"十三五"重大新技术项目推广中都发挥了重要作用。例如，1987年在《机械工人（热加工）》上发表的《金属涂镀技术》，就是本刊最早推荐给广大读者的。文章发表后反响非常强烈，取得了很好的社会和经济效果。据估计，此项技术在国内创造价值约7亿元，此技术在"七五"期间仍继续作为国家重点新技术推广项目，并于1986年被评为"首届全国科技进步一等奖"。该文在由中国科协、新闻出版署和中国科普创作协会联合举办的"第二届全国优秀科普作品"评选中荣获"优秀科普作品一等奖"。

面向生产实际，为企业排忧解难

《机械工人》多年来一贯秉承"以实用性为主，来源于实践，服务于生产"的报道方向，刊登的文章"短小精悍、通俗易懂、活泼多样、具体实用"，深受广大读者的喜爱，一些文章刊出后就能用于生产实践，为企业排忧解难。

20世纪60年代初，由于苏联专家撤走，给我国许多工矿企业的生产带来很大困难，许多企业的生产设备甚至陷入难以开工的状况。1964年，《机械工人》复刊，就紧紧围绕机械工业的技术方针政策和生产中普遍存在的技术关键问题，在杂志上开辟专栏，如"沈阳群众技术协作活动"专栏、"哈尔滨技术革新"专辑、"北京刀具展览会先进刀具集锦"等，介绍金福长和苏广铭等人在刀具、滚压加工、电弧焊、大厚度钢材切割等方面的先进技术和经验，为宣传推广先进的金属加工工艺、促进企业技术进步作出了应有的贡献。

在当时的特殊历史时期，1972年，《机械工人》以《机械工人（技术资料）》的刊名复刊。复刊后积极宣传推广新技术，每期推出技术连载讲座，介绍机械加工中的新工艺、新技术，用以弥补"文革"造成的损失，为推动机械工业恢复和发展作出贡献。1980年，《机械工人》杂志每期的发行量达到41万册。

几代读者、作者及编者，共铸一部伟大的机器

1981年，《机械工人》创刊30周年纪念大会在北京举行，倪志福、沈鸿、刘鼎等领导同志及各界代表1000余人出席了大会。在千人纪念大会上，沈鸿老部长称赞本刊说："我一进门就看到了从1950年创刊到现在的全套《机械工人》合订本，这是一部伟大的机器。这部机器不是用钢铁做成的，而是用许多人的心血和汗水铸出来的"。

1990年，《机械工人》创刊40周年纪念大会举行，倪志福、蒋一苇、沈鸿等领导同志与作者、新老英模代表、读者代表再次欢聚在首都北京。

2000年10月，创刊50周年座谈会在人民大会堂隆重举行。

2010年10月，创刊60周年座谈会在人民大会堂隆重召开。

通过这四次纪念大会，读者、作者、编者共聚一堂，集思广益，共谋《机械工人》发展之路，同时希望这部用几代读者、作者及编者心血和汗水铸出来的"一部伟大的机器"永葆青春和活力，继续在金属加工领域作出更大的贡献。

新世纪快速发展的10年

1998年伴随着科研院所改革力度的加大，机械工人杂志社成立。杂志社面对复杂多变的市场经济环境和艰巨繁重的改革发展重任，锐意进取，采用全新的办刊理念、办刊模式和市场化运作方式积极参与市场竞争。历经10年，《机械工人》杂志以其出色的市场运作能力和独具特色的主题策划内容，以及依托强大的品牌影响打造高水平的行业活动，不断开拓创新，进行品牌再塑造，使《机械工人》杂志在"十五""十一五"期间得到快速发展，成为金属加工行业首选的品牌媒体。

《机械工人》杂志经历的这10年，有幸置身于中国制造业大发展的环境之中，在服务中国制造业的同时自身也得到了发展。回顾这10年《机械工人》快速发展的历程，最突出的标志是与时俱进，最重要的一点是以持续稳定快速发展为目标，在办刊实践中不断总结经验，根据不同时期的行业发展形势和市场竞争环境，积极探索新的办刊理念、办刊方法和运作模式；同时在广大读者、行业协会和客户的鼎力支持下，始终走在我国工业媒体发展的前列。

采用全新办刊理念，通过重点应用领域的主题策划，赋予杂志新的品牌形象和内涵

随着市场经济条件的不断发展，如何抓住在市场经济条件下发展和壮大《机械工人》杂志的机遇，使杂志每年都攀上一个新台阶，这是摆在新一代办刊人面前亟待解决的问题。为此，杂志社从1998年下半年起，彻底改变了科技期刊传统多年一贯制的办刊模式，采用了全新的办刊理念，进行市场化运作，紧密配合行业的重点展会、行业发展趋势及企业需求进行主题策划。这10年，《机械工人》冷加工、热加工杂志各作了近百期的主题策划，以出色的市场运作能力和独具特色的主题策划内容，成为金属加工行业首选的品牌媒体。如杂志紧密配合行业重点展会所作的北京·埃森焊接展、机床展和数控大赛等主题策划；配合国家重点工程项目所作的振兴东北老工业基地、西气东输、聚焦长兴岛、关注船舶焊接技术、"鸟巢"钢结构焊接等特别策划；配合行业热点及企业需求所作的机床、功能部件、数控系统、航空航天、制造业信息化、模具制造、汽车制造、民营企业等策划，以及热处理节能新技术、焊接环境与安全健康等策划，都在行业中引起了很大反响，对我国金属加工行业的发展和企业的技术进步起到了积极的促进作用。

这10年，《机械工人》利用主题策划形式来突出应用领域的行业热点和技术发展趋势，对行业的发展产生了深远的影响。

另外，杂志社为适应主题策划期数逐年增加的需求，及时组织各专业编辑调整栏目内容，加大主题策划和组稿的力度，加强专业编辑与市场营销人员的全面配合，使杂志与行业协会、知名企业的合作基础更加牢固。

与时俱进、开拓创新的精神为《机械工人》的发展注入新的生机与活力，尤其是通过重点领域的主题策划形式，赋予了杂志新的品牌形象和内涵。

全面提升杂志品牌，在追求杂志内容精品化的同时，更加注重杂志独特的品牌形象

随着杂志主题策划期数的逐年增加，以前那种编辑坐等读者投稿的时代已经一去不复返了。为了突出杂志特色内容，策划到好的选题，《机械工人》杂志编辑、记者们始终以选取最好的作者、组到最好的稿件为努力目标，经常利用各种行业展会和各类专业会议的间隙与行业专家、学者交流，建立广泛的作者网，以锲而不舍的精神为主题策划选到好稿子。

多年的主题策划是《机械工人》杂志快速发展的"助推器"，因此，对杂志的策划编辑综合素质要求较高：一是要超前关注行业某项技术和应用的发展趋势及前景，从而发掘出优秀的选题创意和作者人选。这样无疑就获得了策划选题的独有优势，使其策划达到了社会影响力大、读者喜欢看的目的。二是要有争取高水平作者、提升杂志的市场竞争力。获取优秀的作者资源对策划能否成功极为重要。权威的、优秀的作者在学术上造诣深厚，不但对技术走向把握得准，而且能够把问题说深说透，故使策划期在内容质量上得到保证，为策划的成功提供了强有力的技术支持；同时也便于市场营销人员的提前销售。三是某项技术和应用在不同发展阶段，读者对相关技术的需求侧重点是不同的。策划编辑只有认真研究读者的需求特征，围绕不同时期的行业热点和具有重大推广应用价值的技术去组织选题，才能真正做一个不可替代的"优秀内容提供商"，来满足读者和客户日益多元化的需求。

为全面提升杂志的品牌，提高市场竞争力，杂志在追求内容精品化的同时，更加注重形象的精品化。这10年，杂志在不同的发展时期，为满足行业和企业的发展需求，进行了多次改开本和改版扩容，现在的《机械工人》冷加工、热加工杂志为双封面，与国际接轨的大16开本。另外，对每期的重点策划内容也力求表现形式活泼多样，为此，编辑与市场人员及时将策划内容与制作部门协调沟通，各部门通力合作、协调配合，从整体上对版式、装帧精心设计,使杂志紧密围绕相关行业重点展会进行的主题策划,以独具特色的栏目内容和品牌形象引起行业和同行媒体的广泛关注。

可以说,这10年,《机械工人》杂志在追求内容精品化的同时,更加注重杂志独特的装帧设计,从而全面提升了杂志的品牌形象,为《机械工人》杂志的快速发展插上了腾飞的双翼。

依托强大的品牌影响力,打造持续高水平的品牌活动,对行业发展产生深远的影响

这10年,从《机械工人》到《金属加工》,杂志紧密结合行业热点和用户需求,成功策划实施了以"数控系统千人调查""焊接与切割产品调查""电炉、工业炉应用调查""滚动功能部件用户调查"及"加工中心用户调查"等为代表的多项"中国机电产品用户系列调查"活动及"用户满意的产品品牌"评选活动;成功举办了"中国焊接与切割市场论坛""全国数控大赛技能人才培养及数控技术发展论坛""船舶焊接市场需求报告会""热处理装备市场分析暨热处理节能新技术论坛""航空航天金属加工技术交流会"等一系列产业论坛、高峰论坛;以及"北京·埃森焊接与切割展览会图片回顾展暨摄影大赛""CIMES摄影大赛"等活动,这些高水平行业活动的成功举办,体现了杂志在行业强大的号召力,同时也成为行业关注的热点,对促进行业发展产生了深远的影响。

杂志社举办的部分行业活动:

2002年　数控系统千人调查;
　　　　切削刀具应用调查;
　　　　电炉、工业炉应用调查;
　　　　被埃森组委会指定为核心合作媒体,联合举办北京·埃森焊接展与中国焊接工业15周年大型主题征文活动。

2003年　制造业辅助设计与制造软件应用情况调查;
　　　　焊接与切割产品应用调查;
　　　　被第一届全国数控技能大赛指定为合作媒体,并在决赛期间承办"全国数控技能人才培养暨数控技术发展论坛"。

2004年　电加工设备应用调查;
　　　　中国焊接市场信息交流会。

2005年　与中国汽车工程学会联合主办"中国汽车零部件制造技术及装备需求"报告会。

2006年　滚动功能部件用户调查结果发布会暨产业论坛;
　　　　加工中心用户调查结果发布会暨产业论坛;

与中国机床总公司联合举办"CIMES&CMTF首届摄影大赛";

第二届全国数控技能大赛指定核心支持媒体,并承办"第二届全国数控技能人才培养暨数控技术发展论坛";

中国焊接与切割市场论坛——船舶焊接市场需求报告会;

北京·埃森焊接与切割展览会图片回顾展暨摄影大赛;

汽车先进制造技术交流会(保定·长城站)。

2007年　第二届数控系统调查结果发布会暨数控产业发展论坛;

第二届中国汽车及零部件制造技术论坛;

航空航天金属加工技术交流会;

第二届中国焊接与切割用户调查结果分析暨焊接市场论坛;

举办第二届热处理装备市场分析暨节能新技术论坛;

与埃森组委会联合举办"北京·埃森焊接展与中国焊接工业"20周年大型主题征文活动;并在北京·埃森焊接展20周年颁奖典礼上,被组委会授予唯一的"最佳合作媒体"奖。

2008年　与中国机床总公司联合举办"'凯特精机杯'CIMES第二届摄影大赛";

第三届全国数控技能大赛指定核心支持媒体,被组委会授予"优秀核心媒体称号";并承办"第三届全国数控技能人才培养暨数控技术发展论坛";

第二届刀具应用调查结果发布暨刀具产业论坛;

关注船舶、汽车制造业——举办走进上海区域市场活动。

2009年　航空军工数控加工技术研讨会;

汽车先进制造技术交流会(长春·一汽站)。

2010年　与中国机床总公司联合举办"'三韩刀具杯'CIMES第三届摄影大赛";

"株洲钻石杯"2010航空航天金属加工工艺师论文大赛颁奖典礼暨"航空航天高效数控加工技术交流研讨会";

关注感应加热和铸造行业——举办走进西安、走进山东区域市场活动;

关注机车车辆行业——举办"走进中国北车唐山轨道客车公司,走进唐山开元集团"活动。

2000—2010年

与中国机械制造工艺协会每年联合举办一次全国机电企业工艺征文活动。

利用重大合作项目,进一步拓展了杂志发展空间,提升了杂志在行业的品牌影响力

杂志社每年都要参加50余个国内外重要的行业展会和30余个行业学术及技术交流会,充分利用这些行业活动,跟踪报道行业发展趋势及热点,免费赠送相关杂志,收集用户信息,为企业开展宣传。这10年,《机械工人》以其在行业的广泛影响力被部分大型展会列为核心合作媒体。例如,冷加工在第一、二、三届全国数控大赛中被主办单位指定为合作媒体,并在决赛期间承办"全国数控大赛技能人才培养暨数控技术发展论坛"。

《机械工人(热加工)》以其敏锐的创新意识和在焊接行业活跃的表现,通过重点应用领域的主题策划形式,赋予了杂志新的品牌形象和内涵。为此,从2002年起被"北京·埃森焊接与切割展览会"组委会指定为核心宣传媒体。展会系列配套出版物的出版,使这一品牌展会的影响力和宣传效果得到快速提升,取得了空前的社会效果,受到中德双方主办单位的负责人、焊接界的专家、院士和企业领导及焊接业内人士的一致好评和赞许。他们对《机械工人》杂志高效率、高质量、认真负责的工作态度,以及真诚为行业服务的敬业精神给予了很高的评价。为此,在2007年第12届北京·埃森焊接展的20周年颁奖典礼上,《机械工人》荣获唯一的"最佳合作媒体"奖(见图1)。

图1 2007年在北京·埃森焊接展20周年颁奖典礼上,《机械工人》荣获"最佳合作媒体"奖

质量是杂志的生存根本，在"十五"期间的快速发展中真正起到保驾护航的作用

这10年，伴随着杂志主题策划期数的逐年增多，工作压力和工作量也随之加大，在这种情况下，杂志社更加关注刊物的质量。在编辑部内，严格按照科技期刊编辑规则规范刊物的质量，及时将有关新的国家标准贯彻到刊物的编辑加工中去；另外，除强调加强编辑组稿质量外，还坚持抓编辑部质量考核制度及稿件的"三审"制度、刊物出版工作流程等一系列保证刊物质量的有效措施；同时还与制作部门通力协作，不断改进版式设计和印刷质量，确保了刊物质量。

对于刊物质量这个话题，我们认为：刊物质量是杂志生存的根本，一本只有漂亮外表的杂志辉煌只是暂时的，而具有长久生命力的杂志是"内容+质量+装帧"的完美和谐统一。

这10年，杂志社在推行期刊流程专业化、四条线创新、刊群经营管理模式等方面，通过不断摸索，制定了有关编辑质量、广告质量、装帧质量为主要内容的质量保证体系。这些行之有效的质量保障措施，在《机械工人》"十五"和"十一五"期间的快速发展中真正起到保驾护航的作用。

2008年，为适应行业发展和读者群的变化需求，《机械工人》冷加工、热加工两刊均改为半月刊出版并更名为《金属加工》。更名后的《金属加工》冷加工、热加工两刊，继续保持《机械工人》三不变的原则：即办刊宗旨不变、服务领域不变、内容特色不变，作一个金属加工领域不可替代的"优秀内容提供商"，来满足读者和客户日益多元化的需求。

刊网融合后的全媒体平台

2008年，一场金融海啸愈演愈烈，持续发酵的多米诺效应最终酿成了一场全球性的经济危机，全球经济陷入衰退，大量银行和企业破产倒闭，制造业随之进入强烈的震荡期，行业收紧，2009年初迎来了寒冬。期刊行业从此开始进入不稳定的市场环境，之后的两年随着经济的复苏开始进入爬坡期后，传播新技术的变革随之而来，手机新媒体开始急剧发展，占领了读者的碎片时间，大量知名的报刊广告市场失守、读者群骤减，传播载体的更换导致报刊开始陆续停刊，期刊行业发展进入迷茫期。

2011年《金属加工》开始探索微博运营，2013年金属加工微信公众号上线，自此，《金属加工》率先突出重围，进入刊网融合阶段。特别是近7年，《金属加工》新媒体技术不断地在探索中更新，新的业务载体不断孵化成型，逐渐打造成从原来的两刊一网的媒体模式发展成集纸媒、数字媒体、活动、图书和服务五位一体的全媒体内容服务和推广平台。

金融危机中积极为行业和企业发声，与行业共进退，注重媒体责任

2008年的这场金融危机对制造业的影响下半年才逐渐显现，对期刊行业的影响有半年的滞后期，2009年开始，《金属加工》杂志的策划开始转向聚焦机床行业的市场走势、企业金融危机下如何应对和发展，积极为企业发声，冷加工、热加工编辑部开始大量走访企业，了解企业受影响的真实情况，通过杂志平台为企业发声，抓住行业展览会的机会，遍访每一个企业的负责人，了解企业的真实需求和困难。同时，编辑部密切关注国家政策，不定期采访行业协会专家，把新的政策和解读第一时间刊登在杂志上。当时每年第二期的专家经济形势和数据解读、每期的经济运行形势是企业最关注的栏目。

2008年，热加工主编于淑香带领编辑部一行4人组织了一次"上海之行"，共走访了10站，对上海的国内外知名企业进行了全程追踪报道（详见热加工2008年第14、16期）。2011年，为进一步了解中国经济经过全球金融危机的冲击和后危机时代的恢复，热加工一行4人再次组织了"走进上海"对企业进行了报道和采访（详见热加工2011年第20期），这种频繁的走访企业的出差，正是当时《金属加工》所有编辑和销售人员工作的缩影。同时，《金属加工》开始策划与装备、工具供应商共同走进大型企业系列活动，把先进的技术、设备带到企业、地区去，搭建企业和供应商线下双向选择的平台，深受企业欢迎，先后走进了一汽、北车、北齿、西安、山东、航空企业等。

在金融危机和后危机时代，《金属加工》选择了与企业、行业站在一起，积极为企业寻求商机挖掘市场潜力，践行媒体责任，《金属加工》在制造业最困难的时期出色地展示了她的担当。

2020年初，受新冠病毒影响，全球经济迎来下行期，《金属加工》的全媒体平台积极调查企业需求和生产状况，刊发企业线上复工积极案例，以"金粉讲堂"为阵地，以企业、行业专家直播的形式报道行业形势、推演复工复产案例、传播先进技术，又一次展示了主流媒体的责任和担当。

新媒体运营困中求变，急行军发展

近10年来，带给传统媒体行业冲击最大的应属新媒体的出现。2011年制造业在后危机时代逐渐恢复元气，一种新型的媒体形式逐渐崭露头角，微博的崛起开始冲击报刊行业，随着客户市场的重新选择，读者群流失，知名报纸陆续停刊，科技期刊行业开始进入焦虑期。《金属加工》边审视市场的变化，边开始新媒体载体的探索运营，2011年开始微博探索并全社培训，培养了《金属加工》对新媒体的认识，为《金属加工》注入了新媒体意识。

2013年金属加工微信公众号上线，面对前所未有的新型信息传播载体，是否对接未知的载体形式？面对这种对传统信息采集分发模式推倒性的变革，大部分传统媒体陷入了怀疑和可行性论证，以至于止步不前，陷入了焦虑期的泥潭。《金属加工》及时调整了思路，制定了快速发展的策略，重建了传统的信息传播周期和模式，调整了工作习惯和思路。社领导班子运营策略是：员工思路跟不上、不理解的想法出现后都搁置再议，在这场信息模式重塑的变革中必须快速抢占制高点。在微信粉丝和阅读量急剧增长期，《金属加工》一路急行军，制定了3+N微信发展战略，把微信粉丝统一称作"金粉"，围绕"金粉"建立省市QQ群。2014年底"金粉"突破了10万人，之后一路高歌，在同行业其他媒体还处在观望阶段时，《金属加工》快速完成了粉丝的积累，把握住了微信公众号的红利期。如今由11个微信公众号组成的金属加工微信矩阵，覆盖金属加工、汽车制造、通用机械的同时，细化到机床、刀具、机器人、焊接切割、热处理、锻压、铸造等行业，坐拥170万专业的行业粉丝群，成为机械制造行业第一微信平台，为《金属加工》杂志向新媒体转型和业务平稳转换铺平了道路，使《金属加工》的品牌形象和影响力达到了新高度。

刊网互动、金粉讲堂、图书业务、系列论坛助推《金属加工》进入全媒体运营时代

2014年下半年，《金属加工》微信公众号开始脱颖而出，迅速成为制造业明星微信平台，一度在"2015微信公众号分类排行榜"的"专门行业"类排名中名列第一，2015年5月，粉丝突破20万人，排到科技类全行业第六名。截至2019年9月1日，金属加工微信总阅读数超过1.7亿人次，平均每条信息阅读量近2万人次，单条最高阅读超过86万人次。围绕微信公众号，《金属加工》积极探索刊网互动，在期刊文中嵌入二维码，使其承载更多的如视频、动画、音频、文章扩展、微信文章、网站全文等多种不同形式的内容，打破了手机屏、电脑屏的限制，让期刊、手机端和电脑端关联在了一起。

2015年8月，《金属加工》依据其强大的粉丝群体优势，呼应专业粉丝挑选好书的需求，成立了"金粉商城"移动端网上书城，主要面向机械行业读者，搭建专业书籍交易平台，节省了读者选书的时间。

2017年3月，"金粉讲堂"和"金属加工直播平台"先后上线，围绕行业先进技术和装备打造网上微课堂，围绕行业热点话题、活动打造微论坛，针对国内外知名行业展览会进行直播报道。通过线上把行业的新技术、新产品、新工艺、专家论点更"近距离"地展示给读者，读者可以通过留言和专家互动，通过视频录播回放让粉丝可以随时观看行业最新的动态和活动，随时学习最新的技术。2019年，企业直播、对话、行业要闻等系列栏目分时段对行业多角度、全方位地进行报道，VR全景展览馆、线上展馆等陆续上线，《金属加工》线上产品逐渐多样化、系列化。2020年，针对新冠病毒疫情期间不聚集的要求，线下论坛线上办，开拓了线上行业大型论坛的直播形式。同期，还进行了直播带货的探索，以直播的形式为读者推荐科技类图书。

2017年，金属加工APP知识服务平台上线，2018年，金属加工在线全新改版，实现手机端、电脑端自适应显示，以信息流方式呈现。同时，金属加工微博号、头条号、秒拍、抖音等多平台运营，实现行业信息多平台全线上分发。自此，《金属加工》真正进入了全媒体运营时代，以"两微一端一网"为主体的数字媒体，带动金属加工杂志社全媒体产品线上线下联动传播。

线下活动多点开花，杂志社开始多种模式的探索，形成了规模化、系列化的技术论坛。如"先进节能热处理技术与装备研讨会"举办了10届，"高端感应热处理技术交流会"举办了4届，"轨道交通先进金属加工技术交流会"举办了3届，"全国失效分析专题培训班"举办了4届。另外，"金属加工工艺师技术创新论坛""航空航天行业先进加工技术交流会""新能源汽车行业前沿加工技术交流会""中国（横沥）模具加工技术高峰论坛""中国机电产品用户系列调查"活动及"用户满意的产品品牌"评选活动等已经成为杂志社线下交流的重要组成部分。

近几年，杂志社在图书策划及出版工作中取得了较大突破，依托杂志社强大的专家资源和粉丝群，挖掘实用技术，出版了《数控刀具选用指南》《轨道交通先进焊接技术实用案例》《金属冲压工艺与装备实用案例宝典》《数控机床功能部件优化设计选型应用手册》系列图书等。2015年6月，《金属冲压工艺与装备实用案例宝典》新书发布会在江苏溧阳成功举办，如图2所示。

图2　2015年6月，《金属冲压工艺与装备实用案例宝典》新书发布会在江苏溧阳成功举办

近10年是《金属加工》全媒体运营探索的10年，在传统期刊办刊环境发生变化时，《金属加工》积极应对，调整办刊思路和运营模式，负重前行，为期刊行业的运营探索出了一条新模式。2010年12月，金属加工在线荣获全国出版业网站优秀网站；2015年9月，《金属加工（冷加工）》入选"2015年期刊数字影响力100强"；2015年9月，《金属加工》入选2015年中国"百强报刊"；2016年9月，《金属加工》再次入选"2016期刊数字影响力100强"；2017年7月，《金属加工》荣获"2016—2017年度媒体融合十佳期刊"称号；2018年1月，金属加工"两微一端"全媒体平台获得第十一届新闻出版业互联网发展大会"融合出版创新项目"奖；2018年3月，《金属加工（冷加工）》杂志入选第三届全国"百强报刊"；2019年1月，金属加工视频直播平台被评为"优秀知识服务平台"；2019年《金属加工》冷加工、热加工杂志入选"庆祝中华人民共和国成立70周年精品期刊展"。

成绩的取得与付出是成正比的，《金属加工》在创新中奋进，一路与制造业同行。

成绩属于过去，未来任重道远

从《机械工人》到《金属加工》，70年来一直服务于金属加工领域，为推动我国金属加工技术与装备水平的提高作出了卓越的贡献。21世纪以来，《金属加工》杂志经历了快速发展的10年，也走过了摸索变革的10年，书写了20年的新金属加工史话。机遇前所未有，挑战也前所未有，我们共同走过了艰苦创业的20年，在分享新千年大发展带来丰硕成果的同时，也见证了《金属加工》的发展历程。

成绩属于过去，未来任重道远！

2020年，我们将秉承"办读者喜爱的媒体，做社会尊重的企业，为制造业创造价值"的企业愿景，努力与您——70年来一如既往支持和厚爱《金属加工》的读者朋友们一道谱写出更加辉煌的《金属加工史话》，为加速把我国建设成为世界制造强国作出新的贡献。

《金属加工》（原名《机械工人》） 杂志 70年大事记（1950—2020）

1950年10月1日　《机械工人》杂志正式创刊。创刊号的再版印刷在我国出版史上是少有的。

1952年12月　杂志划归机械工业出版社出版发行。

1957年1月　杂志分为《机械工人（冷加工）》和《机械工人（热加工）》两刊出版。

1958年2月　杂志移交第一机械工业部新技术宣传推广所，并成立《机械工人》编辑部，李宪章同志任组长。杂志仍由机械工业出版社出版。

1958年12月　《机械工人》编辑部随第一机械工业部新技术宣传推广所一同并入情报所。

1960年6月　杂志停刊。

1964年10月　杂志正式复刊。

1966年1月　杂志应读者的要求再次分为《机械工人（冷加工）》和《机械工人（热加工）》两刊出版。

1967年1月　杂志停刊。

1972年10月　杂志复刊。这是"文革"期间我国最早复刊的科技期刊之一。

1977年1月　杂志又一次分为《机械工人（冷加工）》和《机械工人（热加工）》两刊出版。

1978年3月　《机械工人》杂志获"全国科学大会奖"。

1979年1月　《机械工人》杂志获"全国机械工业科技大会奖"。

1980年1月　《机械工人》杂志月刊发行量首次突破40万册。

1980年5月　《机械工人》杂志首次为企业刊登产品广告。

1981年3月　《机械工人（热加工）》杂志刊登的《谈黏土湿型砂》一文，在全国首次举办的"新长征优秀科普作品"评选中，荣获"二等奖"。

1981年10月　《机械工人》杂志创刊30周年纪念大会在京举行，有关领导及各界代表1000余人参加。沈鸿老部长称《机械工人》是"一部伟大的机器"。

1982年10月　第一机械工业部首次开展优秀期刊评选活动，冷加工、热加工两刊均荣获"优秀期刊二等奖"。

1986年1月　杂志改由机械工业部科学技术情报所和中国机械冶金工会全国委员会共同主办。

1987年5月　冷加工、热加工两刊均荣获"机械工业部优秀期刊二等奖"。

1987年9月　《机械工人（热加工）》刊登的《金属涂镀技术》一文，荣获"第二届全国优秀科普作品一等奖"。

1989年1月　杂志荣获"机电部1987—1988年度优秀期刊二等奖"。

1990年10月22日　杂志创刊40周年庆祝活动在京召开，有关领导及各界代表200余人参加。

1990年11月　《机械工人》杂志荣获"机械工业部1989—1990年度优秀期刊三等奖"。

1992年6月　两刊均荣获"机电部1991—1992年度优秀期刊二等奖"。

1992年12月　冷加工荣获"全国优秀科技期刊二等奖"。冷加工、热加工两刊均荣获"北京市全优期刊"称号。

1993年1月　冷加工、热加工两刊由原来的32开本改为16开本出版。

1995年8月　冷加工、热加工两刊均荣获"机械部1993—1994年度优秀期刊二等奖"。

1996年4月　《机械工人（冷加工）》刊登的《提高工具寿命的新途径》一文，荣获"第三届全国优秀科普作品三等奖"。

1999年1月　冷加工、热加工两刊改版扩容，由16开本改为大16开本出版。

　　　　　　杂志社杂志网站（www.machineinfo.gov.cn/jxgr）开通。

1999年6月　热加工荣获国家机械工业局颁发的"机械行业1996—1998年度优秀期刊一等奖"，冷加工荣获三等奖。

1999年9月　冷加工在第9期进行了第一次展会（CIMT'99）专题策划。这是《机械工人》专题化策划的开始，也是杂志市场化运作初期最成功的代表。

1999年10月　举办"市场营销与媒体选择"专题讲座和"《机械工人》杂志企业联谊会"。

2000年1月　举办"《机械工人》50年"主题征文活动。

2000年9月　出版冷加工、热加工两刊1990—1999年光盘版。《一部机械制造技术的长卷》（即《机械工人》杂志创刊50周年纪念文集）出版。

2000年10月18日　《机械工人》杂志创刊50周年座谈会和发展研讨会在北京人民大会堂河北厅召开，共有各界代表140余人参加。

2000年11月21日　在上海机床工具集团召开"《机械工人》杂志读者座谈会"。

2001年10月　冷加工、热加工两刊在由国家新闻出版总署和科技部组织的"中国期刊方阵"评选中双双入选，《机械工人（冷加工）》荣获"双百期刊"、《机械工人（热加工）》荣获"双效期刊"。

2002年2月　由杂志社举办的第一次行业活动"数控系统用户调查"正式启动，由此拉开《机械工人》多项"机电产品用户系列调查"及"用户满意的产品品牌"评选活动。

2002年6月18日　由杂志社主办的"数控系统千人调查"信息发布会在北京中国国际展览中心举行。本次调查自2002年初启动历时半年，共收到调查问卷1500余份。

2002年9月　杂志社开展的"切削刀具应用调查"结果发布，调查分析报告刊登在《机械工人（冷加工）》2002年第9期。本次调查自2002年4月起历时5个月，共收到有效问卷800多份。

2002年9月　杂志社开展的"电炉、工业炉应用调查"结果发布，调查分析报告等刊登在《机械工人（热加工）》2002年第9期。本次调查历时3个月，收到有效答卷420份。8月22日，杂志社召开"电炉、工业炉应用调查"专家论坛。

2002年11月5日—8日　第七届北京·埃森焊接与切割展览会在北京展览馆举办。《机械工人》作为指定合作媒体开始与主办方全面合作。由《机械工人（热加工）》为展会编辑出版的埃森会刊、专刊、快讯第一次全新亮相。

2002年11月8日　与中国机械工程学会、德国焊接学会联合举办的"北京·埃森焊接展与中国焊接工业"15周年主题征文活动颁奖仪式在北京展览馆隆重举行。

　　　　　　举办《机械工人》与焊接行业的首次联谊会。

2003年1月　杂志社开展的"制造业辅助设计与制造软件应用情况调查"结果发布，调查分析报告刊登在《机械工人（冷加工）》2003年第1期。本次调查自2002年7月起历时5个月，共收到有效问卷500多份。

2003年11月25日　第八届北京·埃森焊接与切割展览会在上海举办期间，杂志社与中国机械工程学会及其焊接分会联合开展的"焊接与切割产品调查"结果在"汽车焊接国际论坛"上发布，栗延文社长发布调查结果。本次调查自2003年5月启动，历时5个月，共收到有效答卷627份。调查分析报告刊登在《机械工人（热加工）》2004年第5期。

2004年1月　与中国模具工业协会、苏州电加工机床研究所联合主办的"电加工设备应用情况调查"结果发布，调查分析报告刊登在《机械工人（冷加工）》2004年第1期。本次调查自2003年6月启动，历时6个月，共收到问卷538份。

2004年10月　由劳动与社会保障部等六部委联合举办的"第一届全国数控技能大赛"总决赛在北京举行，《机械工人》被指定为合作媒体，编辑出版了大赛专辑、大赛会刊（指南篇和成果篇），并在决赛期间承办"全国数控技能人才培养暨数控技术发展论坛"。此后杂志社对历届大赛进行深入合作和报道。

2004年11月10日　第九届北京·埃森焊接与切割展览会在北京举办期间，杂志社在北京中国国际展览中心举办"中国焊接与切割市场论坛——焊接市场信息交流会"。

2005年1月　冷加工、热加工两刊均进行第三次改版，采用与国际接轨的大16开本和双封面形式（该双封面获国家专利）。

2005年4月　第九届中国国际机床展（CIMT2005）期间，由《机械工人》杂志、现代零部件杂志社和中国汽车工程学会联合举办的"中国汽车零部件制造技术及装备需求报告会"在北京成功举办。

2005年6月　杂志社组建网络部，开始筹建中国金属加工在线网站。

2006年2月13日　与现代零部件杂志社、中国机床工具工业协会滚动功能部件分会联合主办的"滚动功能部件用户调查结果发布会暨产业论坛"在上海成功举办，本次调查还评选出"用户满意的滚动功能部件十佳品牌"和"用户满意的滚珠丝杠十佳品牌"。

2006年4月　本刊记者4月赴德国汉诺威工业博览会，标志本刊记者开始走出国门，关注并报道国际重点行业展会。

2006年5月15日—19日　第十一届北京·埃森焊接与切割展览会在北京召开。展会期间，《机械工人（热加工）》与北京·埃森焊接展组委会联合举办了"北京·埃森焊接与切割展览会图片回顾展暨摄影大赛"。本次摄影大赛开创工业展会摄影大赛之先河。

2006年5月15日　与中国机械工程学会及其焊接分会在北京成功举行"中国焊接与切割市场论坛——船舶焊接市场需求报告会"。

中国金属加工在线网站正式开通。

2006年6月11日　与现代零部件杂志社、中国机床总公司联合举办的"加工中心应用调查结果发布会暨产业论坛"在北京召开。现场发布"加工中心应用调查结果"，并进行了"用户满意的加工中心品牌"颁奖仪式。

2006年6月12日—16日　与现代零部件杂志社和展会主办方中国机床总公司推出"CIMES摄影大赛"，并于6月15日在展会现场举行隆重颁奖仪式。

2006年9月13日—14日　与现代零部件杂志社、保定市总工会联合举办的"汽车及机械先进制造技术报告会"隆重举行，还在立中车轮和长城汽车进行了现场技术交流。这是杂志社走进企业、服务企业的技术交流活动的开始。

2006年10月24日　承办的"第二届全国数控技能人才培养暨数控技术发展论坛"在北京工业技师学院成功举办。举办"第一届全国数控机床应用工艺方案"征文大赛。被第二届全国数控大赛指定为核心支持媒体。

2007年2月　冷加工、热加工两刊均荣获"2004—2006年度机械行业优秀期刊一等奖。"

2007年4月10日　与现代零部件杂志社、中国机床工具工业协会数控系统分会等共同举办的"2007数控系统产业发展论坛第二届数控系统用户调查结果发布会"在北京举行。论坛现场公布了调查结果。

2007年4月10日　与现代零部件杂志社、中国汽车工程学会联合主办的"第二届中国国际汽车及零部件制造技术论坛"在北京成功举行。

2007年6月18日　与中国机械工程学会及其焊接分会联合主办的"第二届中国焊接与切割市场论坛——焊接

与切割用户调查结果分析暨焊接市场论坛"在上海举行。

2007年6月20日 "纪念北京·埃森焊接展20周年颁奖典礼"上,《机械工人》荣获唯一的"最佳合作媒体"奖。

与中国机械工程学会、德国焊接学会联合成功举办"北京·埃森焊接展与中国焊接工业"20周年主题征文活动,并圆满完成《北京·埃森焊接展20周年纪念文集》的编辑出版工作。

2007年7月14日 与中国航空航天工具协会联合主办的"2007航空航天金属加工技术交流会"在上海成功举办。

2007年11月21日 主办的"第二届热处理市场分析暨热处理节能新技术论坛"在北京西苑饭店隆重召开。

2008年1月 杂志更名为《金属加工》,并且冷加工、热加工两刊均改为半月刊出版。更名后的《金属加工》,办刊宗旨不变、服务领域不变、内容特色不变。

2008年5月14日 与中国机械工业金属切削刀具技术协会联合举办的"第二届切削刀具应用调查结果发布暨刀具发展论坛及用户满意的切削刀具品牌颁奖典礼"在上海新国际博览中心成功举办。本次调查共评选出用户满意的国外品牌6家、用户满意的国内品牌3家和用户满意的刀具代理商3家。

2008年6月 与现代零部件杂志社、中国机床总公司联合在北京CIMES 2008展会期间举办"'凯特精机杯'CIMES第二届摄影大赛"。

2008年10月20日 承办的"第三届全国数控技能人才培养暨数控技术发展论坛"在大连成功举办。《金属加工》被"第三届全国数控技能大赛"指定为核心支持媒体,赛后被组委会授予"优秀核心媒体"称号。

2009年4月8日 与现代零部件杂志社、中国汽车工程学会联合主办的"2009汽车产业发展与装备制造座谈会"在北京成功举办。

2009年4月 与中国机械制造工艺协会、厦门厦工机械股份有限公司等联合举办2009年"厦工杯"工艺创新练内功有奖征文活动。共收到征文76篇。

2009年5月 《机械工人》杂志网站再次改版,启用新域名www.metalworking1950.com。同期,杂志电子版正式上线。

2009年9月15日 与现代零部件杂志社、一汽科协在长春成功举办"汽车先进制造技术交流会(一汽站)"。

2009年10月26日 与中航工业航空生产力促进中心、中国机床总公司联合举办的"航空军工数控加工技术研讨会"在湖南张家界举行。

2010年5月26日 与现代零部件杂志社联合举办的"汽车及零部件先进制造技术交流会(北齿站)"在北京齿轮总厂举行。

2010年6月 与现代零部件杂志社、中国机床总公司联合成功举办"'三韩刀具杯'CIMES第三届摄影大赛"。

2010年9月9日 与中国航空工业集团公司、中国机床总公司联合举办"'株洲钻石杯'2010航空航天金属加工工艺师论文大赛"颁奖典礼暨"航空航天高效数控加工技术交流研讨会"在青海西宁成功举办。

2010年1—10月 为庆祝创刊60周年,杂志社举办了一系列活动,如设立"金属加工史话"和"创刊60周年"专栏;举办"记录金属加工60年"和"寄语《金属加工》60年"两个主题征文活动,以及"庆祝创刊60周年'西门子杯'有奖知识竞赛"活动;制作冷加工、热加工两刊(1950—2009)60年光盘以及创刊60周年纪念邮票册;拍摄制作创刊60周年纪念专题片,编辑出版《金属加工创刊60周年纪念画册》和《金属加工史话》一书;组织评选并表彰"荣誉读者"28名和"优秀读者"252名;全国政协主席贾庆林,原全国人大常委会副委员长倪志福、邹家华,中国机械工业联合会会长王瑞祥,机械行业老部长何光远、陆燕荪等领导及部分两院院士、行业协会及企业为创刊60周年题词或发来贺信。

2010年10月15日　"《金属加工》创刊60周年纪念大会"在北京人民大会堂浙江厅隆重举行,共有各界代表150余人参加。

2010年12月　创办金属加工杂志社官方微博。

2010年12月　金属加工在线荣获全国出版业网站优秀网站。

2011年6月23日—24日　冷加工与株洲钻石切削刀具股份有限公司联合主办的"2011先进制造与工具创新应用研讨会暨'精密工具创新平台'科技重大专项交流会"在湖南株洲隆重举行。

2011年6月28日　冷加工主办2011年度重大专项之功能部件战略发展研讨暨"第二届滚动功能部件用户调查"结果发布会在上海举办。

2011年10月17日　热加工主办"第三届热处理装备产品用户调查"结果发布在北京举办。

2012年6月12日　冷加工与中国机床总公司联合举办了第十一届中国国际机床工具展览会"三韩刀具杯"CIMES第四届摄影大赛。

2012年6月15日—16日　冷加工主办的"瓦尔特军工技术交流会"在无锡瓦尔特公司举办。

2012年7月10日—12日　热加工主办的"第三届先进节能热处理技术与装备研讨会"在苏州召开。

2012年8月27日—29日　冷加工与现代零部件杂志社、一汽集团科协及规划部,共同主办的"2012汽车先进制造技术交流会暨数控机床重大专项成果一汽集团推广应用交流会"在长春成功举办。

2012年9月12日—14日　热加工与中国核工业二三建设有限公司共同承办的"中国安装协会焊接专业委员会2012年年会暨焊接标准及先进焊接技术研讨会"在西安成功举办。

2012年11月21日—24日　冷加工与中国机床总公司联合主办的"2012第25届中国机床工具行业发展论坛暨2013年运营形势研讨会"在江西赣州胜利召开。

2012年11月30日　"金属加工在线技术平台升级改造"项目竣工。

2012年12月4日—5日　与现代零部件杂志社参加了在成都召开的中国汽车工业协会"2011中国汽车零部件行业年会",年会的新装备论坛由我方组织招商。

2012年12月6日—9日　冷加工与中国机床总公司、机电商报、广州数控共同主办了2012机床工具形势报告会。

2013年　创办"金属加工"微信公众号。

2013年3月4日—11日　冷加工成功举办了"中国台湾制造文化之旅暨组团参观台北机床工具展"活动。

2013年5月22日—25日　冷加工在重庆立嘉机床展期间,成功举办了"工业油品技术高峰论坛暨首届切削液用户调查结果发布会"。

2013年5月27日—30日　热加工主办的"第四届先进节能热处理技术与装备研讨会"在上海召开。

2013年6月17日　热加工主办的"2013中国焊接市场论坛暨第三届焊接装备及材料用户调查结果发布会"在上海成功举办。

2013年11月18日—21日　与中国机床总公司、义乌市政府、中国机电产品进出口商会联合主办的"第26届中国机床工具发展论坛暨2014运营形势分析会"在浙江义乌举办。

2013年11月22日—25日　热加工主办的"2013年高端感应热处理技术交流会"在北京胜利召开。

2014年5月5日—7日　热加工主办的"2014年中国先进冲钣金技术与装备研讨会"在苏州成功举办。

2014年5月17日—18日　杂志社与湖北省职工焊接技术协会、湖北省焊接学会、湖南省焊接学会、江西省焊接学会、安徽省焊接学会共同举办的"2014'中三角'焊接发展论坛"在武汉成功举办。

2014年5月26日　金属加工官方微信公众号正式运营一个多月,关注人数突破1万人,日均浏览量突破2万人。

2014年7月1日—2日　热加工主办的"2014年第五届先进节能热处理技术与装备研讨会"在湖南长沙召开。

2014年8月27日—28日　杂志社与南车焊接和无损检测技术委员会联合举办的"轨道交通先进金属加工及检测技术交流会"在南京成功举办。

2014年10月9日—10日　冷加工与江西省科协及赣州市科协联合举办的"汽车零部件先进制造技术探讨会"在赣州顺利举行。

2014年11月24日—27日　热加工主办的"2014铸铁实用铸造技术交流会"在济南成功举办，这是针对铸造领域的首次会议。

2014年12月19日　金属加工微信公众号粉丝突破10万人。

2015年4月13日　金属加工微信公众号在"2015微信公众号分类排行榜"的"专门行业"类排名中名列第一。

2015年4月18日—20日　热加工主办的"第五届中国（国际）先进冲压钣金技术及装备研讨会"在北京召开。

2015年5月17日　金属加工微信公众号粉丝突破20万人，科技类微信公众号排名第六。

2015年6月2日—5日　热加工主办的"2015年第六届先进节能热处理技术与装备研讨会"在江苏南京召开。

2015年6月28日—30日　由杂志社主办的"《金属冲压工艺与装备应用案例宝典》新书发布会暨冲压行业及发展高峰论坛在江苏溧阳成功举办。

2015年8月5日　金属加工杂志社社长栗延文在中国科学技术期刊编辑学会第6次全国会员代表大会上当选为第6届理事会副理事长。

2015年8月18日　举办"金粉商城开业暨金属加工微信联盟粉丝突破50万庆典"。

2015年9月　入选2015年中国"百强报刊"。

2015年9月19日　冷加工入选"2015年期刊数字影响力100强"。

2015年10月27日—30日　热加工主办的"第二届高端感应热处理技术交流会"在上海举办。

2015年11月23日　金属加工微信公众号粉丝突破30万人。

2016年6月14日—17日　热加工主办的"2016年第七届先进节能热处理技术与装备研讨会"在河南郑州召开。

2016年6月27日　金属加工微信联盟粉丝突破90万人。

2016年8月18日—19日　由中国中车科技管理部、中车工业研究院有限公司主办，中车戚墅堰机车车辆工艺研究所有限公司、金属加工杂志社及中车长春轨道客车股份有限公司承办的"第二届轨道交通先进金属加工及检测技术交流会"在长春成功举办。

2016年9月24日　再次入选"2016期刊数字影响力100强"。

2016年10月31日—11月4日　热加工和上海市机械工程学会失效分析专委会共同主办的"2016全国金属材料失效分析专题培训研讨会"在上海成功召开。

2016年12月12日　金属加工微信联盟粉丝突破100万人。

2017年3月16日　金属加工直播平台正式上线，"金粉讲堂"第1期播出，开启全媒体传播新时代。

2017年4月18日　金属加工APP上线，打造制造业首个智能知识服务平台。

2017年5月23日—26日　热加工主办的"2017年第八届先进节能热处理技术与装备研讨会"在江苏无锡召开。

2017年6月5日　金属加工微信联盟粉丝突破110万人。

2017年7月7日　《金属加工》荣获"2016—2017年度媒体融合十佳期刊"称号。

2017年9月13日—16日　热加工和上海市机械工程学会失效分析专委会共同主办的"2017年全国金属材料失效分析培训研讨会"在上海成功召开。

2017年10月　《金属加工》杂志在滚动功能部件行业发展中成绩突出，被评为特别贡献奖。

2017年11月19日—22日　热加工主办的"第三届高端感应热处理技术交流会"在北京举办。

2018年1月　第十一届新闻出版业互联网发展大会在北京成功召开，金属加工"两微一端"全媒体平台获得"融合出版创新项目"奖。

2018年3月2日　冷加工入选第三届全国"百强报刊"，这是继2015年第二届后再次入选。

2018年3月　金属加工微信联盟粉丝突破120万人。

2018年4月17日—25日　杂志社汽车工艺师项目部和德国手工业协会联合举办的"第四届中德制造业文化交流会"成功举办。

2018年5月2日—4日　重庆立嘉国际智能制造展览会在重庆博览中心举办，金属加工杂志社作为立嘉展指定的直播合作单位。

2018年5月6日—8日　热加工主办的"2018'中国焊接市场论坛暨第四届焊接与切割用户调查结果发布会"在东莞成功举办。

2018年6月12日—15日　热加工主办的"2018年第九届先进节能热处理技术与装备研讨会"在宁波召开。

2018年10月23日—26日　热加工和上海市机械工程学会失效分析专委会共同主办的"2018全国金属材料失效分析专题培训研讨会"在上海成功召开。

2018年11月22日—25日　热加工和中国热处理协会共同主办的"全国渗氮热处理专题技术研讨会"在武汉举办。

2019年1月11日　金属加工视频直播平台被评为"优秀知识服务平台"。

2019年4月14日　冷加工主办的"第四届切削刀具用户调查结果发布暨首届切削刀具创新产品评选颁奖典礼"在北京举办。

2019年5月14—17日　热加工主办的"2019年第十届先进节能热处理技术与装备研讨会"在常州召开。

2019年6月　金属加工微信联盟粉丝突破170万人。

2019年7月30日—8月1日　热加工主办的"第四届高端感应热处理技术交流会"在洛阳举办。

2019年8月21日　在北京国际图书博览会上，冷加工、热加工均入选"庆祝中华人民共和国成立70周年精品期刊展"。

2019年10月　冷加工、热加工双双入选中国核心期刊（遴选）数据库。

2019年10月17日—18日　由株洲市石峰区人民政府和机械工业信息研究院主办，中车株洲电力机车有限公司工会、中车株洲电机有限公司、金属加工杂志社共同承办的"第三届轨道交通先进金属加工技术交流会暨'田心杯'轨道交通金属加工技术征文大赛颁奖典礼"在轨道交通装备制造重镇株洲"田心"隆重召开。

2019年10月21日—23日　冷加工主办的"2019金属加工工艺师技术创新论坛"在廊坊成功举办。

2019年10月21日—25日　热加工和上海机械工程学会失效分析专业委员会主办的"'徕卡'2019年全国金属材料失效分析大会暨2019年全国金属材料失效分析专题研讨会"在江苏省昆山市举办。

2019年10月30日—11月1日　冷加工与东莞市横沥镇政府合作举办的"2019中国（横沥）模具加工技术高峰论坛"在横沥隆重召开。

2019年12月　九州云播正式开通。

2020年3月　热加工入驻国家科技学术期刊开放平台。

2020年3月　金属加工微信联盟粉丝突破179万人。

2020年10月　金属加工杂志创刊70年，杂志社将举办"《金属加工》创刊70周年纪念大会"。

后记

秋风送爽，天高云淡，月桂飘香，不及书香。回想我们开始着手编辑本书时，尚是炎炎三伏夏日，经过三个月的辛勤努力，当看完最后一遍校样并签片付印，已是中秋时节。在这北京一年中最好的金秋时节，我们迎来《金属加工》（原名《机械工人》）创刊60周年的重要时刻，《金属加工史话》一书是我们献给多年来所有关心和支持杂志发展的各级领导、各界朋友及办刊人员的一份礼物。

关于"史话"的编写，还要追溯到2007年。当时，我们经过反复思考，为充分揭示杂志服务的金属加工领域，决定将刊名从《机械工人》更名为《金属加工》，由此面临着杂志品牌的延续和提升的任务。作为一本创刊于1950年10月1日的机械行业老牌期刊，杂志有着厚重的历史积淀，从杂志方面来说，有许多动人的办刊"故事"；从行业方面来说，杂志记载了大量的行业"故事"，有许多推动行业技术进步的典型"案例"，栗延文社长因此安排人员着手挖掘杂志的这一宝库，以推动杂志的进一步发展。一言以蔽之，其目的就是"凝聚历史，献给未来"。

随着工作的进展，栗延文社长萌生了一个念头——在杂志上开辟"金属加工史话"专栏，与大家一起分享这些"故事"和"案例"。专栏从杂志2008年第2期开始连载，文章主要由钟纪江同志（笔名"曾江"）执笔撰写，栗延文、于淑香、魏莹、王天谌、李缦等同志也撰写了部分文章。专栏2008年侧重叙述杂志的故事，2009年以来则主要重温行业的技术发展，通过杂志记载的视角，重温60年新中国金属加工行业发展的点点滴滴。

2008—2010年，专栏共连载近60期，受到读者的好评和鼓励，有的读者建议合集出版，这与我们的想法不谋而合。2010年7月，我们组成金属加工史话编辑小组，夏去秋来，现在就有了摆在读者面前的这本小书。

在"史话"撰写和编辑出版过程中，许多同志都作出了无私的贡献。栗延文社长统筹全盘工作，统一编辑思路。于淑香、魏莹等同志反复推敲图文，统一全书体例，对全书文字进行了耐心细致的编辑加工。设计部王晓青、高长刚、韩殿奎、周军、曾凡清、桑晓东等同志精心设计了版式和封面，几易其稿，力求达到形式和内容完美统一的装帧效果。阎志芳副社长协调安排各部门工作，为小组工作提供了便利。娄萍政、张磊、李朋、张维官等同志不辞辛苦地帮助整理老资料，翻拍老照片。机械工业出版社总编室张政民作为曾在《机械工人》工作的老领导仔细审订了全书，提出了许多宝贵的意见。值得一提的是，在"史话"编写过程中，机械工业出版社老社长蒋一苇的夫人陈曦、老社长陈元直、本刊老主编林家燊的女儿林杰、老主编李宪章等同志都曾经给予无私的帮助。机械工业出版社在本书出版过程中提供的有力支持，使我们感受到院社大集体的力量。还有许多其他同志为本书作出了各种贡献，在《金属加工史话》出版之际，我们要衷心地向大家表示感谢！

我国机械行业德高望重的陆燕荪老部长一直关心和支持杂志的发展，欣然应邀为本书撰写了分量很重的序，为本书增添了光彩，并对我们以后的工作提出了更高的要求。我们将在未来的道路上继续奋勇前进，继续撰写新的"史话"，为祖国工业建设作出新的更大贡献！

金属加工杂志社
《金属加工史话》编写组
2010年9月于北京百万庄